能源与环境法律政策新观察

NENGYUAN YU HUANJING FALV ZHENGCE XINGUANCHA

2014—2015

阳光时代律师事务所环境资源能源（ERE）研究中心 / 编著

中国环境出版社·北京

图书在版编目（CIP）数据

能源与环境法律政策新观察．2014—2015 / 浙江阳光时代律所事务所环境资源能源（ERE）研究中心编著．-- 北京 : 中国环境出版社，2015.9
ISBN 978-7-5111-2546-0

Ⅰ．①能… Ⅱ．①浙… Ⅲ．①能源法－研究－中国②能源政策－研究－中国③环境政策－研究－中国 Ⅳ．①D922.674 ②F426.2

中国版本图书馆 CIP 数据核字（2015）第 217011 号

出 版 人 王新程
责任编辑 曲 婷
责任校对 扣志红
装帧设计 彭 杉

出版发行 中国环境出版社
（100062 北京市东城区广渠门内大街 16 号）
网 址：http://www.cesp.com.cn
电子邮箱：bjgl@cesp.com.cn
联系电话：010-67112765（编辑管理部）
010-67168033（监测与监理图书出版中心）
发行热线：010-67125803，010-67113405（传真）
印 刷 北京中科印刷有限公司
经 销 各地新华书店
版 次 2015 年 7 月第 1 版
印 次 2015 年 7 月第 1 次印刷
开 本 787×960 1/16
印 张 21
字 数 400 千字
定 价 60.00 元

序

人类从来没有意识到能源、资源和环境问题会像今天这样紧密地纠结在一起，使人感到举步维艰，却又不得不在困局中前行。破解困局需要发展方式的转变，需要资金的投入，需要技术的变革，需要行为者意识的更新……也许，我们需要的还有很多，但最根本的是需要制度（包括法律和政策）的变迁和革命，正如新制度经济学家们所说的那样，制度对于一国经济增长和社会发展起着决定性的作用，好的制度不仅可以在资源、资金、技术、人力等生产要素存量给定或在短期内无法得到改善的情况下，促使其完美融合，充分发挥其整体效用；在好的制度的激励下，给定因素的内在价值也必将会被深度挖掘。从这个意义上说，良法良制不再仅仅是一种生产关系，一种上层建筑，其本身就是一种生产力。

中共十八届三中全会通过了全面深化改革的决定，确定了全面深化改革的总目标是完善和发展中国特色社会主义制度，推进国家治理体系和治理能力现代化。到2020年在重要领域和关键环节改革上取得决定性成果，形成系统完备、科学规范、运行有效的制度体系，使各方面的制度更加成熟、更加定型。持续多年的能源、资源、环境领域的改革已经步入了深水区和关键期，全面深化改革考验着顶层设计者们的政治智慧和勇气。

2014年6月13日，中共中央总书记、国家主席、中央军委主席、中央财经领导小组组长习近平主持召开中央财经领导小组第六次会议，就推动能源生产和消费革命提出5点要求，强调要推动能源体制革命，打通能源发展快车道。坚定不移推进改革，还原能源商品属性，构建有效竞争的市场结构和市场体系，形成主要由市场决定能源价格的机制，转变政府对能源的监管方式，建立健全能源法治体系。2015年3月，中共中央、国务院发布《关于进一步深化电力体制改革的若干意见》（中发〔2015〕9号）标志着新一轮电力体制改革的正式启幕。"9号文"指出，深化电力体制改革要按照管住中间、放开两头的体制架构，有序放开输配以外的竞争性环节电价，有序向社会资本开放配售电业务，有序放开公益性和调节性以外的发用电计划；推进交易机构相对独立，规范运行；继续深化对区域电网建设和适合我国国情的输配体制研究。总之，能源法治建设正面临前所未有的机遇与挑战，法治中国与推进能源立法的关系、能源法律制度如何保障市场在资源配置中起决定作用以及能源法治对大气、水、土壤污染治理的作用与制度设计亟需深入研究。

浙江阳光时代律师事务所作为国内首家专门从事能源、资源和环境法律事务的全国优秀律师事务所，自成立以来，始终高度关注我国能源、资源、环境法律政策制定和执行中的理论问题和现实困扰，既为我国能源环境法制建设的成就欢欣鼓舞，也为能源环境法制建设中存在的问题忧心忡忡，在厚重的现实使命感的驱动下，浙江阳光时代律师事务所汇聚的一批致力于能源法律政策研究的年轻律师，在为各级政府及其有关职能部门、能源企业提供专门法律服务的同时，也通过开展立法咨询、政策研究等方式殚精竭虑地为我国能源环境法制建设建言献策。

呈现在读者面前的这本《能源与环境法律政策新观察（2014—2015）》，详实地介绍了2014年度煤炭、电力、油气、核电、可再生能源、节能及环境保护等能源、环境领域的最新发展以及相关的法律法规与政策，进行了富有深度的观察和分析，还结合该年度比较有代表性的能源案件或重大事件，对能源公共治理存在的问题和司法实践中的偏差给予了客观、中肯的评价。这将有助于能源从业者和广大读者全面了解我国能源立法与政策发展的基本脉络和取向，科学、理性地开展能源法律和政策研究工作，正确地执行和遵守能源法律与政策，合力推进我国能源法治建设进程，实现经济、社会和环境的和谐发展。

能源法治建设需要更多的力量参与其中，作为一名长期在能源、电力管理部门工作的老兵，十分赞赏浙江阳光时代律师事务所所做的开创性努力，希望他们在能源法律政策研究领域能够长期坚守，贡献更多更有价值的真知灼见。

是为序。

叶荣泗

中国法学会能源法研究会名誉会长

上篇

环境与能源法律政策观察报告

第一章　环境保护行业法律政策观察

围绕着建设生态文明、构建美丽中国，国家在“十八大”之后密集出台了一系列的环保政策措施，全面推进环境治理，对环保行业支持的范围之广、力度之大前所未有，2014年出台的一系列重大政策有：修订了《环境保护法》、出台《关于调整排污费征收标准等有关问题的通知》、《环境保护部关于改革调整上市环保核查工作制度的通知》、《环境保护部办公厅关于推进环境保护公众参与的指导意见》、《土壤环境保护和污染治理行动计划》等，此外还将再出台一系列重大政策，包括《水污染防治行动计划》、《关于政府购买环境公共服务的指导意见》、“环境污染第三方治理”等内容，这些一方面为环保行业指明了发展的方向和重点，另一方面也为环保行业提供了强大的推动力，行业发展进入黄金期。随着国家环境保护力度的进一步加大和环保产业政策的日趋完善，环保产业快速发展，产业领域不断拓展，技术和产品结构逐步优化升级，这将进一步促进污染治理设施运行维护服务业的发展。国民经济和社会发展第十二个五年规划纲要对环境保护提出了新的要求，节能降耗、减排治污的新任务为环境保护产业发展提供了新的驱动力。

第一节　2014年重大法律政策

一、《环境保护法》修订通过

回顾2014年的环保立法，《环境保护法》修订历经四审表决通过无疑是最引人关注的立法事件。

此次《环境保护法》修订系自1989年颁布以来的首次修法，修订后的《环境保护法》于2005年1月1日正式实施。事实上，我国的环保立法框架应该说是相对完善的，目前涉及环境保护方面的法律30部左右，行政法规90部左右，配套以相当数量的环境技术标准。全国人大常委会法工委副主任信春鹰在修订案发布会上发言称，“我国的环保问题并不是因为缺乏规则，而是因为规则有一些已经落后于时间，没有操作性”。有鉴于此，此次《环境保护法》的修订，关注环境保护基本制度的设计，比如环境规划、环境标准、环境监测、生态补偿、排污许可、公益诉讼、公众参与等制度。修订后的《环境保护法》具有理念先进、科学民主、手段硬实、模式创新、责任严厉等特点，被称为史上最严厉的部门基础法。

为落实《环境保护法》中的按日处罚、环境信息公开、突发环境事件处理等立法理念，环保部于2014年12月19日出台《环境保护主管部门实施按日连续处罚办法》（环境保护部令第28号）、《环境保护主管部门实施查封、扣押办法》（环境保护部令第29号）、《环境保护主管部门实施限制生产、停产整治办法》（环境保护部令第30号）、《企业事业单位环境信息公开办法》（环境保护部令第31号）以及《突发环境事件调查处理办法》（环境保护部令第32号），前述办法明确了《环境保护法》中所确立的制度原则具体的实施办法，以保障立法理念的真正落地。

就《环境保护法》中确立的环境公益诉讼主体资格，2014年12月8日，最高人民法院审判委员会通过《关于审理环境民事公益诉讼案件适用法律若干问题的解释》（法释〔2015〕1号）以及2014年12月26日由最高人民法院、民政部、环境保护部下发的《关于贯彻实施环境民事公益诉讼制度的通知》，就环境公益诉讼原告资格、案件管辖、受理标准、证据规则、执行等特殊规则予以明确。

二、大气污染防治行动计划一系列文件发布

因应雾霾治理的紧迫性，2014年关于大气污染治理方面的文件密集发布。继2013年国务院制定大气污染防治行动计划后，关于大气污染防治行动计划的一系列文件于2014年出台，包括《关于印发大气污染防治行动计划实施情况考核办法（试行）的通知》（国办发〔2014〕21号）、《大气污染防治行动计划实施情况考核办法（试行）实施细则》（环发〔2014〕107号）以及环保部关于长三角、珠三角、京津冀地区重点行业大气污染限期治理方案，以及技术推广、技术标准等方面的文件。

就大气污染防治行动计划的考核，考核文件明确考核指标包括空气质量改善目标完成情况和大气污染防治重点任务完成情况两方面。考核结果一方面用于作为地方领导干部综合考核评价的重要依据；一方面作为安排大气污染防治专项资金的重要依据，考核结果优秀的将加大支持力度，不合格的将予以适当扣减。文件更明确，对于未通过考核地区的政府主要负责人，将加大问责力度，必要时由国务院领导予以约谈。

环保部关于长三角、珠三角及周边地区、京津冀及周边地区重点行业大气污染限期治理方案中，治理重点任务明确为加快火电企业脱硫脱硝除尘改造、抓紧钢铁企业脱硫除尘设施建设、加大水泥企业脱硝除尘改造力度、推进平板玻璃企业大气污染综合治理以及加强环保监控设施建设，且治理方案后均明确了各地区重点行业的污染治理企业名单。

大气污染的现状，使得作为污染主体的能源行业进入公众关注视野，为此，国家发改委、能源局、环保部于2014年3月24日下发《关于印发能源行业加强大气污染防治工作方案的通知》（发改能源〔2014〕506号）（以下简“方案”），以指导能源行业承担源头治理和清洁能源保障供应的责任。方案明确能源行业的大气污染防治方向包括转变能源发展方式、保障清洁能源供应以及加快治理重点污染源。

三、国务院办公厅《关于进一步推进排污权有偿使用和交易试点工作的指导意见》

2014年8月6日，国务院办公厅出台《关于进一步推进排污权有偿使用和交易试点工作的指导意见》（国办发〔2014〕38号）（以下简称《指导意见》）。

从2007年开始，江苏、浙江、天津、湖北、湖南、河南、山西、重庆、陕西、河北和内蒙等地区开展了排污权有偿使用与交易的试点。《指导意见》提出，到2017年，试点地区排污权有偿使用和交易制度基本建立，试点工作基本完成。建立排污权有偿使用制度包括严格落实污染物总量控制制度、合理核定排污权、实行排污权有偿取得、规范排污权出让方式以及加强排污权出让收入管理等内容。

《指导意见》明确污染物总量控制指标将分解到基层，不得突破总量控制上限。试点地区在2015年底前应全面完成现有排污单位排污权的初次核定，排污权以排污许可证的行使予以确认，排污权的核定中，不得超过国家确定的污染物排放总量核定，不得为不符合国家产业政策的排污单位核定排污权。《指导意见》明确，排污权实行有偿取得，排污单位获得排污权的途径包括一级市场缴纳排污使用费获得以及二级市场通过交易获得。

值得注意的是，在加快推进排污权交易中，《指导意见》明确要控制交易范围，其中地域范围方面，排污权交易原则上在各试点省份内进行，特殊如涉及水污染的排污权交易限于在同一流域内进行；环境质量未达到要求的地区不得进行增加本地区污染物总量的排污权交易。行业范围方面，明确火电企业原则上不得与其他行业进行涉及大气污染物的排污权交易，此外，明确工业污染源不得与农业污染源进行排污权交易。

四、发改委等出台《关于调整排污费征收标准等有关问题的通知》

2014年9月1日，发改委、财政部、环保部出台《关于调整排污费征收标准等有关问题的通知》（发改价格〔2014〕2008号）（以下简称《通知》），就排污费征收标准的调整及监管等事项予以规定。具体而言，《通知》包括排污费征收标准调整、加强污染物在线监测、实行差别收费以及加强环境执法检查等四条内容。

关于排污费征收标准的调整，《通知》要求在2015年6月底前，各省要将废气中的二氧化硫和氮氧化物排污费征收标准调整至不低于每污染当量1.2元；将污水中的化学需氧量、氨氮和五项主要重金属（铅、汞、铬、镉、类金属砷）污染物排污费征收标准调整至不低于每污染当量1.4元。此外，通知明确五项主要重金属污染物均须征收排污费，其他污染物按照污染当量数排序，对前三项污染物征收排污费，而此前是将重金属与其他污染物按照污染当量数排序的征收办法，《通知》的调整体现了监管层对重金属污染的更为关注。前述标准之外，通知亦明确地方层面的自治权限，在调整前述主要污染物排污费征收标准的同时，可适当调整其他污染物排污费征收标准，并且鼓励污染重点防治区域及经济发达地区，按照更严格的标准调整排污费征收标准。

加强污染物在线监测方面，《通知》支持政府从第三方采购专业服务，由第三方负责安装、运营和维护污染源自动监控设施。此次调整体现的又一新政在于明确实行差别收费政策，建立约束激励机制。《通知》规定，企业污染物排放浓度值高于国家或地方规定的污染物排放限值，或者企业污染物排放量高于规定的排放总量指标的，应按照地方规定的征收标准加一倍征收排污费；同时存在前述两种情况的，加二倍征收排污费。正向激励方面，企业污染物排放浓度值低于国家或地方规定的污染物排放限制50%以上的，减半征收排污费。

五、环保部下发《环境保护部关于改革调整上市环保核查工作制度的通知》

2014年9月28日，环保部下发《环境保护部关于改革调整上市环保核查工作制度的通知》（环发〔2014〕149号）（以下简称《通知》），为落实国务院关于简政放权、转变政府职能要求，关于此前上市环保核查工作制度改革的思路。

《通知》明确自发布之日起，环保部停止受理及开展上市环保核查，环保部此前印发的关于上市环保核查相关文件予以废止，其他文件中关于上市环保核查的要求不再执行。此外，自《通知》发布之日起，地方各级环保部门也应停止受理及开展上市环保核查工作，并尽快调整行政区内上市环保核查相关规定，做好制度调整前后相关工作衔接，以尽量减少对企业上市、融资的影响。

环保部门作为环境保护行政主管部门，就其行政管理职能而言，《通知》仍强调各级环保部门应加强对上市公司的日常环保监管。对于此前可能存在的地方保护主义，《通知》强调各地应清理不符合环保法律、法规的地方规定，避免干扰环保部门对上市公司的正常环保监管，指导和监督上市公司遵守环保法律法规。

改革的理念是简政放权，转变政府职能，取消上市环保核查并非意味着对于上市公司环境事务监管的降低。《通知》明确上市公司应切实承担环境保护社会责任，应严格遵守环保法规，建立环境管理体系，完善环境管理制度，实施清洁生产，持续改进环境表现。此外，上市公司应依法及时、完整、真实、准确地公开环境信息。此次改革的理念是转变环保核查为上市公司的环境信息公开，引入公众监督主体，交由市场予以判断。除上市公司角度公开的环境信息外，作为信息公开的重要内容，《通知》亦强调加大企业环境监管信息的公开力度，各级环保部门应加大对上市公司环境信息的公开力度。作为市场的判断主体，保荐机构和投资人可以根据政府及企业公开的环境信息以及第三方评估等信息，对上市企业的环境表现进行评估。

六、环境保护部办公厅关于推进环境保护公众参与的指导意见

2014 年 5 月 22 日，环保部下发《环境保护部办公厅关于推进环境保护公众参与的指导意见》（环办〔2014〕48 号）（以下简称《意见》），就立

法层级而言，该《意见》属于部门规范性文件，应该说立法位阶相对较低，但在近年来环境公共事件频发的大背景下，该《意见》的出台值得关注。

根据《意见》，环境保护公众参与是指公民、法人和其他组织自觉自愿参与环境立法、执法、司法、守法等事务以及与环境相关的开发、利用、保护和改善等活动。公众参与环境保护是维护和实现公民环境权益、加强生态文明建设的重要途径。积极推动公众参与环境保护，对创新环境治理机制、提升环境管理能力、建设生态文明具有重要的意义。

就主要任务而言，《意见》明确要畅通公众表达及诉求渠道，作为环境公共事件的前端防范机制，意见提出要建设政府、企业、公众三方对话机制，开辟有效的意见表达和投诉渠道，搭建公众参与和沟通的对接平台。

环保社会组织在《意见》中频频出现是《意见》的亮点之一。《意见》肯定环保社会组织在解决环境矛盾和纠纷过程中的作用，并明确支持其在其中涉及的调查调研、信息沟通、对话协调、实施协议等行为提供支持和必要帮助，当然也强调以环保社会组织合法、理性、规范开展前述活动为前提。此外，《意见》明确要加大对环保社会组织的扶持力度，提供包括项目资助、政府采购服务、专业培训等扶持手段，以使环保社会组织成为公众参与的中坚力量。

就公众参与的重点领域而言，《意见》明确大力推进环境决策的公众参与，提高环境决策透明度，鼓励建立环境决策民意调查制度，把民意支持作为是否决策的重要参考。此外，现有环境影响评价法规中已有规定的公众参与制度在意见中明确要严格落实，亦作为公众参与的重点领域之一。

七、商务部等印发《企业绿色采购指南（试行）》

2014 年 12 月 22 日，商务部、环保部、工业和信息化部印发《企业绿色采购指南（试行）》（以下简称《采购指南》），以引导和促进企业积极履行环境保护责任，建立绿色供应链。《采购指南》包括总则、采购原则、采购原材料、产品与服务、选择供应商、政府引导与行业规范、附则等六章。

所谓绿色采购，是指企业在采购活动中，推广绿色低碳理念，充分考虑环境保护、资源节约、安全健康、循环低碳和回收促进，优先采购和使用节能、节水、节材等有利于环境保护的原材料、产品和服务的行为。

《采购指南》非强制性文件，对于具有供应链上下游供应关系的供应商企业与采购商之间采购原材料、产品和服务，用于最终消费的各种产品和服务的采购，原材料、制成品、半成品等生产资料的采购，以及网上采购，鼓励适用《采购指南》。

企业实施绿色采购理念，涉及绿色采购方案的制定、绿色采购标准的制定、建立产品可追溯体系等内部流程的优化。绿色采购的对象具体包括绿色产品的采购、绿色原材料的采购、绿色服务的采购以及绿色供应商的选择，采购指南对绿色产品、绿色原材料、绿色服务以及绿色供应商均提供了判断的标准。

绿色采购理念的推广与引导，采购指南规定了政府部门的引导、媒体的宣传以及行业协会的推动作用。鼓励企业公开绿色采购承诺，接受社会和政府的监督。

第二节　阳光观察：评论与展望

一、《环境保护法》修订后环境公益诉讼的启幕

2005 年 1 月 1 日，新修订的《环境保护法》生效，民间环保组织自然之友和福建绿家园作为共同原告提起的环境公益诉讼被福建省南平市中级人民法院立案受理。这是全国范围内，由民间组织提起环境公益诉讼并获受理的“第一案”，也是依据修订后《环境保护法》立案的第一例生态破坏类环境公益诉讼案件。

《环境保护法》修订过程中的历次草案，关于环境公益诉讼原告主体资格条款备受关注。2012 年 8 月 31 日，修订后的《民事诉讼法》第五十五条增加了民事公益诉讼制度，该条款被认为是《民事诉讼法》修订的亮点之一。

然而为了保障公益诉讼制度在我国适度有序地开展，立法机关修法时确定了公益诉讼主体不宜过宽的理念，从而将主体资格限定为“法律规定的机关和有关组织”。但是就该条文的表述而言，“法律规定的”这一定语仅限制“机关”，还是限制“机关和有关组织”，在泰州 1.6 亿环境修复公益诉讼案件中，上诉人就该条款规定从而对泰州环保联合会的公益诉讼主体资格提出质疑，盖因其非“法律规定的有关组织”。在此次《环境保护法》修订之前，如果按照前述后者严格限制解释，具备民事诉讼公益主体资格的，仅限于根据《海洋环境保护法》第 90 条规定的“依照本法规定行使海洋环境监督管理权的部门”。

对于环境公益诉讼的主体资格，修订后的《环境保护法》第五十八条予以明确，须在设区的市级以上人民政府民政部门登记，且专门从事环境保护公益活动连读五年以上且无违法记录。2014 年 12 月 8 日，最高人民法院审判委员会通过《关于审理环境民事公益诉讼案件适用法律若干问题的解释》（法释〔2015〕1 号），以及 2014 年 12 月 26 日由最高人民法院、民政部、环境保护部下发的《关于贯彻实施环境民事公益诉讼制度的通知》，就环境公益诉讼原告资格、案件管辖、受理标准、证据规则、执行等特殊规则予以明确。

结合《民事诉讼法》及《环境保护法》的规定，目前我国有权提起环境公益诉讼的主体包括海洋环境监督管理部门以及符合一定条件的环保社会组织，目前将个人系排除在公益诉讼主体范围之外。起源于美国的公益诉讼，允许个人作为公益诉讼原告，根据美国《清洁空气法》第 304 条 a，任何人可代表自己提起一项民事诉讼或行政诉讼，起诉任何人，指控其违反了或正在违反本法规定的排放标准及限制或环境保护局局长及各州所颁布的有关上述标准及限制的命令；或者起诉环保局长，指控其不能履行本法规定的不属于环保局局长自由裁量领域的行为或义务。该条款将原告主体界定为“任何人”，为避免诉累，《清洁空气法》第 304 条 b 明确提起前述诉讼的前提是穷尽了其他救济手段，原告将该被控违法行为通知联邦环保局局长、被控违法行为发生地所在州州政府和被控违反上述标准、限制或命令的任何人之日起六十日内不得诉讼；此外，如果环保局局长或州政府在美国联邦或州的法院已经开始或正在勤勉地进行一项旨在要求违法者遵守上述标准、限制或命令的民事诉讼时，任何人也不得提起诉讼。

我国公益诉讼目前正在起步阶段，基于鼓励公益诉讼有序发展、防止公益诉讼滥用、鼓励穷尽救济手段以及缓解法院审判负担等多重因素的考量，目前修订的《环境保护法》将公益诉讼主体资格限定为符合一定条件的社会组织，但我们认为随着公益诉讼在我国的发展，公民环境意识以及维权能力的提升，法院专业审判队伍的建立，未来不排除环境公益诉讼的主体资格拓宽到个人。

二、最高人民法院环境资源审判庭成立

2014 年 6 月，第十二届全国人民代表大会常务委员会第九次会议通过最高人民法院的任免决定，任命郑学林为最高人民法院环境资源审判庭庭长，任命林文学、杨永清为副庭长，任命王旭光为副庭长、审判员。而实际上，在此之前，最高人民法院环境资源审判庭已于 6 月中旬内部挂牌成立。

成立专门的环境资源审判机构，实行环境司法专门化，是环境资源审判领域一项新的任务。最高人民法院是对全国司法审判进行统一指导、协调的机构，最高人民法院成立环境资源审判庭，有助于提升环境司法的专业化、技术化。我国环保法庭走的是先基层后高层的路径，目前在各地的环境案件审判实践中，操作的随意性很大，最高人民法院环境资源审判庭成立后，需要理顺环境案件的审判机制，规范环境案件的审判程序。

为应对日益突出的环境问题所产生的环境争议，积极推动环境正义的有效实现，国内很早就积极探索环境法庭的实践。自 1989 年湖北省武汉市硚口区人民法院设立国内最早的环境保护庭以来，截至 2013 年 7 月，全国范围内已设立了各类环境法庭 134 个[1]。目前我国初步形成了包括环境保护审判庭、

1 我国已有 134 个环保法庭，但跟西方比较起来仍相对滞后 . http://www.dy88.cn/

环境保护合议庭、环境保护巡回法庭和基层环境保护派出法庭四种类型的环境法庭体系[2]，某些地方还专门规定了环境审判地方规则，如重庆市高级人民法院《关于试点设立专门审判庭集中审理刑事、民事、行政环境保护案件的意见》，对于环境法庭的受案范围、审判机制等做出了指导性规定。相对于传统法庭而言，环境法庭有其专业性及综合性，专业性要求审判人员需具备环境法学以及环境科学等相关专业知识，综合性体现在环境法庭综合了民事、行政、刑事案件的受理与审理。

然而，环境法庭的设立众多却面临案源偏少的尴尬，与此同时，实际的环境污染事件数量不断上升。环境法庭面临的困境源于环境诉讼的专业性、中立环境污染鉴定机构的缺位、环境公益诉讼机制的完善、环境污染事件背后的利益纷争以及政府基于地方税收为污染企业提供的庇荫等因素。如前所述，从环境法庭设立的数量以及设立的层级而言，环境法庭的“硬件”可谓基本具备，亟待完善的是环境法庭的“软件”，期待最高人民法院环境资源审判庭的成立能起到一定的推动作用。

三、排污权试点工作的进一步推进

十八届三中全会《决定》提出，要加快生态文明制度建设，发展环保市场，推行节能量、碳排放权、排污权、水权交易制度，建立吸引社会资本投入生态环境保护的市场化机制。国务院《关于进一步推进排污权有偿使用和交易试点工作的指导意见》（国办发〔2014〕38 号）（以下简称《指导意见》）的出台，旨在在此前排污权交易试点基础上进一步明晰排污权交易市场建设的路径。

根据《指导意见》，试点地区实行排污权有偿使用制度，排污单位在缴

news/201406/contents13669.html.

2　政策与实践对比 研究报告六（中国卷）——中国环境法庭面临的挑战及其应对 . http://www.chinaenvironment.com/uploads/129/2013-12-6/ 中国环境法庭面临的挑战及其应对 .pdf.

纳使用费后获得排污权，或通过交易获得排污权。排污权有偿使用，从经济上确立了环境资源容量的有价性，体现环境资源容量的稀缺性。就排污权的分配而言，包括无偿分配和有偿分配两种模式，国际上主要采用行政手段无偿配置，比如美国的二氧化硫交易和欧盟碳排放交易。此次《指导意见》明确试点地区均为有偿获得，对此，环保部官员表示，无偿分配的排污指标容易造成新老企业、不同排放水平企业的不公平性。对于企业而言，有偿获得的排污权作为其财产权利随着排污权市场的建立而具有经济价值，比如《河北省排污权抵押贷款管理办法》明确排污权的可抵押性。

根据《指导意见》，试点的污染物应为国家作为约束性指标进行总量控制的污染物，试点地区也可选择对本地区环境质量有突出影响的其他污染物。比如 2014 年《湖南省主要污染物排污权有偿使用和交易管理办法》（以下简称《办法》）在此前 2010 年确立的化学需氧量、氨氮、二氧化硫、氮氧化物等四种污染物的基础之上，增加了铅、镉、砷等三类近年来日趋严重的重金属污染物。此外，考虑到地方产业结构的特点以及地方生态保护的需要，《办法》还规定，市州人民政府可以根据当地污染治理和环境保护的需要，报省人民政府批准后在本市州行政区域内增加污染物种类。由此，污染物的确定将具备一些“地方特色”，排污权的交易市场也将因此而具备地域特点。《指导意见》亦明确，排污权交易原则上在各试点省份内进行，涉及水污染物的排污权交易基于流域治理的特点，限于在同一流域内进行。

《指导意见》明确，有偿取得排污权的单位，不免除其依法缴纳排污费等相关税费的义务。排污权是指排污单位经核定、允许其排放污染物的种类和数量，其体现的是环境容量的资源价值。而《排污费征收使用管理条例》确定的排污费，是由直接向环境排放污染物的主体所缴纳的费用，体现的是污染者付费的理念。二者的区别在于，比如试点地区的排污企业，如果其内部环境处理设施符合环保标准，则根据《排污费征收使用管理条例》的规定不用缴纳排污费。但是如果其向环境排放试点地区规定的试点污染物，仍需通过有偿的方式获得排污权，因为其占用了该类污染物试点地区的环境容量。

四、环保核查制度的取消

上市公司环境保护核查起源于2001年9月国家环境保护总局发布的《关于做好上市公司环保情况核查工作的通知》（环发〔2001〕156号）。[3]在国家环境保护总局发布了《关于对申请上市的企业和申请再融资的上市企业进行环境保护核查的通知》（〔2003〕101号）和《关于进一步规范重污染行业生产经营公司申请上市或再融资环境保护核查工作的通知》（环办〔2003〕105号）两份重要文件后，上市环保核查工作开始进入规范化阶段。

IPO折戟于环保核查的企业，比如浙江的九洲药业、西安的环球印务以及自推行上市公司环保核查来第一家因环保问题终止上市环保核查的金川集团。上市公司再融资因环保核查未通过而受阻，比如驰宏锌锗（600497）2010年再融资计划因环保核查未通过，环保部下发了终止环保核查通知，并明确在公司环境风险消除之前不再受理其再融资环保核查申请。

环保核查的主要程序是，拟上市公司向环保部门提出核查申请，由环保核查机构进行核查后出具环保核查技术报告，环保部门在环保核查技术报告的基础上，向证监会出具《关于上市公司上市环保核查情况的函》等文件。具体而言，环保核查的内容包括排污申报登记、排污许可证和排污缴费情况、主要污染物总量控制情况及减排任务完成情况以及新、改、扩建工程环境影响评价和“三同时”执行情况等，申请再融资的上市公司，还增加了募集资金投向有利于改善环境质量等三项要求。

2014年9月28日，环保部下发《环境保护部关于改革调整上市环保核查工作制度的通知》（环发〔2014〕149号），为落实国务院关于简政放权、转变政府职能要求，明确自发布之日起，环保部及地方各级环保部门停止受理及开展上市环保核查。环保部此前常务会议上也明确将进一步完善对上市公司日常环境监管措施，后续将出台上市环保核查制度取消后的严格规范监

3 石杰．上市公司环境保护核查相关问题浅析．http://www.law-lib.com/lw/lw_view.asp?-no=13150.

管措施。从国际经验来看，成熟资本市场的上市环保核查由市场主体负责，券商或者投资方会要求公司自行或委托第三方的机构进行环保、健康、安全方面的调查，编制信息披露的报告，使投资方或者是券商可以清楚判断有关环保健康安全的风险，判断该企业是否具备上市的要求。

“149 号文”取消上市环保核查的同时，规定上市公司应按照有关法律要求及时、完整、真实、准确地公开环境信息，并按《企业环境报告书编制导则》（HJ617—2011）定期发布企业环境报告书。环保部《关于进一步严格上市环保核查管理制度加强上市公司环保核查后督察工作的通知》（环发〔2010〕78 号）中明确各省级环保部门应督促辖区内上市公司及时、完整、准确地披露环境信息、发布年度环境报告书。上市公司的年度环境报告书应包括产业政策、环评和“三同时”制度、达标排放和总量控制、排污申报和缴纳排污费、清洁生产审核、重金属污染防治、环保设施运行、有毒有害物质使用和管理、环境风险管理等环境管理制度的执行情况。而目前上市公司中发布企业环境报告的仍相对少数，根据 2013 年底环保部联合北京化工大学低碳经济与管理研究中心项目组联合发布的《首届中国上市公司环境责任信息披露评价报告（2012）》[4] 显示，以沪深两市 617 家上市公司为研究对象，其中仅有 18 家上市公司发布了环境责任报告，占比相对较低。环保部在 2014 年 12 月 19 日出台《企业事业单位环境信息公开办法》（环境保护部令第 31 号），该办法于 2015 年 1 月 1 日与修订后的《环境保护法》同时生效。上市公司作为公众公司，对环境信息的披露要求应该更为严格，合理预计，随着上市环保核查制度的取消，对于上市公司环境信息披露的监管将会加强。

五、环境保护公众参与机制的构建

从《环境保护法》修订过程中的备受关注，到杭州九峰垃圾焚烧发电项

4 首届中国上市公司环境责任信息披露评价报告（2012）. http://www.p5w.net/p5w/home/stime/pdf/20120817/zq17b09.pdf.

目的市民抗议，公众对于环境保护参与的诉求越来越强烈。从公众作为环境最直接的影响主体角度而言，对环境的关注诉求显见。从环境法理论角度看，环境权财产权说中，将公民作为环境要素的财产权的享有者，而政府系作为受托方管理环境，公民作为环境财产权权利主体及委托方，对环保事务的关注及参与的动机亦有其理论基础。

2014 年 12 月 19 日，最高人民法院公布的《人民法院环境保护行政案件十大案例》中，就有三起案件涉及公众参与。最高院阐述该类案件的典型意义在于，环境保护行政案件中对公众参与程序的司法审查是重要环节。

此次《环境保护法》的修订，设“信息公开和公众参与”专章，规定了公众环境信息知情权和监督权的权利保障、环保部门的信息公开、重点排污企业的信息公开、环境影响报告书的公开以及征求公众意见、公众举报权及保障机制以及备受关注的公益诉讼。其中，环境影响报告书的公开在 2013 年 12 月环保部出台的《建设项目环境影响评价政府信息公开指南》中即已明确。《环境保护法》对于该章的修订核心理念是强调环保执法的透明性以及保障公众对于环境事务的参与性。

2014 年环保部《关于推进环境保护公众参与的指导意见》（环办〔2014〕48 号，以下简称《意见》）可谓是这一理念的具体落地，包括公众参与的主体范围，特别强调了环保公益组织在公众参与方面的作用，有鉴于近年来各地环保公益组织在环保运动中所发挥的重要作用，此次《意见》对于环保公益组织提出了明确的扶持政策，在目前国内 NGO 的发展环境和生存环境中，这一点对于环保 NGO 而言无疑是重要的利好，同时也反映了政策层面对于环保 NGO 未来在环境保护公众参与事务中的期许。除主体外，《意见》还关注到公众参与的渠道，这也是公众参与立法理念落地的关键性保障。遗憾的是，此次《意见》立法层级相对较低，我们期待随着政策的试水，未来出台更高一级位阶的立法对公众参与做进一步保障。

环境民主原则是环境法的一项基本原则，随着《环境保护法》的修订以及此次《意见》的出台，环境民主在国内可谓有了实质性的政策突破，执法及司法的进一步突破有待观察。1992 年《里约环境与发展宣言》强调公众参与的重要性，[5] 明确了公众参与的内容。我们期待二十年后环境公众参与机制在国内能够在法律及实践中切实地落地生根。

第三节　典型案例和重大事件

一、泰州 1.6 亿环境公益诉讼案

（一）案情介绍[6]

2014 年 9 月 10 日，泰州市环保联合会起诉 6 家化工企业污染环境的官司，在泰州市中级人民法院开庭审理。这是泰州首例环保公益诉讼案，作为原告的泰州市环保联合会，于 2014 年 2 月成立。经过 10 多个小时的庭审，法院当庭判决，江苏常隆农化有限公司等 6 家企业赔偿环境修复费用 1.6 亿余元，用于泰兴地区的环境修复。

2011 年至 2012 年，戴卫国、姚雪元等人买来危险品运输车辆、船舶，以从事废酸销售的名义，与泰兴经济开发区的多家化工企业联系，将企业产生的废酸直接倒入内河，由企业付费。这些运输废酸的船舶，均经过改装，一船 2 吨重的废酸 8 分钟就能倒完。短短几个月的时间，几人将两万余吨的废酸直接倾倒进如泰运河、古马干河，导致水体污染严重。2013 年 2 月，这伙人在向古马干河倾倒废酸时，被环保部门现场抓获。2014 年 8 月，泰兴市人民法院经审理判决，戴卫国等 14 人因犯环境污染罪处有期徒刑 5 年 9 个月至 2 年 3 个月，并处罚金 16 万元至 41 万元。

作为此案的民事赔偿部分，在 9 月 10 日的庭审中，泰州市环保联合会称，江苏常隆农化有限公司、泰兴锦汇化工有限公司、江苏施美康药业股份有限

5　里约环境与发展宣言 . http://news.xinhuanet.com/ziliao/2002-08/21/content_533123.htm.

6　环保公益组织起诉泰州 6 企业 赔 1.6 亿环境修复费 . http://www.cepnews.com.cn/taizhou/news_340792.html.

公司、泰兴市申龙化工有限公司、泰兴市富安化工有限公司、泰兴市臻庆化工有限公司非法处置危险废物，导致河流受到严重污染，损害了生态环境的安全，危害了公众身体健康和正常的生产生活需要，应当承担环境污染损害的赔偿责任，请求法院判定这 6 家企业共计赔偿 1.65 亿余元。

法院审理查明，在 2012 年 1 月至 2013 年 2 月间，6 被告违反法律规定，将产生的 25 934.795 吨废酸，提供给无危险废物处理资质的主体偷排于如泰运河、古马干河，导致水体严重污染。经评估确定，这些废酸造成的环境污染损害，修复费用为 1.6 亿余元。本案经江苏高院院长担任二审审判长，经 2014 年 12 月 4 日和 12 月 16 日两次开庭审理，于 2014 年 12 月 30 日宣判维持一审判决赔偿数额。

（二）评论与分析

本案中，相关主体环境违法犯罪行为事实清楚，法院据此判定污染环境罪，并判定相应刑罚。就本案民事赔偿部分，由于排污行为对水体导致的环境损害，由 2014 年 2 月刚成立的泰州市环保联合会向法院提起环境公益诉讼。

1. 泰州环保联合会是否具备公益诉讼主体资格

本案中，关于泰州环保联合会是否具备公益诉讼主体资格系一大争议焦点。泰州环保联合会成立于 2014 年 2 月，根据修订后的《环境保护法》规定，成立仅数月的泰州市环保联合会并不符合“从事环境保护公益活动连续五年”这一条件。但是基于本案两次审理均在 2014 年，修订后的《环境保护法》尚未生效。根据《民事诉讼法》第五十五条规定，对污染环境、侵害众多消费者合法权益等损害社会公共利益的行为，法律规定的机关和有关组织可以向人民法院提出诉讼，由此，泰州环保联合会应具备公益诉讼主体资格。但就《民事诉讼法》中“法律规定的机关和有关组织”如何理解，上诉人提出异议，认为泰州环保联合会非“法律规定的有关组织”从而不具备主体资格。对此，北京大学环境法教授汪劲指出，对于国家机关而言，需要法律明确的规定或授权才可以行为，但是对于社会组织无此约束，由此，该法条中“法律规定的”应理解为仅限制“机关”而非“有关组织”。因此，江苏高院二审认定环保联合会具备公益诉讼资格。

2. 处置副产酸行为与损害结果之间是否存在因果关系

本案中，上诉人处置的废物系副产酸，根据《中华人民共和国水污染防治法》第二十九条规定，禁止向水体排放油类、酸液、碱液或者剧毒废液。由此，副产酸直接排入水体系违法行为，上诉人亦未否认其处置涉案副产酸的浓度以及 pH 值小于 1 的测试结论。二审法院认为，虽然上诉人非直接将副产酸倾倒入水体中，但是其向完全不具备副产酸处置能力和资质的企业销售副产酸，应视为是一种在防范污染物对环境污染损害上的不作为，该不作为与环境污染损害结果之间存在法律上的因果关系。上诉人以名义价格将副产酸销售，再以较高的金额补贴购买方，实际上是以销售的表象掩盖处置副产酸的主观故意。

根据《中华人民共和国侵权责任法》第六十五条的规定，因污染环境造成损害的，污染者应当承担侵权责任；第六十六条规定，因污染环境发生纠纷，污染者应当依法就法律规定的不承担责任或者减轻责任的情形及其行为与损害之间不存在因果关系承担举证责任。基于上诉人并未举证证明其存在法律规定的不承担责任或者减轻责任的情形，也未证明其行为与损害结果之间不存在因果关系，因此，二审法院亦判定上诉人应当对其造成的环境损害承担侵权责任。

3. 原审判决的赔偿数额认定是否合理

就上诉人倾倒副产酸数量的认定，二审法院认为虽然上诉人对一审判断认定倾倒副产酸数量提出异议，但是未能有效举证，则根据《最高人民法院关于民事诉讼证据的若干规定》第七十五条规定，该等举证不能的不利后果应当由上诉人负担。

就修复费用的计算是否恰当，鉴于污染水体处于流动状态，污染物对水体的污染及对下游生态区域的影响处于扩散状态，难以计算污染修复费用。《环境污染损害数额计算推荐方法》（第 1 版）对该类情况推荐采用虚拟治理成本法计算污染修复费用，二审法院由此复核一审法院计算并无不当。但是就判决的履行方式，二审法院作了调整，包括以当时任提出申请且提供有效担保为前提，修复费用的40%可以延期至判决生效之日起一年内支付；当事人内部的技术改造费用经审计可以从40%修复费用余款中予以抵扣，应该说具有一定的激励性，有助于污染企业持续改善其内部环境管理。

二、卢红等诉杭州市萧山区环境保护局环保行政许可案

（一）案情介绍[7]

杭州萧山城市建设投资集团有限公司（以下简称城投公司）因涉案风情大道改造及南伸项目建设需要，委托浙江省工业环保设计研究院有限公司（以下简称省环保设计院）对该项目进行环境影响评价。在涉案环评报告书编制过程中，城投公司分别在建设项目所涉区域对案涉项目的基本情况及其对周边环境可能造成的影响、预防或减轻不良环境影响的对策和措施、环境影响评价结论要点内容进行了两次公示。省环保设计院通过发放个人调查表和团体调查表的方式进行了公众调查。2012年4月20日，杭州市萧山区环境保护局（以下简称区环保局）与城投公司、省环保设计院和邀请的专家召开了涉案项目环境影响报告书技术评审并形成评审意见。同年4月23日，区环保局在区办事服务中心大厅的公示栏内张贴涉案项目的《环保审批公示》，公示期间为2012年4月23日至同年5月7日，共10个工作日。公示内容主要为：涉案项目基本情况；涉案项目对环境可能造成的影响；预防或减轻不良环境影响的对策和措施；环境影响评价结论要点；建设单位、环评单位及审批单位的联系方式，并注明征求意见的方式是电话和信件。2012年5月29日，区环保局与城投公司、省环保设计院和邀请的专家召开案涉环评报告书（复审稿）技术复审评审会并形成复审意见。2012年6月，省环保设计院形成环评报告书的送审稿。同年6月28日，城投公司向区环保局报送该环评报告书及相关

7　卢红等204人诉杭州市萧山区环境保护局环保行政许可案 . http://www.chinacourt.org/article/detail/2014/12/id/1519518.shtml.

的申请材料，申请对该环评报告书予以批准。区环保局于同日作出《关于风情大道改造及南伸（金城路 - 湘湖路）工程环境影响报告书审查意见的函》（以下简称审查意见函），同意该项目在萧山规划许可的区域内实施。

卢红等 204 人称，其均为萧山区风情大道湘湖段“苏黎世小镇”和“奥兰多小镇”两小区的居民，因不服萧山区发展和改革局审批的“风情大道改造及南伸（金城路 - 湘湖路）工程”可行性研究报告，向杭州市发展和改革委员会提起行政复议。在复议期间，萧山区发展和改革局提供了区环保局的审查意见函作为其审批依据。卢红等 204 人认为涉案项目的建设将对两个小区造成不利影响，区环保局的行政许可行为侵害其合法权益，遂以该局为被告提起行政诉讼，请求法院撤销上述审查意见函。杭州市萧山区人民法院经审理，认定本项目环评审批行政机关在审批环节严重违反《浙江省建设项目环境保护管理办法》规定的程序，判决撤销被告作出审查意见函的具体行政行为。

（二）评论与分析

本案系最高人民法院于 2014 年 12 月 19 日公布的人民法院环境保护行政案件十大案例之一，涉及环境行政审批程序中公众参与机制缺失从而导致具体行政行为被撤销。

《浙江省建设项目环境保护管理办法》第二十二条规定，环保行政机关受理环境影响报告书审批申请后，除了依法需要保密的建设项目，仍需通过便于公众知晓的方式公开受理信息和环境影响报告书的查询方式以及公众享有的权利等事项，并征求公众意见，征求公众意见的期限不得少于 7 日。

本案中，被告萧山区环保局称 2012 年 4 月 23 日受理城投公司案涉环评报告书提出的审批申请，而城投公司委托环评单位省环保设计院编制的、用于申请被告批准的涉案环评报告书（报批稿）形成于 2013 年 6 月。因此，即使被告确实于 2012 年 4 月 23 日受理了城投公司的申请，但由于需审批之环评报告书此时尚未编制完成，由此，被告主张其于 2012 年 4 月 23 日即受理的行为不能成立。

被告在受理流程中《承诺件受理通知书》中明确表示城投公司向其申请

环评审批的时间为2012年6月28日，而被告即于同日作出审查意见函，对案涉环评报告予以批准，该审批行为明显违反《浙江省建设项目环境保护管理办法》第二十二条关于环评审批行政机关在审批环节应进行公示和公众调查的相关规定，严重违反了法定程序。

环保机关审理环境影响报告书审批申请的前提是报告书初稿形成，且环保机关受理后应依法履行公开环评报告书并征求公众意见的程序后，才可予以审批。本案中环评报告编制过程中的公众参与程序的实施不能替代环保机关依法需要履行的公开义务及公众参与的保障义务。

三、广核风电中期票据案：国内首支碳交易相关金融产品

（一）案情简介

中广核风电有限公司于5月8日发行第一期中期票据，注册额度人民币为10亿元，本次一次发行，发行期限为五年，募集资金主要用于置换公司本部银行或中广核财务有限责任公司贷款，以拓宽融资渠道，降低财务成本。该中期票据的发行被行业定义为国内首支与碳交易相关的金融产品。

根据《中广核风电有限公司2014年度第一期中期票据募集说明书》，本次中期票据利率由两部分构成，即固定利率和浮动利率。其中固定利率通过发行过程中的簿记建档来确定，该利率在中期票据存期期间维持不变。中期票据的浮动利率与中广核风电有限公司所属全资子公司及控股孙公司所涉及的五个风电项目所产生的核证资源减排量（CCER）在深圳排放权交易所进行交易所产生的收益率相关联。具体来说，当碳收益率等于或低于0.05%（含本募集说明书中约定碳收益率确认为零的情况）时，当期浮动利率为5BP；当碳收益率等于或高于0.20%时，当期浮动利率为20BP；当碳收益率介于0.05%至0.20%区间时，按照碳收益率换算为BP的实际数值确认当期浮动利率。

前述五个风电项目为内蒙古商都长胜梁风电场项目、新疆吉木乃中广核一期风电项目、中广核民勤咸水井49.5兆瓦风电场项目、中广核台山(汶村)风电场项目、宝日布风电场二期。所述五个项目均已根据《联合国气候变化

框架公约》和《京都议定书》完成了在联合国清洁发展机制（CDM）项下的注册。所述五个风电项目未来在深圳碳排放交易市场上的上市以 CDM 项目转 CCER 项目为前提。

（二）评论与分析

此次中广核风电有限公司发行的中期票据其浮动利率的设定直接与其风电项目的碳收益相关联，碳减排的收益成为企业撬动融资的工具选项。

1. 国内碳交易市场的形成

我国《“十二五”规划纲要》首次提出建立国内碳市场，明确提出“建立完善温室气体排放统计核算制度，逐步建立碳排放交易市场”。2011 年 10 月，国发改委发布《关于开展碳排放权交易试点工作的通知》（发改办气候 [2011]2601 号），正式批准在北京、上海、天津、深圳、广州、湖北、重庆等七省市开展碳排放权交易试点工作。2012 年 6 月，国家发改委印发《温室气体自愿减排交易管理暂行办法》（发改气候 [2012]1668 号）（以下简称《暂行办法》），《暂行办法》明确了 CCER 的来源、交易场所、方法学审定和核证程序等。根据暂行办法的规定，以项目备案为前提，备案项目的具体减排量备案并登记于国家登记簿，成为可以交易的“核证自愿减排量（CCER）”。

2. 中广核风电公司风电项目之 CDM 转 CCER

根据《暂行办法》第十三条规定，“在联合国清洁发展机制执行理事会注册但减排量未获得签发的项目”可以向国家发改委申请自愿减排项目的备案。而此次中期票据发行涉及五个风电项目均已完成了在联合国清洁发展机制项（CDM）下的注册，由此，备案程序应认为畅通。但是国家发改委于 2014 年 1 月 9 日召开的第一次 CCER 项目备案审核会议中提出提高 CCER 备案标准，要求申请单位未来按照修正后的《温室气体自愿减排项目审定与核证指南》重新提交 CDM 转 CCER 项目的申请材料。据悉，在新的备案标准未出台之前，所有由 CDM 项目转 CCER 项目的备案申请暂时处于全部搁置状态。由此，前述五个风电项目的 CDM 转 CCER 存在一定的不确定性。

中广核风电有限公司就五个风电项目的碳减排量已与相关主体签署《温

室气体自愿减排量购买协议》，如未来项目不达发改委备案新标准，则所签协议将不能履行。而该情形下，本次中期票据的浮动利率相应为5BP，即取浮动利率区间的下限。期待随着此次碳债券的试水以及未来CCER市场价格的利好，碳金融领域更多的创新，企业的绿色生产为其创造更大的价值。

第二章 煤炭行业法律政策观察

2014年我国国内煤炭价格普遍大幅下降。其中，上半年，煤炭需求疲软，煤炭进口仍实现小幅增长，再加上龙头煤炭企业多次带头降价，煤炭价格大幅下降；下半年，政府部门给予调控。通过对进口煤一定程度的限制以及对国内违规产能的控制，煤炭价格获得了一系列支撑，煤价连续回落态势逐步得到遏制。为推动煤炭行业的良性发展，5月20日，国家发展改革委发布了《关于深入推进煤炭交易市场体系建设的指导意见》（以下简称《意见》）。《意见》要求全面落实国务院关于深化电煤市场化改革的决策部署，发挥市场在资源配置中的决定性作用；确定煤炭市场建设标准，成立全国煤炭交易市场体系建设协调机制。7月22日，国家能源局官网正式发布了《关于规范煤制油、煤制天然气产业科学有序发展的通知》，要求禁止建设年产20亿立方米及以下规模的煤制天然气项目和年产100万吨及以下规模的煤制油项目。没有列入国家示范的项目，严禁地方擅自违规立项建设。10月12日，国家能源局发布了《关于调控煤炭总量优化产业布局的指导意见》，对于煤炭行业总量调控、优化布局、项目审批、产能管理、深化改革等工作提出一系列具体意见。此外还有《煤炭生产能力管理办法》、《煤炭经营管理办法》、《关于遏制煤矿超能力生产规范企业生产行为的通知》、《商品煤质量管理暂行办法》、《煤炭经营监管办法》、《关于实施煤炭资源税改革的通知》等一系列规范监管政策出台。

第一节 2014年重大法律政策

一、国办发布《国务院关于取消和下放一批行政审批项目的决定》

2014年2月15日，国务院办公厅发布《国务院关于取消和下放一批行政审批项目的决定》（国发[2014]5号，以下简称《决定》），《决定》再次取消和下放64项行政审批项目和18个子项。其中，涉煤审批项目取消了由国土资源部审批的煤炭矿业权审批管理改革试点省煤炭矿业权审批项目备案核准。

试点省煤炭矿业权审批项目备案核准源于国土资源部2010年9月14日发布的《关于开展煤炭矿业权审批管理改革试点的通知》（国土资发[2010]143号），上述通知决定在黑龙江、贵州、陕西等三省开展煤炭矿业权审批管理改革试点，试行有计划的投放煤炭矿业权制度，全面授权试点省份国土资源厅审批登记煤炭矿业权。其中，原由国土资源部审批登记的煤炭矿业权，由国土资源部依据其批准的年度投放计划授权试点省份国土资源厅审批，报国土资源部后办理采矿许可证。根据国务院本次决定，目前煤矿矿业权审批改革仅限于试点省份，其他非试点省份的煤炭矿业权审批仍将执行国土资源部与省国土资源厅两级审批制度，审批权限将按照《关于规范勘查许可证采矿许可证权限有关问题的通知》（国土资发[2005]200号）继续执行。

二、国家发改委公布《关于深入推进煤炭交易市场体系建设的指导意见》

2014年5月20日，国家发展改革委公布《关于深入推进煤炭交易市场体系建设的指导意见》（发改运行[2014]967号，以下简称《意见》），从业务规模、业务范围、管理方式等角度对建设煤炭交易市场提出了指导性意见。

《意见》要求全面落实国务院关于深化电煤市场化改革的决策部署，发挥市场在资源配置中的决定性作用；确定煤炭市场建设标准，成立全国煤炭交易市场体系建设协调机制。结合煤炭、电力与铁路运输市场化改革，推进传统产运需衔接方式向现代交易模式转变，完善市场规则，促进市场充分竞争，在更大范围内优化配置煤炭资源。《意见》确定协调机制由国家发展改革委牵头，交通运输部、商务部、中国人民银行、国家能源局等单位组成。其主要任务是积极引导各类市场主体通过多种形式自愿参与煤炭交易市场建设和交易，统筹推进市场体系建设；清理市场分割、地区封锁等限制，研究制定煤炭交易标准化合同，加强合同履行检查；根据市场建设和运行情况，完善交易规则，规范交易秩序，加强监督指导，及时协调解决市场体系建设和运行中出现的重大问题。

同时，《意见》要求在规范现有煤炭交易市场的基础上，加快健全若干个区域性煤炭交易市场；结合煤炭生产地、消费地、铁路交通枢纽、主要中转港口以及国家批准开展涉煤品种期货交易的期货交易场所等条件，逐步培育建成 2 ～ 3 个全国性煤炭交易市场，形成层次分明、功能齐全、手段先进、运行规范的煤炭交易市场体系。其中，地方煤炭交易市场的煤炭年交易量应在 200 万吨以上，区域性煤炭交易市场的煤炭年交易量应在 1 000 万吨以上，全国性煤炭交易市场煤炭年交易量应在 2 亿吨以上。

三、国家安监总局等四部委印发《煤矿生产能力管理办法》

2014 年 6 月 30 日，国家安监总局、国家煤矿安监局、国家发展改革委、国家能源局等 4 部门联合印发《煤矿生产能力管理办法》（安监总煤行〔2014〕61 号，以下简称《办法》），《办法》分总则，煤矿生产能力核定的条件、程序和审查确认的依据，煤矿生产能力核定结果的审查和确认，监督管理以及附则等五章共 25 条；《办法》自发布之日起施行，其他有关煤矿生产能力核定工作的规定则停止执行。

按照《办法》规定，有下列情形之一的煤矿，应当组织进行生产能力核定：采场条件或提升、运输、通风、排水、供电、瓦斯抽采、地面等系统（环节）之一发生较大变化；实施采掘机械化改造，采掘生产工艺有重大改变；煤层赋存条件、资源储量发生较大变化；非停产限产原因，连续2年实际原煤产量达不到登记生产能力70%的；发生较大以上生产安全事故，且存在超安全保障能力生产行为；出现煤与瓦斯突出现象；被鉴定为高瓦斯矿井或冲击地压矿井；采深突破1 000米等；其他生产技术条件发生较大变化。

《办法》还对核增生产能力作出了严格限制，并强调有下列情形之一的煤矿，不得核增生产能力：安全保障能力建设、机械化改造等不符合《国务院办公厅关于进一步加强煤矿安全生产工作的意见》有关规定的；重大灾害治理措施不完备的；生产技术、工艺、装备或生产布局不符合国家有关规定的。此外，近2年内连续发生生产安全死亡事故，或发生较大以上生产安全事故的，负责煤矿生产能力核定工作的部门应当组织中介机构评估矿井生产能力是否符合实际。

《办法》要求每年组织一次对地方煤矿生产能力核定工作的抽查，对违反规定的严格处罚；与《办法》相配套的《煤矿生产能力核定标准》同时颁布，其对如何核定煤矿生产能力作出了规定。

四、国家能源局《关于规范煤制油、煤制天然气产业科学有序发展的通知》

2014年7月17日，国家能源局出台《关于规范煤制油、煤制天然气产业科学有序发展的通知》（国能科技[2014]339号，以下简称《通知》），《通知》从严格产业准入要求、规范项目审批程序、强化要素资源配置、统筹规划试点示范、做好项目监督评价、落实相关管理责任等方面，对我国煤制油、煤制气产业发展提出了原则要求。

《通知》再次重申，年产超过20亿立方米的煤制天然气项目和年产超过100万吨的煤制油项目需报国务院投资主管部门核准；禁止建设年产20亿立方米及以下规模的煤制天然气项目和年产100万吨及以下规模的煤制油项目。各地发展改革部门和能源行业管理部门要严格把关，按照相关管理规定和审批程序，加强煤制油（气）项目审批管理，严禁违规审批。

《通知》对煤制油（气）生产要素资源配置提出了要求，明确煤炭供应要优先满足群众生活和发电需要，严禁在煤炭净调入省发展煤制油（气）；严禁挤占生活用水、农业用水和生态用水，以及利用地下水发展煤制油（气）。对取水量已达到或超过控制指标、主要污染物排放总量超标地区，暂停审批新建煤制油（气）示范项目。

五、国家发改委发布《煤炭经营监管办法》

2014年8月6日，国家发改委发布《煤炭经营监管办法》（以下简称《办法》），《办法》分总则、煤炭经营、监督管理、罚则和附则等五章，自2014年9月1日起施行，国家发改委于2004年发布的《煤炭经营监管办法》同时废止。

《办法》要求煤炭经营企业在工商行政管理机关办理登记注册后，应于三十个工作日内向所在地的同级煤炭经营监督管理部门进行告知性备案；其中，在国家工商行政管理总局登记注册的企业，向其住所所在地的省级煤炭经营监督管理部门进行告知性备案。备案内容包括企业名称、法定代表人、住所、储煤场地及设施、建立信用记录的社会征信机构情况等；备案内容发生变化的，企业应在变更之日起三十个工作日内告知所在地煤炭经营监督管理部门。

《办法》规定，煤炭经营应取消不合理的中间环节，提倡有条件的煤矿企业直销，鼓励大型煤矿企业与耗煤量大的用户企业签订中长期直销合同。国家发改委将会同国务院有关部门加强政策引导和支持，建立健全煤炭交易市场体系，培育对煤炭供应保障具有支撑作用的经营企业，鼓励具备条件的经营企业参与煤炭应急储备工作。

《办法》还对煤炭经营企业信息报告及公示进行了规定，要求煤炭经营企业在每年第一季度，向办理备案的煤炭经营监督管理部门报告上年度有关经营信息，内容主要包括煤炭计量、质量、环保等规定或标准执行情况；对煤炭供应保障具有支撑作用的经营企业，还应配合煤炭经营监督管理部门开展动态监测，按季度报告主要煤炭买卖合同履行等情况。针对煤炭经营企业年度报告信息，除涉及商业秘密的内容外，县级以上地方人民政府煤炭经营监督管理部门应向社会公示。

六、国家发改委等《关于遏制煤矿超能力生产　规范企业生产行为的通知》

2014年8月15日，国家发展改革委、国家能源局、国家煤矿安监局联合下发了《关于遏制煤矿超能力生产　规范企业生产行为的通知》（发改电〔2014〕226号，以下简称《通知》），《通知》规定所有未经核准但已建成并组织生产的煤矿一律停产，所有未取得采矿许可证和安全生产许可证的煤矿不得投入生产。

《通知》要求各省级煤炭行业管理部门要根据依法依规批准的生产能力对所有合法生产煤矿的生产能力进行建档登记，并组织本辖区煤矿签订《煤矿按照登记公布生产能力组织生产的承诺书》。各地已登记煤矿生产能力情况和煤矿签订的承诺书要于2014年8月31日前报国家发展改革委、国家能源局、国家煤矿安监局。

《通知》明确煤矿年度原煤产量不得超过登记公布的生产能力，月度原煤产量不得超过月均计划的110%；无月度计划的，月产量不得超过登记公布生产能力的1/12。2014年上半年煤炭产量已超过登记公布生产能力50%的煤矿，下半年要合理安排生产计划，确保年度煤矿不超能力生产。企业集团公司不得向所属煤矿下达超过登记公布生产能力的生产计划及相关经济指标，不得向未核准、未取得采矿许可证和安全生产许可证的煤矿下达生产计划。

《通知》要求县级以上地方人民政府负责煤矿安全生产监督管理的部门、煤矿安全监察机构要切实履行超能力生产监督执法职责，对违规超能力生产的煤矿责令停产整顿、暂扣安全生产许可证和矿长安全资格证，并对煤矿处50万元以上200万元以下的罚款，对煤矿企业负责人处3万元以上15万元以下罚款。

七、国家发改委等发布《商品煤质量管理暂行办法》

2014 年 9 月 3 日，国家发改委、环保部、商务部、海关总署、工商总局、质监总局联合发布了《商品煤质量管理暂行办法》（以下简称《办法》），《办法》分总则、质量要求、监督管理、法律责任以及附则等五章，自 2015 年 1 月 1 日起正式施行。

《办法》对境内煤炭生产、加工、储运、销售、进口和使用等环节都做出了明确规定，对不符合要求的商品煤，不得进口、销售和远距离运输；所有煤炭生产、加工、储运、销售、进口、使用企业是商品煤质量的责任主体，分别对各环节商品煤质量负责，其应制定必要的煤炭质量保证制度并建立商品煤质量档案。《办法》对商品煤基本质量提出明确要求，并将商品煤分为褐煤和其他煤两大类，分别规定相关质量要求，所有进商品煤均应满足灰分、硫分、汞、砷、磷、氯、氟项目规定的限量要求；同时对需远距离运输（运距超过 600 公里）的商品煤，《办法》规定了更为严格的质量要求。

《办法》还要求加大对京津冀、长三角、珠三角地区散煤管理力度，限制销售和使用灰分 (Ad) 超 16%、硫分 (St,d) 超 1% 的散煤，对民用煤作出限制，进一步提高了散煤的质量要求。针对进口煤，其应按照《商品煤标识》（GB/T 25209—2010）进行标识，标识内容应与实际煤质相符，同时在储存过程中不得降低煤炭质量。

八、国务院关税税则委员会颁布《关于调整煤炭进口关税的通知》

2014 年 10 月 8 日，国务院关税税则委员会颁布《关于调整煤炭进口关税的通知》（税委会〔2014〕27 号，以下简称《通知》），决定调整我国煤炭进口关税。

《通知》规定，自 2014 年 10 月 15 日起，取消无烟煤（税号：27011100）、炼焦煤（税号：27011210）、炼焦煤以外的其他烟煤（税号：27011290）、其他煤（税号：27011900）、煤球等燃料（税号：27012000）

的零进口暂定税率，分别恢复实施3%、3%、6%、5%、5%的最惠国税率。

九、国家能源局出台《关于调控煤炭总量优化产业布局的指导意见》

2014年10月12日，国家能源局出台《关于调控煤炭总量优化产业布局的指导意见》（国能煤炭〔2014〕454号，以下简称《意见》），对煤炭行业总量调控、优化布局、项目审批、产能管理、深化改革等工作提出一系列具体意见，要求各地结合煤炭产业发展规律，把控总量、调结构、强管理、促改革作为缓解当前煤炭行业困难的重要举措，促进煤炭工业提质增效升级。

《意见》规定，今后一段时期，东部地区原则上将不再新建煤矿项目；中部地区（含东北）将保持合理开发强度，按照“退一建一”模式，适度建设资源枯竭煤矿生产接续项目；西部地区将加大资源开发与生态环境保护统筹协调力度，重点围绕以电力外送为主的千万级大型煤电基地和现代煤化工项目用煤需要，在充分利用现有煤矿生产能力的前提下，新建配套煤矿项目。

《意见》要求，各地不得核准新建30万吨/年以下煤矿、90万吨/年以下煤与瓦斯突出矿井。要对未按规定取得项目核准文件的煤矿建设项目，进行全面清理；已开工的违规项目一律停建，已投产的违规项目一律停产，履行项目核准等相关法定手续。同时，要加强对现有煤炭生产能力管理，查处超能力生产行为；加快淘汰落后产能，继续淘汰9万吨/年及以下煤矿，鼓励具备条件的地区淘汰9万吨/年以上、30万吨/年以下煤矿，鼓励各地主动关闭灾害严重或扭亏无望矿井。

十、财政部等发布《关于实施煤炭资源税改革的通知》

2014年10月13日，经国务院批准，财政部与国税总局联合发布《关于实施煤炭资源税改革的通知》（财税[2014]72号，以下简称《通知》），决定在全国范围内实施煤炭资源税从价计征改革，同时清理相关收费基金；《通知》对改革涉及的计征方法、应税煤炭销售额、适用税率、税收优惠以及征收管理等方面进行了规定。

《通知》规定，自2014年12月1日起，煤炭资源税实行从价定率计征，其中煤炭应税产品包括原煤和以未税原煤加工的洗选煤；税率幅度为2%～10%，具体适用税率由省级财税部门在上述幅度内，根据本地区清理收费基金、企业承受能力、煤炭资源条件等因素提出建议，报省级人民政府拟定，省级人民政府需将拟定的适用税率在公布前报财政部、国家税务总局审批。《通知》按照开采原煤直接对外销售、开采原煤加工为洗选煤销售、开采原煤加工为洗选煤自用等情形分别规定了相应应税煤炭销售额的计算方法。

《通知》同时对税收优惠进行了规定，明确对衰竭期煤矿开采的煤炭资源税减征30%，对充填开采置换出来的煤炭资源税减征50%；其中，衰竭期煤矿是指剩余可采储量下降到原设计可采储量的20%（含）以下，或者剩余服务年限不超过5年的煤矿。如纳税人开采的煤炭，同时符合上述减税情形，纳税人则只能选择其中一项执行，不能叠加适用。

第二节 阳光观察：评论与展望

一、国内煤炭交易市场亟需进一步规范

虽然，面对严重的环境问题，煤炭的粗放开采方式和大量使用广受诟病，未来一个时期煤炭占能源生产和消费的比重也将有所下降，但其仍将是我国的主要能源和重要的战略物资，其生产和消费的绝对总量仍将保持上升态势；与此同时，国内煤炭交易市场数量也开始快速增长。

早在1992年，我国在北京、上海、秦皇岛、太原等地就设立了10多个区域性煤炭交易市场，[8]但其后国内的煤炭交易仍是以由政府主持的全国煤炭订货会为主导，区域性煤炭交易市场并未真正发挥应有的作用。近年来，我

8 煤炭交易市场体系建设升级．中国能源报，2014-05-26(10).

国的煤炭市场化改革大力推进，煤炭订货制度和重点煤炭合同先后被取消，电煤价格逐渐实现并轨，煤炭交易市场开始蓬勃发展；截至2013年年底，全国已建成31个区域性的煤炭市场交易中心，但煤炭交易市场普遍存在着规模偏小、交易手段落后以及规范性缺乏等问题。

2012年，国务院办公厅发布《关于深化电煤市场化改革的指导意见》，其中提到要加快健全区域煤炭市场，逐步培育和建立全国煤炭交易市场，形成以全国煤炭交易中心为主体、区域煤炭市场为补充的煤炭交易市场体系，但该份指导意见并未明确相应地实施计划和要求。当前，随着煤炭交易市场数量的增加，特别是在煤炭需求不足、价格不断下行的背景下，煤炭交易市场体系建设中出现了较为严重的地方割据局面，亟需完善相应市场指引和监管，只有建立一套统一有效的市场运行机制，方能保证煤炭交易市场的秩序和效率，实现交易市场的繁荣。

二、为帮助煤炭行业脱困，政府进一步加强政策调控

自2012年下半年起我国煤炭市场需求持续疲软，价格一直处于下滑状态，煤炭行业发展开始步入“寒冬”。2014年以来，面对行业长期亏损引起的安全生产与社会稳定等问题，政府不断制定相关政策，包括生产能力登记和公告、遏制煤矿超能力生产、淘汰落后产能、小煤矿关闭退出、调控煤炭总量优化产业布局以及煤炭质量管理和关税政策等一系列法规陆续出台，发改委等煤炭行业主管部门就煤炭行业脱困连续召开了十余次会议，以期通过“看得见的手”从严调控煤炭供应产能，帮助煤炭行业扭转不利局面。

从实际效果来看，限产、减负、控制进口煤数量等政策在一定程度上有助于提振煤炭市场行情、扭转煤炭行业的心理预期。但在完全市场化的煤炭市场中，限产政策所发挥的效用将难以长期持续。首先，由于煤炭行业在“黄金十年”中大量投入新建煤矿和技改，各煤企现均面临着巨大的财务压力，企业需要拥有稳定的现金流以保证贷款的归还。其次，煤炭市场的特殊性还在于燃煤锅炉与煤种是相匹配的，煤炭企业一旦丢失市场将很难再次夺回；

可以预见，各煤企面对限产等政策将很难形成统一步调。

因此，面对行业结构性过剩的局面，短期内，除借助国家各类政策刺激外，煤炭企业走出“寒冬”的路径应当是不断提高生产效率、减低生产成本、优化煤种结构、提高服务质量；长期来看，面对巨大的环保压力，能源结构调整必然不断推进，煤炭在一次能源消费结构中的比重将持续下降，煤炭转产势在必行，行业脱困所需要的政策和努力不应仅仅聚焦在行业内，还应当着力培育煤炭企业发展新的增长点，形成新的市场。

三、清费立税、煤炭资源税实行从价计征

1994 年，国务院发布《资源税暂行条例》，决定对资源按照数量征收资源税，其中煤炭资源税从量征收标准为 0.3 ～ 5 元 / 吨。煤炭资源税的征收使得煤炭开采使用所造成的环境问题得到初步重视，也在一定程度上促使煤炭行业改进工艺和技术，提高资源利用效率。但是，多年来煤炭资源税实行从量定额计征，计税依据缺乏收入弹性，无法直接反映煤炭资源价格变动情况，且其不能准确计量煤炭资源消耗及其环境成本，资源税从量计征造成税负水平偏低，难以充分通过税收促进资源节约和环境保护。

与此同时，面对不断亏损的煤炭企业，煤炭资源税改革被视为降低亏损的重要步骤。煤炭资源税改革首先即清理涉煤收费，本次改革明确将煤炭矿产资源补偿费费率降为零，停止针对煤炭征收价格调节基金，取消山西煤炭可持续发展基金、原生矿产品生态补偿费、煤炭资源地方经济发展费等，并取缔了省以下地方政府违规设立的涉煤收费基金。而且，本次煤炭资源税从价计征改革并未规定全国统一的税率，仅明确了较宽的税率幅度（2% ～ 10%），赋权于地方政府根据本地区清理收费基金、企业承受能力、煤炭资源条件等因素确定，有利于产煤省根据市场变化和开采成本等因素，合理确定煤炭资源税税率。较宽的税率幅度也意味着地方政府可以根据此前的煤炭资源税费情况，以及煤炭资源税费占财政收入的比重灵活调节税率政策。

结合近年煤炭交易市场的变化，本次改革相应调整了煤炭资源税的征管

方式。目前，越来越多煤炭开采企业直接销售以原煤加工成的洗选煤，全国原煤的洗选率已达60%左右，随着国家节能环保力度的加大，可以预见这一比例还将继续上升。为便利征纳双方，原煤加工为洗选煤自用的、由按原煤征税调整为按未税原煤加工的洗选煤征税，直接销售原煤的、按原煤销售额计算应缴税费，对自采原煤加工为洗选煤销售的、按洗选煤销售额乘以折算率作为计税依据计征资源税。

煤炭资源税从价计征改革，有利于理顺资源税费关系、规范财税秩序、约束乱收费，有利于完善资源产品价格形成机制，促进资源合理开采利用。

四、我国煤炭进口政策由鼓励调整为限制

自2008年至2011年，国内煤炭需求快速增长，煤炭消费总量从2008年的27.4亿吨快速增长到2011年的35.4亿吨，进口煤数量也从2008年的0.44亿吨增加到2011年的1.82亿吨，进口煤成为国内煤炭市场的重要补充；其时，国家的煤炭进出口政策为鼓励进口、限制出口，进口煤长期执行零关税，出口煤炭则执行10%的税率、控制出口配额并指定出口公司。

但自2012年起，国内煤炭市场供需关系发生逆转，煤炭企业产能释放以及需求疲软导致煤炭供应过剩，同时由于国内煤炭资源赋存条件相对较差且多年来煤炭行业频繁进行资源整合、兼并重组，煤炭综合生产成本不断增加，相对进口煤的价格优势逐渐丧失，进口煤涌进国内市场开始大幅挤压国内煤炭市场份额，使得我国煤炭行业经营更加困难。在此背景下，政府开始频繁出台政策调控煤炭市场，其中包括通过关税调整限制进口煤数量。

2014年8月，国务院关税税则委员会决定自2014年10月15日起取消无烟煤、炼焦煤、炼焦煤以外的其他烟煤、其他煤、煤球等燃料的零进口暂定税率，分别恢复实施最惠国税率，加上2013年已取消零进口暂定税率的褐煤，目前几乎所有主要进口煤种都已取消零税率，我国煤炭进出口政策调整为限制进口。但总体来说，进口煤占国内煤炭消耗总量比例较低，进口煤数量的限制对当前煤炭供应宽松的现状不会产生根本性影响，煤炭市场调节关键还

是在于扩大需求和降低供给。未来，为解决国内煤炭产能过剩问题，国家可能将进一步调整煤炭出口政策，鼓励煤炭出口以化解国内煤炭产能。

另外，由于我国与东南亚国家签署了《中华人民共和国与东南亚国家联盟全面经济合作框架协议》，此次进口煤关税调整范围不包括印尼和越南等东南亚国家，进口商仅需提供原产地证明，则来自东南亚国家的进口煤关税仍为零。

五、国内煤制油气产业政策调整，严控盲目过热发展

2013 年，在产能过剩、煤价大幅下滑的背景下，产煤大省资源转型诉求日益强烈，煤化工成为各地延长煤炭产业链、增加附加值的集体选择。面临大气污染防治的迫切要求，中央政府也加快了煤制气项目的审批节奏，仅 2013 年获得国家发改委审批通过的煤制气项目即超过 20 个。据不完全统计，目前中国有不同阶段煤制气项目 50 个，其中实际建设中项目 5 个（部分产能已投产），正在做前期工作的项目 16 个。[9] 作为我国主要的能源种类，煤炭清洁利用以及煤制油气的适度发展对保障国家能源安全、增加油气替代具有重要意义。但部分地区也存在着不顾环境、水资源现状和技术经济实力，盲目、过热发展煤制油气项目。

2014 年 7 月，国家能源局正式发布《关于规范煤制油、煤制天然气产业科学有序发展的通知》，要求禁止建设年产 20 亿立方米及以下规模的煤制天然气项目和年产 100 万吨及以下规模的煤制油项目。没有列入国家示范的项目，严禁地方擅自违规立项建设。

从国家能源禀赋以及能源战略调整的角度，煤制油气产业目前适宜以示范项目为先，科学合理布局，严格监管，有序发展。同时，煤制气产业对水资源消耗巨大，部分地区的盲目发展也带来了业界对煤制气产业水资源危机的担忧。因此，《通知》明确了“坚持量水而行、坚持清洁高效转化、坚持

9 中国煤制气产业项目统计分析 . http://www.ccoalnews.com/101773/101786/249106.html.

示范先行、坚持科学合理布局、坚持自主创新”的原则，禁止煤炭净调入省发展煤制气煤制油气，并提出禁止利用地下水发展煤制油气，严禁挤占生活用水、农业用水和生态用水。

第三节　典型案例和重大事件

新鑫煤炭买卖合同纠纷案

（一）案情简介[10]

煤炭买卖与一般商品买卖存在着诸多区别，其中最为显著的即煤炭买卖属于大宗散装交易，对资金的需求量巨大，而在煤炭需求放缓、价格持续下行的背景下，煤炭买卖纠纷呈现高发态势。下述案例中的争议焦点在煤炭买卖合同纠纷中较为常见，分析该案有助于煤炭购销企业在煤炭买卖中更好地防范风险，提高企业经济效益。

2012 年 1 月，鹤壁市新鑫煤炭运销中心（以下简称新鑫煤炭）开始向鹤壁福源煤炭购销有限公司（以下简称福源公司）供煤。2012 年 2 月 3 日，新鑫煤炭以“李兴华”名义在鄂尔多斯购煤 7 000 吨，支付煤款 287 万元、运费 122.5 万元。2012 年 2 月 12 日，新鑫煤炭与福源公司签订一份煤炭购销合同约定，2 月份交货数量为 4 000 吨，合同执行期为 2012 年 2 月 12 日至 2012 年 2 月 29 日，煤炭数量以买受方计量结果为准，煤炭质量由买受方与出卖方共同采样，以买受方化验结果为准；含税煤价暂按 15.5 元 /（百大卡 • 吨）执行，如遇市场变化，煤价随行就市，双方另行协商并签订补充协议。合同签订后，新鑫煤炭依约于同年 2 月 13 日至 17 日共 5 天内向福源公司交付 1 710.32 吨煤炭，对已交付的 1 710.32 吨煤炭，双方按 830.63 元 / 吨结算煤款，

10　鹤壁福源煤炭购销有限公司与鹤壁市新鑫煤炭运销中心买卖合同纠纷案民事判决书 . http://www.court.gov.cn/zgcpwsw/hen/hnshbszjrmfy/ms/201412/t20141223_5492811.htm.

新鑫煤炭向福源公司出具了发票；剩余的 2 289.68 吨煤炭未交付，新鑫煤炭将余下煤炭存放于鹤壁市宏源煤炭有限公司（以下简称“宏源公司”）煤场，每月支付场地费用 23 000 元。

2012 年 6 月 14 日，新鑫煤炭以福源公司违约向山城区法院提起诉讼，要求福源公司继续履行煤炭购销合同、支付煤款 287 万元及利息，支付承运费及 2012 年 2 月以后的场地费直至福源公司完全履行合同义务之日止。

2012 年 12 月 3 日，山城区法院作出（2012）山民初字第 2321 号民事判决，判决：一、福源公司于判决生效之日起十日内支付新鑫煤炭货款 1 901 876.90 元；二、福源公司于判决生效之日起十日内支付新鑫煤炭货款利息（从 2012 年 3 月 1 日起至福源公司完全支付完煤款，按银行同期同类贷款利息计算）；三、福源公司于判决生效之日起十日内赔偿新鑫煤炭场地费（从 2012 年 2 月份起至判决生效之日按每月 23 000 元计算）；四、驳回新鑫煤炭的其他诉讼请求。

福源公司认为新鑫煤炭未交付剩余煤炭的原因在于其囤积煤炭期盼价格上涨，且双方就已供煤炭已经进行结算、煤炭购销合同理应终止履行，其不服一审判决并提起上诉至鹤壁市中级人民法院。鹤壁中院于 2013 年 3 月 20 日裁定撤销原判，发回重审；山城区法院又于 2013 年 9 月 26 日作出（2013）山民初字第 925 号民事判决。福源公司再次提起上诉，鹤壁中院受理后于 2013 年 11 月 13 日公开开庭审理了本案，并于 2014 年 12 月 17 日做出终审判决如下：一、撤销鹤壁市山城区人民法院（2013）山民初字第 925 号民事判决；二、鹤壁市新鑫煤炭运销中心于本判决生效之日起三十日内向鹤壁福源煤炭购销有限公司交付煤炭 2 289.68 吨（煤炭质量应当符合双方当事人合同中约定的 830.63 元 / 吨结算价格对应的相关指标）；三、鹤壁福源煤炭购销有限公司在收到鹤壁市新鑫煤炭运销中心交付的符合上述第二项数量、质量标准的煤炭后七个工作日内，向新鑫煤炭支付煤款 1 901 876.90 元；四、鹤壁福源煤炭购销有限公司于本判决生效后十日内赔偿鹤壁市新鑫煤炭运销中心经济损失 46 000 元；五、驳回鹤壁市新鑫煤炭运销中心的其他诉讼请求。

（二）评论与分析

纵观本案，其争议焦点主要集中在以下三个方面：

首先，本案合同履行中哪一方构成违约？福源公司上诉称本案合同约定“一票结算，由出卖方对买受方开具17%煤款增值税票，买受方收到煤款增值税发票并确认后，7个工作日内将煤款付给出卖方”，因此该合同因双方当事人就已供煤炭进行结算理应终止履行。鹤壁中院认为合同约定的“一票制结算”，是指所购货物实行到厂价格一票制，由出卖方统一开具增值税发票，将运输费用包括在其中；该“一票结算”并非福源公司主张的一份合同一次性结算；结算后合同也并不当然终止履行。另外，福源公司上诉称新鑫煤炭未交付剩余煤炭的原因在于囤积煤炭期盼价格上涨，但其并未提供相关证据予以支撑。

本案中双方主张对方违约的直接证据均较少，鹤壁中院在审理过程中综合比较双方当事人在煤炭交易中的优劣势地位并运用证据优势规则审理明确：福源公司作为格式合同的制定者，掌握着合同继续履行或者中止履行的主动权和控制权，而作为供煤一方的新鑫煤炭如果不能如期按照合同约定的时间、数量足额供应煤炭，则会面临已订购的煤炭短期内无法售出的市场风险；比较而言，合同履行过程中，作为买受方的福源公司对于合同是否如期、保量履行抱有放任的态度，在对方没有足额供煤的情况下，并未积极主动进行催告，而是任由合同被搁置。因此，鹤壁中院在综合双方当事人在订立、履行合同过程中的不同地位、履行能力、履约态度等方面，结合新鑫煤炭提供的证据，最终判断福源公司在合同履约过程中构成违约。

其次，剩余合同煤价如何确定？双方当事人在合同中约定“含税煤价暂按15.50元/（百大卡•吨）执行，如遇市场变化，煤价随行就市，双方另行协商并签订补充协议”。本案中，福源公司虽主张煤价下跌后，双方就煤价进行了协商，但并未依据合同约定形成补充协议，在价格未达成一致的情况下，鹤壁中院认为双方仍应以合同约定的煤价作为计算依据。同时，本案合同的标的物属于能源物资，基于产地不同，其物质成分的稳定性不同，经过长期存放后，物理性状势必发生改变。鹤壁中院认为如判定因存放导致的质量下降（相较已经交付的煤炭质量）的结果由福源公司承担，有违公平原则；鉴于新鑫煤炭向福源公司已供 1 710.32 吨煤炭经检验后的相关指标被双方所接受，据此指标确定的当时煤炭价格为 830.63 元 / 吨，鹤壁中院确定双方继续履行合同时仍以此价格及对应的煤炭指标，各自履行合同义务。

最后，福源公司是否应该赔偿新鑫煤炭场地费损失及利息损失？鹤壁中院认为，双方在 2012 年 2 月底因供煤发生纠纷后，新鑫煤炭即负有义务采取得力措施防止损失扩大，比如采取符合煤炭特性的特殊保管方式，或者寻求其他买家处置煤炭；但是，新鑫煤炭非但没有妥善保管煤炭，也没有主动处置煤炭，因而导致扩大的损失，不能由对方承担。鹤壁中院酌定参照新鑫煤炭存放煤炭的场地费标准，在两个月合理宽限期内，由福源公司向新鑫煤炭支付共计 46 000 元的经济赔偿；因为在两个月内，煤炭质量、价格不会发生超出常规的重大变化，新鑫煤炭也足可以采取措施处置煤炭以减少损失扩大。因此，新鑫煤炭请求因在案外人处存放煤炭所产生的保管费用超出部分以及煤款的利息损失，属于因自身原因导致的损失扩大，鹤壁中院未予保护。

第三章　电力行业法律政策观察

2014年我国电力工业持续健康发展，装机总量及发电量进一步增长，非化石能源发电量比重首次超25%，火电发电量负增长，设备利用小时创新低。水电发电量高速增长，设备利用小时高达9年来最高水平；风电投资大幅增长，设备利用小时同比降低，并网太阳能发电装机容量及发电量大幅增长；核电投资同比继续负增长，全年新投核电装机规模创年度新高；火电发电量同比负增长，利用小时创新低；跨省区送电量保持快速增长；电煤供应持续宽松，发电用天然气供应总体平稳，但部分企业亏损加重。发展过程中，政府陆续发布了《政府核准的投资目录》、《关于明确电力业务许可管理有关事项的通知》、《新建电源接入电网监管暂行办法》、《关于疏导环保电价矛盾有关问题的通知》等相关政策。

第一节　2014年重大法律政策

一、中国政府网公布2014年版《政府核准的投资目录》

国家投资体制改革的力度和尺度在加大。继2013年本投资核准目录发布后，国务院再次修订政府核准的投资项目目录，促进有效投资和创业。

2014年11月17日，中国政府网全文公布2014年版《政府核准的投资目录》。根据最新项目核准目录，共取消、下放38项核准权限。其中，火电站、热电站、抽水蓄能电站、新建港区、通用机场、扩建军民合用机场、扩建一次炼油、铁矿开发、新建乙烯等项目，部分水电站、电网工程、飞机制造等项目，均下放省级政府或者地方政府核准。

按照2014年版投资核准目录，能源领域简政放权的力度最大，其中电力项目调整如下：①水电站：在跨界河流、跨省(区、市)河流上建设的单站总装机容量50万千瓦及以上项目由国务院投资主管部门核准，单站总装机容量300万千瓦及以上或者涉及移民1万人及以上的项目由国务院核准。其余项目由地方政府核准。②抽水蓄能电站：由省级政府核准。③火电站：由省级政府核准，其中燃煤火电项目应在国家依据总量控制制定的建设规划内核准。④热电站：由地方政府核准，其中抽凝式燃煤热电项目由省级政府在国家依据总量控制制定的建设规划内核准。④风电站：由地方政府在国家依据总量控制制定的建设规划及年度开发指导规模内核准。⑥核电站：由国务院核准。⑥电网工程：跨境、跨省(区、市)500千伏及以上直流项目，跨境、跨省(区、市)500千伏、750千伏、1 000千伏交流项目，由国务院投资主管部门核准，其中800千伏及以上直流项目和1 000千伏交流项目报国务院备案；其余项目由地方政府核准，其中800千伏及以上直流项目和1 000千伏交流项目应按照国家制定的规划核准。

新版政府核准投资目录，在2013年基础上再次大幅减少中央层面核准的项目数量，是“放权力度最大的一次”，企业将获得更多的投资自主权，有利于激发市场主体创造活力，同时，政府将坚持放管并重，加强后续监管。具体而言有以下亮点：一是“取消”。进一步缩减核准范围，对15项内容取消核准改为备案。二是“下放”。进一步下放核准权限，下放地方政府核准23项内容，并对现阶段仍需核准的项目，明确了中央部门和地方的责任。三是“监管”。进一步注重事中事后监管，建立健全纵横联动、协同监管机制。

二、国家能源局公布《关于明确电力业务许可管理有关事项的通知》

2014年4月28日，国家能源局公布《关于明确电力业务许可管理有关事项的通知》（以下简称《通知》），豁免部分发电业务的电力业务许可、简化部分发电业务的许可申请要求、完善输供电类发电业务许可颁发条件，并要求加强电力业务许可管理以促进大气污染防治。该《通知》自发布之日起施行，有效期为5年。

《通知》明确，包括经能源主管部门以备案（核准）等方式明确的分布式发电项目、单站装机容量1兆瓦（不含）以下的小水电站、项目装机容量6兆瓦（不含）以下的新能源发电项目和余热余压资源综合利用发电项目、地（市）级及以下调度机构调度的非化石燃料直接燃烧自备电站等在内的发电项目均豁免电力业务许可。除此之外，针对经营总装机6兆瓦（不含）以下小水电，余热余压资源综合利用发电以及太阳能、风能、生物质能、海洋能、地热能等新能源发电业务的企业，简化其电力业务许可证申请要求。

同时，《通知》还要求加强电力业务许可管理，以促进电力行业大气污染防治。对未按规定安装脱硫、脱硝、除尘等环保设施或环保设施达不到要求的燃煤发电企业，依法不予颁发电力业务许可证；对到达关停时限的机组要按程序注销其发电类电力业务许可证，不得继续并网运行。

根据原电监会于2005年颁布的《电力业务许可证管理规定》，电力业务许可申请涉及流程较多，需要提交企业法人证明、项目核准文件、环保验收文件等诸多资料，以分布式为代表的发电项目获取电力业务许可成本较高。特别是对于以小容量或家庭屋顶发电项目居多的分布式光伏发电，由于发电主体多不具备企业法人资格，其获得发电业务许可难度较大。本《通知》的发布，基本解决了分布式发电项目和新能源发电项目的发电业务许可审批难题，有利于促进分布式发电项目和新能源项目的健康发展。

三、国家能源局公布《新建电源接入电网监管暂行办法》

为了规范新建电源接入电网系统工作，确保新建电源公平无歧视接入电网，国家能源局于2014年3月13日公布《新建电源接入电网监管暂行办法》（简称《办法》），《办法》分为四章二十三条，分别对新建电源接入电网监管的内容和措施等进行了规范。该《办法》自2014年4月1日起施行，有效期为3年。

这是国家能源局首次以文件形式对电网接入服务做出约束。监管内容包括，接入电网相关工作制度备案、接入电网服务、新建电源项目及配套送出工程同步建设情况，接入电网相关工作制度公开情况等。

按照《办法》，电网企业需要公开接网服务流程和相关制度，缩短接网服务时限，新建电源项目与配套送出工程应同步建设投产。任何单位不得对并网工程指定设计单位、工程施工单位、设备材料供应单位。

值得注意的是，《办法》明确提出："向电网企业协商提出接入电网的新建电源项目，应列入政府能源主管部门批准的电力发展规划或专项规划，取得同意立项意见。"显然，国家能源局正在强化能源专项规划的地位和作用，以减少个人对项目审批的干预。

在此之前，电源项目普遍面临并网时间长，流程不透明等问题。为缩短电源并网周期，国家能源局对电网接入服务时限提出明确要求。

《办法》指出，发电企业完成新建电源项目接入系统设计相关工作后，应书面与电网企业协商接入事宜，电网企业应及时向发电企业出具书面答复。在书面答复时限上，国务院核准的新建核电项目不超过40个工作日；国务院投资主管部门核准的新建燃煤（含低热值煤）、燃气等火电项目不超过40个工作日；主要流域上建设的水电站项目不超过40个工作日；省投资主管部门核准的新建燃煤背压热电、燃气热电、非主要流域上建设的水电站、风电站等电源项目不超过30个工作日。

此外，为保证电源和电网同步建设投产，减少因二者脱节带来的并网难题，国家能源局对电源和电网的义务作出规定，并对新建电源项目配套送出工程投资界面实施监管。

电网企业与电网企业商定接入方案后，应抓紧组织开展配套送出工程核准等前期工作。送出工程前期工作所需时间原则上不超过电网企业同电压等级、条件相近的其他电网工程，由各派出机构根据所在地实际情况提出时限要求。

按照要求，在新建电源项目和送出工程均核准后30个工作日内，电网企业与发电企业应签订接网协议，并报送国家能源局及其派出机构备案。接网协议包括但不限于新建电源项目本期规模、开工时间、投产时间，配套送出工程投产时间，产权分界点，电力电量计量点，违约责任及赔偿标准等。

电网企业、发电企业应严格执行接网协议，相互配合，确保电源电网同步建成投产。因单方原因造成投产时间迟于接网协议约定时间并给对方造成损失的，违约方应根据约定标准向对方进行经济赔偿。

国家能源局重组后，在能源监管方面频频发力。其中，监管电网、油气管网等自然垄断领域公平开放是重中之重，以填补长期存在的监管真空。《办法》的颁布实施将促使发电企业在新建电源项目并网中的被动地位得到一定程度的改变，进一步规范新建电源接入电网，促进电源、电网的协调发展，对鼓励风电、光伏等可再生能源的发展有明显促进作用。

四、国家发改委发布《关于疏导环保电价矛盾有关问题的通知》

2014 年 8 月 27 日，国家发改委发布《关于疏导环保电价矛盾有关问题的通知》（发改价格 [2014]1908 号），决定自 9 月 1 日起，在保持销售电价总水平不变的情况下，适当降低燃煤发电企业上网电价，全国燃煤发电企业标杆上网电价平均每千瓦时降低 0.93 分钱，腾出的电价空间用于进一步疏导环保电价矛盾。

这是继 2013 年 9 月 25 日起将燃煤发电企业脱硝电价补贴标准由 0.8 分 / 千瓦时提高 1 分 / 千瓦时之后，国家发改委再次借用经济手段调节电力企业环保工作的举措。与 2013 年的政策不同，此轮政策不仅涉及发电企业经济利益，也因涉及“煤电联动”而备受关注。

煤炭价格的持续下行为此次燃煤发电企业标杆上网电价下调创造了有利条件。受煤炭供需结构性失衡影响，2014 年以来煤炭价格总体上较为疲软。2014 年 7 月份，国内 5 500 大卡动力煤价格甚至跌破 500 元 / 吨的大关。

据报道，上网电价下调 1 分钱，五大电力集团回吐利润可能超过 50 亿元。以此来计算，电价下调 0.93 分钱，仅五大电力集团盈利便会减少约 46.5 亿元。然而，在电煤价格市场化和煤炭价格较大跌幅背景下，此次燃煤发电企业标杆上网电价只下调了 0.93 分，并不会影响到电力行业的总体效益。鉴于当前煤价水平较低，煤矿企业大面积亏损，《通知》还要求发电企业与煤炭企业切实采取有效措施，将发电用煤价格维持在合理区间，防止出现过度下跌，以促进煤炭、电力行业协调发展。

“十二五”期间，我国要求火电行业 SO_2 和 NO_x 的排放量要分别削减 16% 和 29%，随之而来的是环保设施的增加和改造以及成本的增加。尽管上网电价下调对煤电行业整体收益不会造成太大影响，但此次电价调整，将有利于环保电价及时结算，支持燃煤发电企业开展脱硝、除尘改造，改善大气质量，与此同时，政策的出台也将利好于脱硫脱硝和防尘设备生产等环保企业的发展。

五、中办下发《中共中央、国务院关于深化电力体制改革的若干意见》

2015 年 3 月 15 日，中央办公厅下发《中共中央、国务院关于深化电力体制改革的若干意见》（中发〔2015〕9 号）文，该电力体制改革方案共分七大条二十八小条，主要内容可以概括为“三放开、一加强、三独立”。即放开新增配售电市场，放开输配以外的经营性电价，公益性调节性以外的发电计划放开，交易机构相对独立，加强政府监管，强化电力统筹规划，强化和提升电力安全高效运行和可靠性供应水平。七大条意见包括：有序推进电价改革，理顺电价机制；完善市场化交易；组建相对独立的电力交易机构；推进发用电计划改革；稳步推进售电侧改革；积极发展分布式发电；统筹规划，加强监管。

第二节　阳光观察：评论与展望

一、电改启幕

迟迟未动的电力体制改革在2014年迎来重大突破。2014年6月，习总书记在中央财经领导小组第六次会议上明确提出，要抓紧制定电力体制改革总体方案，并要求发改委“今年底拿出新电改方案”[11]。2014年11月，国家发改委下发了《关于深圳市开展输配电价改革试点的通知》，正式启动我国新一轮输配电价改革试点。2015年3月，中共中央、国务院下发《关于进一步深化电力体制改革的若干意见》（中发〔2015〕9号），进一步明确了电力体制改革的主要方面和重大事项，随着改革的逐步深入，相信将陆续出台相关配套政策。估计，2015年至2017年，电改主要以试点为主。方案下发后，符合条件的省份均可上报各自方案，目前深圳试点进展最快，有望在今年完成电力市场搭建，发出第一张售电牌照。其他排位靠前的地区：蒙西、云南、浙江等。乐观估计2018年之后，建立以区域为中心的电力交易市场，实现全国范围内电力市场建设。目前，已经公布的深圳市输配电价改革方案，主要有以下亮点：

（一）建立独立的输配电价体系

深圳市输配电价改革的目标是“在深圳市建立独立的输配电价体系”，“建立独立输配电价体系后，积极推进发电侧和销售侧电价市场化。鼓励放开竞争性环节电力价格，把输配电价与发电、售电价在形成机制上分开”。

在发电、输电、配电、售电四个环节中，只有输配电具有自然垄断属性，而两端的发电和售电环节则不存在自然垄断属性，可以引入市场竞争。早在2003年，《电价改革方案》就提出“管住中间，放开两头”的改革思路，即“发电、售电价格由市场竞争形成，输电、配电价格由政府制定”。但是十多年

11　习近平主持召开中央财经领导小组会议. http://www.nea.gov.cn/2014-06/17/c_133413362.htm.

来，输电、配电、售电垂直一体化的垄断局面仍然存在，上网电价和销售电价仍由政府制定，而输配电价基本不管，上述“管住两头，中间不管”的局面，和电价改革的思路恰恰相反，这不仅扭曲了价格体系，也影响了电力行业的效率。因此，无论是从产业发展规律和电价改革的要求来看，建立独立的输配电价体系都是必不可少的，这是推动上网电价和销售电价“两头放开”的关键，也是深圳电改的意义所在。

（二）规定电网企业新的盈利模式

根据方案，电网企业总收入的核定方法为：准许收入＝准许成本＋准许收益＋税金，输配电价总水平等于输配电总准许收入除以总输配电量。其中，准许成本由折旧费和运行维护费构成，准许收益等于可计提收益的有效资产乘以加权平均资本收益率，税金包括企业所得税、城市维护建设税、教育费附加。

目前电网的盈利模式是建立在行政手段决定的购销电量之间价差基础上，与银行依赖息差没有区别。本次深圳试点的核心，就是剥离电网的购销电量的职能，改变现行电网企业盈利模式，明确规定电网企业按照政府核定的输配电价收取过网费的盈利模式，并对电网企业总收入进行管制，促使电网企业无歧视地开放电网，向输配电服务商转变。

方案还对于可计提收益的有效资产进行了明确界定，即可计提收益的有效资产是指由电网企业投资形成的、可获取投资收益的有效资产，不包括应与电网企业分离的辅业、多经及三产资产，也不包括用户或地方政府无偿移交等非电网企业投资形成的资产。

从准许收入的公式可以看出，今后电网企业的资本收益率与社会资本平均回报率接近，电网企业获取超额收益将成为历史。

（三）平衡账户

方案规定：“电网企业输配电实际收入与准许收入之间的差额，通过设立平衡账户进行调节。多出部分进入平衡账户，不足部分由平衡账户弥补”；“输配电价平衡账户盈亏超过当年输配电准许收入的 6% 时，相应对执行政府定价电力用户的销售电价进行调整，具体由广东省政府价格主管部门负责实施”。

平衡账户的设立是落实对电网企业收入管制和价格管制的具体举措，从而将电量差价利润反哺回电网企业和电力用户。当电网企业输配电实际收入大于准许收入时，大于部分不作为电网企业收入而是进入平衡账户，如果大于部分超过年度准许收入6%时，说明购销电量价差过大，应通过下调销售电价将差价利润返还给电力用户。反之亦然。

（四）核定输配电成本

根据《深圳市电网输配电准许成本核定办法》，“深圳市电网输配电准许成本核定对象为共用网络准许成本”，“输配电准许成本包括折旧费和运行维护费”，“输配电准许成本主要按照电网企业历史成本，未来年度的预测成本，并参考同类型企业先进成本标准等情况综合核定”。

过去，电网输配电成本主要由电网企业自行上报，输配电成本不透明正是以往广为诟病的问题。本次深圳电改的核价范围为深圳供电局有限公司的输配电资产和业务，客观上增加了核价的难度。因此，电网输配电价成本的具体核定标准，以及能否做到独立、公正核算，事关深圳电改的成败。

（五）建立电网企业节约成本的激励机制

方案规定，“电网企业通过加强管理，提高效率，使其运营成本低于准许成本，节约的成本可在企业与用户之间进行分享。在一个监管周期内，如果电网实际成本低于核定的准许成本，则节约部分的50%留给企业，并在下一监管周期核价时予以适当考虑。

本次深圳电改，电网企业应在监管周期开始前向政府价格主管部门提交成本、投资等相关信息及证明材料，然后由政府价格主管部门评估后公布电网企业准许收入和输配电价水平。如果没有有效的激励和约束机制，电网企业可能存在将成本做大的利益驱动，严控成本就是一句空话，输配电价的核定就成为电网企业和监管部门博弈的游戏。因此，为鼓励电网企业加强管理，提高效率，方案设计了节约成本在电网企业和用户之间分享的机制，规定节约部分的50%留给电网企业。此外，方案还设计了企业诚信评估机制，对电网企业虚报相关数据，情节严重的，将纳入诚信评估机制考核并扣罚部分准许收益。

（六）创新监管方式

方案规定，“输配电价实行事前监管，按成本加收益的管制方式确定，监管周期为三年”，“输配电价监管包括总收入监管与价格结构监管”。

本次深圳电改，标志着我国对电网企业监管方式的转变，在监管方式上有如下创新之处：

一是以事前监管的方式，监管电网企业收入和价格：输配电价监管包括总收入监管与价格结构监管。电网企业应在每一监管周期开始前一年的 9 月 30 日前向政府价格主管部门提交申请及相关材料。政府价格主管部门受理后，经输配电成本监审及对预测成本的评估分析，并充分听取各利益相关方的意见后，在次年 5 月 31 日前公布本监管周期内电网企业各年的准许收入和输配电价水平。

二是奖惩机制：政府价格主管部门会同相关电力行业管理部门制定考核电网企业运营效率和服务质量的奖惩机制。电网企业服务绩效（如创新、普遍服务、提高可靠性等）超过规定目标的，适当给予奖励，反之予以惩罚。

三是跟踪监测机制：政府价格主管部门应会同相关电力行业管理部门持续监测电网企业的资产、成本、收入、服务等相关信息，并与其他政府有关部门、利益相关方和专家组成评估小组进行分析评估。在监管周期内每一个年度结束后，政府价格主管部门要测算该年度电网企业实际输配电成本和收入，并与准许成本和准许收入进行分析比较，作为下一监管周期核价的参考依据。

二、超低排放

2014 年 5 月，浙能嘉兴发电厂宣布我国首套烟气超低排放装置在该厂 8 号机组投入运行；6 月，神华国华舟山电厂 4 号 35 万千瓦国产超临界燃煤发电机组顺利完成 168 小时试运，标志着国内首台“近零排放”燃煤发电机组顺利投入商业运行。此后，近零排放改造之风逐渐向广东、江苏、山东以至全国蔓延。

不可否认，2014 年是超低排放 / 近零排放的“元年”。不管是超低排放，还是近零排放，都是把燃煤电厂排放的烟尘、二氧化硫和氮氧化物三项大气污染物与燃机排放限值相比较，将达到或者低于燃机排放限值（即在基准氧含量 6% 条件下，烟尘、二氧化硫、氮氧化物排放浓度分别不高于 10 毫克 / 立方米、35 毫克 / 立方米、50 毫克 / 立方米）的情况，称为“超低排放”或“近零排放”。目前官方表述倾向于“超低排放”。

当人们深陷雾霾困扰时，大气污染排放也就注定了会成为焦点之一，近零排放的目的简单而直接——降低污染。

2014 年，火电节能减排改造，已然进入快车道。5 月，国家发改委、能源局、环境保护部共同印发《能源行业加强大气污染防治工作方案》，提出在试验示范基础上推广燃煤大气污染物超低排放技术；此外，广州、浙江、山西等也发布相关政策提出燃煤电厂超低排放改造方案，并明确具体时间点。

6 月 27 日，国家能源局印发《关于下达 2014 年煤电机组环保改造示范项目的通知》，明确 2014 年煤电机组环保改造示范项目名单，要求 13 个环保改造示范项目原则上将在 2014 年年底前完成改造。

2014 年 7 月 1 日，《火电厂大气污染物排放标准》（GB 13223—2011）开始全面执行，这是我国第四部关于燃煤电厂大气污染物的排放标准，堪称史上最严。该标准明确，2011 年 7 月前建成的老机组执行二氧化硫 200 毫克 / 立方米、二氧化氮 100 毫克 / 立方米、烟尘 30 毫克 / 立方米的排放标准；重点地区更要执行特别排放限值，相应标准分别为 50 毫克 / 立方米、100 毫克 / 立方米、20 毫克 / 立方米。

9 月 12 日，国家发改委、环保部、国家能源局又联合印发了《煤电节能减排升级与改造行动计划（2014—2020 年）》，明确了新建煤电机组的节能目标：全国新建燃煤发电机组平均供电煤耗低于 300 克 / 千瓦时；东部地区新建燃煤发电机组大气污染物排放浓度基本达到燃气轮机组排放限值，中部地区新建机组原则上接近或达到燃气轮机组排放限值，鼓励西部地区新建机组接近或达到燃气轮机组排放限值。

政策扶持方面，山西、浙江省分别对达到近零排放标准的机组给予每年低于200小时的电量奖励，同时山西省还对现役机组一次性改造投资给予5%～10%的资金支持。

根据《关于调整排污费征收标准等有关问题的通知》，2015年6月底前，各省（区、市）价格、财政和环保部门要将废气中的二氧化硫和氮氧化物排污费征收标准调整至不低于每污染当量1.2元，鼓励污染重点放置区域及经济发达地区，按高于上述标准调整排放费征收标准，充分发挥价格杠杆作用。与现行的全国废气类污染物排污费征收标准0.6元/污染当量相比，新标准将上升1倍以上。

另一方面，对"近零排放"的争议也一直存在。从全国已经实现超低排放的电厂来看，"超低排放"在技术上并没有重大创新，且严苛的条件并非一般燃煤电厂都能达到；"超低排放"的环境效益和经济效益的投入产出比太低；烟气连续监测技术难以支撑"超低排放"监测数据的准确性。这些都警示火电企业要慎重开展超低排放改造。而且，超低排放对煤质要求更高，大幅推广势必会将低质煤炭挤压到其他行业，而后者缺少煤电行业"污染集中治理"的优势条件，有可能会抵消火电环保升级改造的环境效益。

三、新能源汽车

新能源汽车正式诞生于2009年，但直到2014年才真正迎来商业化发展元年。国家接连推出多项利好政策，包括从2014年9月1日起至2017年年底免征新能源汽车车辆购置税，公布政府机关及公共机构购买新能源汽车实施方案，明确电动汽车充换电设施用电实行扶持性电价政策等，力度前所未见。其中，影响较为重大的政策包括：

（一）《加快新能源汽车推广应用的指导意见》

2014年7月21日，国务院办公厅专门印发加快新能源车推广意见，提出八大项30个小项的全面要求。特别是明确提出要破除地方保护，各地区要执行全国统一的新能源汽车和充电设施国家标准和行业标准，执行全国统一的新能源汽车推广目录，并提出加快基础设施建设。这是中央政府对新能源汽车政策的一次完整阐释。

（二）《关于进一步做好新能源汽车推广应用工作的通知》

2014 年 1 月 28 日，四部委发布的《关于进一步做好新能源汽车推广应用工作的通知》规定，将纯电动乘用车、插电式混合动力乘用车、纯电动专用车、燃料电池汽车的补贴标准调整为：2014 年在 2013 年标准基础上下降 5%，2015 年在 2013 年标准基础上下降 10%，从 2014 年 1 月 1 日起开始执行。此次新能源汽车补贴标准的调整距上次补贴政策不足 5 个月，说明国家已经充分认识到发展新能源汽车的重要性，因此此次补贴政策不仅加大了补贴力度，而且承诺补贴具有持续性。

（三）《关于免征新能源汽车车辆购置税的公告》

财政部、国家税务总局、工业和信息化部 2014 年 8 月 6 日联合发布公告，决定自 2014 年 9 月 1 日到 2017 年 12 月 31 日，对购置的新能源汽车免征车辆购置税。此次免征购置税的新能源汽车包括获许在中国境内销售的纯电动、混合动力和燃料电池三类车型。

新能源汽车购置税的免除较大的降低了消费者的购车成本，较大地促进了新能源汽车销量的增长，最新数据显示，2014 年 1—11 月份新能源汽车生产 5.67 万辆，同比增长 5 倍，新能源汽车销量实现历史性的突破，1—11 月累计销量达 5.3 万辆，新能源汽车消费热潮似乎正迎面而来。同时，新能源汽车销量的高速增长也将会使各产业链企业受益。

（四）《关于支持沈阳长春等城市或区域开展新能源汽车推广应用工作的通知》

2014 年 2 月 8 日，工信部、发改委、财政部、科技部发布《关于支持沈阳长春等城市或区域开展新能源汽车推广应用工作的通知》，明确内蒙古城市群（呼和浩特市、包头市）、沈阳市、长春市、哈尔滨市、江苏省城市群（南京市、常州市、苏州市、南通市、盐城市、扬州市）等 12 个城市和区域共计

26 个城市为第二批新能源汽车示范城市。

若再加上 2013 年 11 月，四部委公布的 28 个首批新能源汽车推广应用城市 (区域)，全国范围内新能源汽车推广应用城市 (区域) 的数量达到了 40 个，涉及的城市数量达到 88 个，离全国推广仅有一小步。这两批示范城市的公布事隔不到 2 个月，连续快速出台两批新能源汽车推广城市，反映政府推广新能源汽车的力度和决心。

（五）《关于新能源汽车充电设施建设奖励的通知》

2014 年 11 月 25 日，财政部、科技部、工信部、发改委联合下发《关于新能源汽车充电设施建设奖励的通知》，对新能源汽车充电设施的指导性文件正式出台。京津冀、“长三角”和“珠三角”等大气污染治理重点区域中的城市或城市群，2013 年度新能源汽车推广数量不低于 2 500 辆，2014 年度不低于 5 000 辆，2015 年度不低于 10 000 辆；其他地区的城市或城市群，2013 年度推广数量不低于 1 500 辆，2014 年度不低于 3 000 辆，2015 年度不低于 5 000 辆。推广数量以纯电动乘用车为标准进行计算，其他类型新能源汽车按照相应比例进行折算。

国家相关部门即将对各个示范城市的推广结果做“中期评估”，四部委此次下发充电设施补贴政策便是对评估的一个支持政策，是在评估的基础上进行奖励，通过奖励的办法达到优胜劣汰的目的。

（六）《政府机关及公共机构购买新能源汽车实施方案》

2014 年 7 月 13 日，国家发改委等五部委联合公布了《政府机关及公共机构购买新能源汽车实施方案》，明确了政府机关和公共机构公务用车“新能源化”的时间表和路线图。方案指出，2014 年至 2016 年，中央国家机关以及纳入新能源汽车推广应用城市的政府机关和公共机构，购买的新能源汽车占当年配备更新总量的比例不低于 30%，以后逐年提高。

新能源汽车发展初期还是需要政府“买单”的模式加强引导，通过示范使用增强社会信心、引导私人购买，促进企业扩大生产、降低成本，形成良性循环。如果该方案完全执行，公务新能源车采购将大幅提升新能源车销量。

（七）《关于电动汽车用电价格政策有关问题的通知》

2014 年 7 月 30 日，发改委下发了《关于电动汽车用电价格政策有关问题的通知》，对经营性集中式充换电设施用电实行价格优惠，执行大工业电价，并且 2020 年前免收基本电费；对居民家庭住宅、住宅小区等充电设施用电执行居民电价。该充换电设施用电的扶持，有助于加速充电设施建设，打破长期充电设施建设滞后对新能源汽车推广的限制，一定程度上降低了电动汽车使用成本，增强电动汽车竞争力。

四、光伏发展

2014 年，我国光伏产业利好政策多点开花，包括规范光伏开发秩序、开展光伏扶贫工程、推进分布式示范区建设等一系列政策措施，大力拓展了国内光伏市场。

（一）分布式光伏发电将进一步得到发展

从 2014 年年初国家能源局印发的《国家能源局关于下达 2014 年光伏发电年度新增建设规模的通知》(国能新能〔2014〕33 号)中来看，分布式光伏发电建设规模占 800 万千瓦，超过建设规模总额的一半，可见国家全力支持发展分布式光伏发电，分布式光伏发电是未来光伏发电发展的重心。

2014 年 9 月，国家能源局印发《国家能源局关于进一步落实分布式光伏发电有关政策的通知》(国能新能〔2014〕406 号)，通知中对分布式光伏的定义有了扩展，将在地面或利用农业大棚等无电力消费设施建设、以 35 千伏及以下电压等级接入电网 (东北地区 66 千伏及以下)、单个项目容量不超过 2 万千瓦且发电量主要在并网点变电台区消纳的光伏电站项目纳入分布式光伏发电规模指标管理，执行当地光伏电站标杆上网电价。此举将大大有利于我国中、东部地区建设分布式光伏发电系统，项目业主在这些地区建设分布式发电系统其投资回报率有了稳定保障。从国家对分布式光伏表现出的全力支持的态度来看，屋顶问题、接入问题和贷款问题都将逐步得到解决，2015 年分布式光伏发电将会有较快发展。

（二）分布式示范区建设将取得初步成果

2014 年 11 月，国家能源局发布《关于推进分布式光伏发电应用示范区建设的通知》(国能新能〔2014〕512 号)。文件提及，在国家能源局已公布的第一批 18 个分布式光伏发电应用示范区外，增加了嘉兴光伏高新区等 12 个园区，鼓励社会投资分布式光伏发电应用示范区。示范区将被优先纳入光伏发电的年度管理计划；如果规模指标不足，还可享受“先备案、后追加指标”等政策；2015 年年底将完成 30 个示范区的建设，总规模达 335 万千瓦。

在国内分布式光伏发电发展受到阻碍时，积极加快分布式示范区建设是发展分布式的行之有效手段。我国东部地区不适宜建光伏电站，所以在东部电力负荷高的产业园区建立分布式光伏示范区，在解决工业园区的用电量较大问题的同时，又减少了污染，为节能减排作出了贡献。

（三）全面推进光伏扶贫工作

2014 年 10 月国家能源局与国务院扶贫办联合印发《实施光伏扶贫工程工作方案的通知》，在全国范围内开展光伏扶贫工作。2014 年下半年开展首批光伏扶贫项目摸底调查，出台相关方案及规划。预计 2015 年首批光伏扶贫项目名单将确定，第一批扶贫工作将会重点展开。

地方政府通过“光伏扶贫”，帮助贫困户开发屋顶光伏。“光伏扶贫”不仅可满足贫困家庭自用，还可通过向电网售电获得收益，增加贫困家庭的直接收入。同时，农村地区占我国的大多数，开发农村贫困地区的分布式光伏产业，是对光伏电站和城市分布式光伏的有力补充。“光伏扶贫”开辟了一条新的扶贫渠道，也打破了国内长久以来“输血式”的扶贫模式，由单一的资金扶贫转向“造血式”的扶贫模式，对国家扶贫渠道的探索具有开拓意义。

（四）解决西部地区光伏电站的“弃光”问题

受国家光伏扶持政策和光伏标杆电价调整的影响，大批光伏项目开始上马，光伏项目的集中并网导致原本就建设滞后的电网无法满足光伏电站的需要，造成西部地区部分省份出现严重的“弃光”问题，其中甘肃省的“弃光”限电问题最为突出。

甘肃省2012年年底光伏电站装机容量仅为48万千瓦，但2013年新增装机384万，增长率达800%，部分项目为获得较高电价，临时搭建其他电站送出线路并网送电，其送出线路尚未建设或未建好，因此造成2014年甘肃省“弃光”限电严重。

“弃光”现象反映出电网建设和电力体制改革与可再生能源行业发展不协调的问题。现在需要考虑的是可再生能源发展如何融入现行能源体系，尤其需要考虑和电网的融合问题。

五、海上风电

2014年12月11日，国家能源局下发《全国海上风电开发建设方案(2014—2016)》(以下简称《方案》)，《方案》涉及44个项目，总容量1 053万千瓦。这是继今年电价政策公布之后，海上风电迎来的又一重磅消息。此前，“全国海上风电推进会”曾公布海上风电建设初步方案，当时目标装机容量为1 028万千瓦，此次明确的最终目标比前者增加了25万千瓦。

事实上，2014年下半年开始，多项利好国内海上风电发展的政策随之出台。2014年6月19日，国家发展改革委下发《关于海上风电上网电价政策的通知》，首次明确海上风电价格政策，确定2017年以前投运的非招标的海上风电项目上网电价，并鼓励通过特许权招标等市场竞争方式确定海上风电项目开发业主和上网电价。《通知》明确，对非招标的海上风电项目，区分潮间带风电和近海风电两种类型确定上网电价。2017年以前（不含2017年）投运的近海风电项目上网电价为每千瓦时0.85元，潮间带风电项目上网电价为每千瓦时0.75元；2017年及以后投运的海上风电项目上网电价，将根据海上风电技术进步和项目建设成本变化，结合特许权招投标情况研究制定。

从国家能源局日前发布的《方案》看，到2015年，我国将实现海上风电并网装机5吉瓦，到2020年，实现海上风电并网装机30吉瓦。截至2013年，我国海上风电累计装机量为335兆瓦，未来7年复合增速为90%，远超风电行业整体装机增速。目前海上风电平均装机成本约为15 000元/千瓦至

20 000 元 / 千瓦，结合 2020 年我国海上风电 30 吉瓦的装机目标，我国海上风电市场启动后，未来市场空间可达到 4 500 亿元至 6 000 亿元。

短短半年时间之内，国家发改委两度刺激“海上风电”，足见其在国家能源战略的中的高度。面对海上风电全产业链释放出的巨大的“蛋糕”，嗅到商机的各方似乎都使出了浑身解数来“抢食”。但是，我们不得不看到的是，与成熟的陆上风电项目建设相比，海上风电项目的审批及建设速度因其项目位置的特殊性的确相对缓慢。这也是影响海上风电“十二五”规划难以完成的一个重要原因。

第三节 典型案例和重大事件

一、触电人身伤害诉讼案

（一）案情简介

2012 年 6 月 28 日晚阴雨天，居住在北京市海淀区一处平房的朱某欲修缮房屋，遂扛着铝合金梯子从租住房屋走至 20 米以外的楼房外侧楼梯欲自一层上到二层，经过带有 10 千伏电压熔断器下方时，疑被高压电击中摔倒在地，头部受伤并昏迷，后抢救无效死亡。

朱某租住的房屋系由清北公司于 1998 年建设，所属土地使用权人系清河农工商公司。该房屋无产权手续。1999 年，清北公司向电力公司申报电压器，经批准后与施工方签订工程施工合同，架设清源建材城永久用电、配电室、变压器、架空线及报装的一切事宜。建成后，清北公司将房屋租与周某，周某将平房转租于朱某。2001 年清河农工商公司接手房屋，并与周某签订租赁协议至今。

朱某死亡后，其配偶及子女向海淀区人民法院起诉，原告认为：楼梯上方架设的万伏高压线距楼梯的距离很近，且无任何警示标志，高压线的架设单位电力公司应当承担损害赔偿责任；朱某租赁的房屋属于违章建筑，申报电压器存在安全瑕疵，清河农工商公司作为房屋土地方、清北公司作为房屋建设者，周某作为出租人，对朱某触电死亡事故均负有责任。因此要求四位被告支付死亡赔偿金、医疗费、丧葬费、精神损害抚慰金。

清北公司辩称：①配电设施安装得到电力公司审核符合安装条件，事故的发生与朱某租住的房屋是违章建筑无关；②朱某自身存在严重过错，属于自杀或自伤行为，应当自行承担全部责任；③事发时是阴天，有可能在朱某支梯子的同时天空恰巧有雷电，公司认为朱某不是被高压线击中，而是被雷电击中；④朱某死因是脑疝导致呼吸衰竭死亡，非触电直接致死；⑤电力公司作为事发供电设施的产权人，负有相应的检修、维护及监管职责，应由电力公司承担相应责任；⑥高压线架设安装不符合国家安全规范。根据《架空配电线路涉及技术规程》高压线对地距离不得小于居民区 6.5 米，非居民区不得少于 6 米。《电力保护条例》要求 10 千伏高压线必须有 5 米的线路保护区。同时线路安装后，电力公司没有证据证明自己进行了验收，对事故的发生也存在过错，安全警示标识，应是施工的附随义务，未设置警示标识的责任应由电力公司承担。

电力公司辩称：①电力公司不是事发设施的产权人，不应履行运行维护责任，亦无提醒注意义务；②公司不符合承担补充责任的法定要件，故不应当承担补充责任；③朱某作为成年人，理应知道在阴雨天持金属梯在 10 千伏熔断器下方经过的危险性，故其自身过错严重，应当减轻或免除产权人的赔偿责任；④熔断器距离地面 4.6 米，符合国家不低于 4.5 米的要求。事发一侧的电力设施并非高压线路，高压线与事故发生没有关系；⑤电力公司不是本案电力设施的设计者与安装者，电力公司只是出具供电方案、审查设计图纸、进行工程验收等职责。

此外，清河农工商公司、周某均以与朱某死亡无因果关系进行抗辩。

（二）法院判决

诉讼中，经清北公司申请，法院调取北京市特种设备检测中心出具的《鉴定报告》一份。“鉴定结论”为：朱某在阴雨天扛着金属梯子从带有 10 千伏电压的熔断器下方经过，当梯子顶部进入小于其 0.7 米的最小安全距离时。同时法院审理查明，清北公司与电力公司签订有《产权及维护分界协议》，约定：从甲方（清北公司）进线段和乙方（电力公司）线路连接之第一断路器，向用户侧延伸两米处为分界点，本次事故中所涉及线路属于甲方产权范围。

对于各方争议焦点，法院认为如下：

首先，朱某的死因问题。根据已经查明的事发经过、报警记录、诊断病历及死亡证明，朱某死于因触电跌落在地导致急性特重型内开放性颅脑损伤、脑疝。对此，被告虽提出异议，但相关意见缺乏事实根据，法院不予采纳。

其次，责任主体的确认问题。高压电触电致人损害，属于特殊侵权责任类型，清北公司作为电力设施的产权人应承担相应赔偿责任。朱某作为完全民事行为能力人，应当知晓其扛着金属梯子在变压器下活动属于高度危险行为，且在阴雨天的环境里更容易造成触电可能，朱某对此未能预知或麻痹大意，造成自身触电事故，对此应承担事故的相应责任。清河农工商公司作为土地使用权人、周某作为房屋出租方，与朱某的触电事故不具有直接因果关系，原告要求清河农工商公司和周某承担赔偿责任缺乏法律依据。

对于电力设施安装是否符合相关规范问题，依据北京市海淀区公安局委托北京市特种设备检测中心对触电事故进行的鉴定，确认了熔断器与楼梯入口处的距离符合国家相关规定标准。该鉴定机关的鉴定结论是公安机关委托进行，程序合法，且根据国家相关规定对触电原因进行分析，具有法律依据，应作为认定事实的依据。

最后，依据《侵权责任法》，侵害他人造成人身损害的，应当赔偿医疗费、护理费、交通费等为治疗支出的合理费用以及因误工减少的收入。造成死亡的，还应当赔偿丧葬费和死亡赔偿金。考虑到朱某触电意外死亡的事实确实给原告精神上所造成的巨大伤害，其提出的精神抚慰金法院予以支持。具体数额根据责任各方的过错程度确定。

本案在经历一审、二审后，北京市第一中级人民法院于 2014 年 12 月作出终审判决：判决清北公司赔偿原告医疗费、死亡赔偿金、丧葬费、精神损害抚慰金共计 78 万余元，驳回原告其他诉讼请求。

（三）评论与分析

《侵权责任法》第七十三条：从事高空、高压、地下挖掘活动或者使用高速轨道运输工具造成他人损害的，经营者应当承担侵权责任，但能够证明损害是因受害人故意或者不可抗力造成的，不承担责任。被侵权人对损害的发生有过失的，可以减轻经营者的责任。

在高压触电伤害中，损害及因果关系的认定相对清晰，需要特别注意以下两个问题：

1. 责任主体

侵权责任的主体问题，就是侵权行为对法律所确认和保护的权益造成的损害结果由谁承担责任的问题。所以，触电侵权责任的主体问题，就是在发、输、变、配及用电过程中，侵犯法律所确认和保护的他人的权利并造成损害后，由谁承担赔偿责任的问题。从《民法通则》颁布到《侵权责任法》生效，二十余年来，关于由谁承担触电侵权责任的说法众说纷纭，直到现在仍存在不少争议。

高度危险作业一词来源于《民法通则》第 123 条，从事高空、高压等对周围环境有高度危险的作业造成他人损害的，应当承担民事责任。根据此条规定，高度危险作业给他人造成损害就应当承担赔偿责任，也就是说高度危险作业这一动作的实施者高度危险作业人就是承担民事责任的主体。但对于什么是电力作业人，观点不一。有的认为作业人就是供电人，有的认为应该看电力设施的维护管理责任在谁，也有的认为以电能的归属来判断谁是作业人。

2000 年 11 月，《最高人民法院关于审理触电人身损害赔偿案件若干问题的解释》（法释 [2001]3 号）对触电侵权的责任主体推出了一个新的称谓：电力设施产权人。其第二条明确表述“因高压电造成人身损害的案件，由电力设施产权人依照《民法通则》第一百二十三条的规定承担民事责任。将侵权人由高度危险作业人变更为电力设施产人，更多的考虑也是在物的所有权属性方面，对于触电侵权责任的承担主体确定上起到了积极的作用，在实践中可操作性强。

2010 年 7 月 1 日起实施的《侵权责任法》，在触电侵权行为主体的认定上又发生了巨大变化，明确“经营者应当承担侵权责任”。“经营者”一词在我国现行法律规范中出现多次，比如：《反不正当竞争法》第 2 条规定：“本法所称的经营者，是指从事商品经营或者营利性服务（以下所称商品包括服务）的法人、其他经济组织和个人。”

就如“高度危险作业人”的称谓一样，法学界与司法界对于“经营者”也有不同理解。有一种官方意见认为造成电击伤害的危险源，是输电线路上的高压电流，而不是输电线路本身。因为如果输电线路上没有高压电流通过，就是一条居民晾晒衣服的普通金属线罢了。造成伤害的是电流而不是电线，故得出了一个结论：本条规定高压输电线路致人损害，由经营人承担赔偿责任，而不论发生电击事故的输电线路的产权归属。

由于经营者的概念比较笼统、模糊、范围较广，这样就可能影响到触电人身损害责任主体的选择定性，扩大了主体的适用范围。即使电力设施产权不属电力企业，一旦有触电人身损害事故发生，受害人就可能从供电经营、维护管理方面来认定电力企业是经营者、管理者，而选择承担连带责任主体。在实际案例中，法官也有这种判案思维，给法官留下了更大的自由裁量空间，扩大了电力企业在触电人身损害案责任主体范围，提高了诉讼风险。

2. 免责事由

法释 [2001]3 号文第三条规定：因高压电造成他人人身损害有下列情形之一的，电力设施产权人不承担民事责任：（一）不可抗力；（二）受害人以触电方式自杀、自伤；（三）受害人盗窃电能，盗窃、破坏电力设施或者因其他犯罪行为而引起触电事故；（四）受害人在电力设施保护区从事法律、行政法规所禁止的行为。

根据《最高人民法院关于废止 1997 年 7 月 1 日至 2011 年 12 月 31 日期间发布的部分司法解释和司法解释性质文件 (第十批) 的决定》（法释 [2013]7 号），法释 [2001]3 号自 2013 年 4 月 8 日起废止，理由为：与《最高人民法院关于审理人身损害赔偿案件适用法律若干问题的解释》（法释 [2003]20 号）相冲突。

原触电司法解释对电力设施产权人不承担民事责任的规定相对宽泛，特别是“在电力设施保护区内从事法律、行政法规禁止的行为”，案件审判过程中法院往往直接援用《供电设施保护条例》以及实施细则的相关规则，以此作为不承担责任的抗辩理由。

在触电司法解释废止后，根据《侵权责任法》及法释 [2003]20 号第二条规定，在高压触电事故中，仅受害人故意或者不可抗力造成的，经营者方不承担责任，被侵权人对损害的发生有过失的，仅可以减轻经营者的责任。从原触电司法解释的规则而言，“受害人以触电方式自杀、自伤”、“受害人盗窃电能，盗窃、破坏电力设施或者因其他犯罪行为而引起触电事故”仍然可以认定为“故意”；而“在电力设施保护区内从事法律、行政法规禁止的行为”将视行为方式而言，某些行为将认定为“过失”，某些行为将被认定为“擅自进入高压作业区域”只能减轻经营者承担的责任，而不能完全免除。

二、电厂环境污染损害赔偿纠纷

（一）案情简介

元某（一审原告、二审被上诉人）有一块位于陕西省朔州市世纪大道东侧的农用承包地用作葡萄园，且恰好处于神华国能集团有限公司神头第二发电厂（一审被告、二审上诉人，以下简称神头二电厂）北面。自 1997 年起，该承包地一直受到神头二电厂生产排放的烟尘污染。2004 年 12 月 23 日，朔州市农业生态环境监测建设站出具《鉴定书》，确认元某的葡萄园有大量的粉煤灰及煤灰，葡萄及蔬菜受到不同程度的污染。神头二电厂曾对元某 2003 年、2005 年、2006 年及 2007 年的损失予以赔偿。之后，朔州市农业综合执法大队、朔州市农业生态环境监测站、朔州市农业技术总站于 2009 年 9 月 16 日出具《分析报告》，报告称该 5 亩（一亩＝ 1/16 公顷，下同）地的年收入应在 4 万多元，因受到污染导致减产、减收 50% 以上。2010 年 9 月 3 日出具《情况说明（一）》，说明该5亩地的年收入约为45 000多元，因受到污染导致减产、减收50%以上。2011年8月24日出具《情况说明（二）》，说明该5亩地的年收入约为45 000多元，因受到污染导致减产、减收50%以上。

元某于2012年向朔城区人民法院起诉，要求神头二电厂就2004年、2008年、2009年、2010年、2011年的葡萄及蔬菜损失97 000元予以赔偿。在历经一审、二审后，山西省朔州市中级人民法院于2014年12月作出终审判决。

（二）法院判决

一审法院根据双方提供的证据，依法确认了上述事实。一审法院认为，因环境污染引起的损害赔偿诉讼，应由神头二发电厂就法律规定的免责事由及其行为与损害结果之间不存在因果关系承担举证责任。神头二电厂曾提出重新鉴定申请，因鉴定的标的物失去了最佳鉴定时间致使无法鉴定，故依据现有证据，认定神头二电厂对元某的污染事实存在。但元某未对2004年及2008年的受损具体数据提供证明，故对元某2004年及2008年的损失赔偿请求不予支持。依法判决：神头二电厂赔偿元某2009年、2010年、2011年的葡萄及蔬菜损失共计65 000元；驳回元某的其他诉讼请求。

一审宣判后，上诉人神头二电厂不服，提起上诉，要求改判上诉人不承担对被上诉人的赔偿责任、诉讼费由被上诉人负担。理由如下：原审法院适用法律错误，将本该由元某承担的未能进行重新鉴定的法律责任强加给了上诉人：①元某自行委托作出鉴定结论的有关机构并不是合法的鉴定机构，不具备所作鉴定的专业能力，其结论《情况说明》、《分析报告》等并不科学，不应当作为定案依据；且元某自行委托有关部门作出的《鉴定书》与本案件时间冲突、毫无关联。②对因元某未能够提供鉴材而无法进行重新鉴定的责任应当由元某承担。

二审查明的事实与一审查明的一致。二审法院认为，依最高人民法院《关于民事诉讼证据的若干规定》第四条第一款第三项规定，因环境污染引起的损害赔偿诉讼，由加害人就法律规定的免责事由及其行为与损害结果之间不存在因果关系承担举证责任。本案中，元某2009年、2010年、2011年种植的葡萄及蔬菜的事实，以及因神头电二厂排放粉煤灰导致污染受到经济损失的事实，有2009年9月16日出具的《分析报告》、2010年9月3日出具的《情况说明（一）》、2011年8月24日出具的《情况说明（二）》予以证实，二审法院予以认定。神头电二厂无法提供其他污染源以及法律规定的免责事由及其行为与元某种植损失之间不存在因果关系的证据，应承担举证不能的后果。一审法院以因鉴定的标的物失去最佳的鉴定时间致使无法鉴定，依有关部门出具的相关分析报告及说明，认定神头电二厂对元某种植的葡萄及蔬菜因排放粉煤灰而造成的污染事实存在，二审法院予以认可。神头电二厂称因元某未能够提供鉴材而无法进行重新鉴定的责任应当由元某承担的请求，于法无据，二审法院不予支持。综上，二审法院于判决如下：驳回上诉，维持原判。

（三）评论与分析

因污染环境造成损害的，污染者应当承担侵权责任。环境侵权责任是《侵权责任法》规定的无过错责任中最严格的一种。特别值得指出的是，《侵权责任法》第66条以立法形式确认了2001年通过的《最高人民法院关于民事诉讼证据的若干规定》第4条有关因果关系推定的规定，确立了环境侵权诉讼的举证责任倒置规则。对于本案而言，需要关注以下两个层面的问题：

1. 举证责任及因果关系

《侵权责任法》第66条规定：因污染环境发生纠纷，污染者应当就法律规定的不承担责任或者减轻责任的情形及其行为与损害之间不存在因果关系承担举证责任。

环境污染责任系无过错责任，在受害人证明污染行为及遭受损害的情况下，若污染者无法证明其行为与损害之间不存在因果关系，或无法证明受害人故意等情形，均应承担侵权责任，不得以排污达标为由提出抗辩、减免责任。因此，在元某证明了污染行为及遭受损害的情况下，神头电二厂需举证证明排污行为与葡萄及蔬菜损失不存在因果关系，或证明存在不可抗力、受害人故意等情形，否则将承担侵权责任。

由于环境侵权领域因果关系的特殊性、复杂性，被告较之于原告在金钱、技术、信息等各方面拥有明显的优势，但污染者几乎不能百分之百证明排污行为与损害结果完全不存在因果关系，多半面临败诉的风险。在司法实践中，各地区的各级法院对侵权责任法第66条的规定有多种理解，有的法院明确适用证明责任倒置，由被告证明不存在因果关系；有的法院根据因果关系推定适用的规则要求原告提出初步的证据证明因果关系的存在，然后才由被告举证证明因果关系不存在推翻原告的证明，否则视为原告已经完成对因果关系的证明。

此外，对于“法律规定的不承担责任或者减轻责任的情形”，参照《水污染防治法》第85条 的立法精神，主要包括：由于不可抗力造成污染损害的，排污方不承担赔偿责任；污染损害是由受害人故意造成的，排污方不承担赔偿责任；污染损害是由受害人重大过失造成的，可以减轻排污方的赔偿责任。

2. 损失认定

本案中，法院并未认定神头电二厂排污行为与元某的损失不存在因果关系，因此神头电二厂应对元某承担损失赔偿责任，但损失金额的举证责任归于元某。因元某未对2004年及2008年的受损具体数据提供证明，故对元某2004年及2008年的损失赔偿请求不予支持，神头电二厂的赔偿金额因此得到了相应的降低。

此外需要注意的是，《侵权责任法》第19条规定：侵害他人财产的，财产损失按照损失发生时的市场价格或者其他方式计算。财产损失分直接损失和间接损失，直接损失是现有财产利益的减损，间接损失时未来财产收益的减少，直接损失一般采用“赔偿额＝时价－残存价值”的公式进行计算，间接损失属于未来可得利益的损失，其数额确定需要考虑各种假设因素，因而不可能是完全客观的。间接损失是否赔偿、如何赔偿，在司法实务中存在争议。根据案例调研，在多数情况下，法院判决对间接损失进行适当赔偿而不是完全赔偿，主要基于平衡双方利益的考量。

2015年1月1日新《环境保护法》颁布实施，这部被誉为“史上最严”的《环境保护法》与原有的《侵权责任法》相结合，将大大强化广大民众的环保法律意识、显著提升排污企业违规生产成本，可以预见的是，在不久的将来，与本案相类似的环境污染诉讼纠纷案件会迅速增多，排污企业能否规避此类纠纷或减小此类纠纷引发的经济损失，将直接决定企业的生产成本和经济效益的高低。

第四章 石油、天然气行业法律政策观察

2014年是油气行业大震荡、大调整、大转折的一年。国际上，非常规油气革命使行业供需格局逆转，国际油价大幅下挫，世界油气行业进入21世纪以来的首个不景气周期。油气行业投资回报率下降，石油公司进入战略调整期，重组整合可能增加。在国内，油气市场正进入转折期，油气需求增速放缓，供需宽松将常态化，具体表现为：经济对石油消费拉动减弱；成品油消费将由“三高”转变为“三低”新常态；成品油消费增速继续分化，“汽高柴低煤多”特点将日趋明显；成品油出口（尤其是柴油出口）将逐渐呈现常态化和规模化；以天然气和电能为代表的替代交通运输能源将加速发展；天然气需求增速下降，进口管道气、LNG接收站和非常规天然气开发促使国内天然气供需形势正在逆转。

因此，未来几年中国油气行业的战略调整势在必行。除了保障国内油气产量稳定增长外，要积极推进能源供应的多元化，加强“一路一带”油气合作，实现开放条件下的供应安全。同时还要大力压缩过剩的炼油能力，优化调整炼化布局，抓住市场供应宽松的有利时机，深化油气体制改革，通过更好地发挥市场决定作用，激发油气行业发展活力。

第一节　2014 年重大法律政策

一、国家发改委发布《天然气基础设施建设与运营管理办法》

2014 年 3 月 20 日，国家发改委发布了《天然气基础设施建设与运营管理办法》（发展和改革委员会令第 8 号），规定鼓励、支持各类资本参与投资建设纳入统一规划的天然气基础设施，国家能源局和县级以上地方人民政府天然气主管部门应当加强对天然气销售企业、天然气基础设施运营企业和天然气用户履行本办法规定义务情况的监督管理；明确通过天然气基础设施进行天然气交易的双方，应当遵守价格主管部门有关天然气价格管理规定，天然气可实行居民用气阶梯价格、季节性差价、可中断气价等差别性价格政策。

二、国家发改委下发《关于加快推进储气设施建设的指导意见》

2014 年 4 月 5 日，国家发展改革委下发了《关于加快推进储气设施建设的指导意见》（发改运行〔2014〕603 号），内容包括：承担天然气调峰和应急储备义务的天然气销售企业和城镇天然气经营企业等，可以单独或者共同建设储气设施储备天然气，也可以委托代为储备；加大对储气设施投资企业融资支持力度，支持符合条件的天然气销售企业和城镇天然气经营企业发行企业债券融资，支持储气设施建设项目发行项目收益债券，支持地方政府投融资平台公司通过发行企业债券筹集资金建设储气设施，且不受年度发债规模指标限制；出台价格调节手段引导储气设施建设；鼓励各种所有制经济参与储气设施投资建设和运营；加大储气设施建设用地支持力度，对储气设施建设用地优先予以支持；优化项目核准程序，缩短办理时限，提高核准效率；继续执行现有支持大型储气库建设的有关政策，进一步加大支持力度，适时扩大适用范围；天然气销售企业在同等条件下要优先增加配建有储气设施地区的资源安排，增供气量要与当地储气设施规模挂钩。

三、浙江省人大常委会审议通过《浙江省石油天然气管道建设和保护条例》

2014年7月31日，浙江省人大常委会审议通过了《浙江省石油天然气管道建设和保护条例》（浙江省人民代表大会常务委员会公告第19号），并将于2014年10月1日正式施行。这是自《石油天然气管道保护法》实施后国内省级第一个油气管道保护条例。该条例根据《石油天然气管道保护法》，结合浙江省实际，重点规定了五方面内容：一是各级人民政府及其相关部门和乡镇、村级组织的管道保护职责和责任；二是按照“设置合理、业务归口、上下对应”的要求，统一了省、市、县（市、区）三级管道保护的执法主体；三是完善了相关行政许可、备案内容和程序；四是对管道建设中的借地补偿和土地复垦作了明确规定；五是规定和完善了应急救援机制。

四、国务院印发《关于创新重点领域投融资机制鼓励社会投资的指导意见》

2014年11月26日，国务院印发了《关于创新重点领域投融资机制鼓励社会投资的指导意见》（国发〔2014〕60号），鼓励社会资本参与油气管网、储存设施和煤炭储运建设运营，并要求理顺能源价格机制。该意见提出，支持民营企业、地方国有企业等参股建设油气管网主干线、沿海液化天然气（LNG）接收站、地下储气库、城市配气管网和城市储气设施，控股建设油气管网支线、原油和成品油商业储备库。鼓励社会资本参与铁路运煤干线和煤炭储配体系建设。国家规划确定的石化基地炼化一体化项目向社会资本开放。

五、国家能源局印发《油气管网设施公平开放监管办法（试行）》

促进油气管网设施公平开放。2014年2月13日，国家能源局印发了《油气管网设施公平开放监管办法（试行）》（国能监管〔2014〕84号，以下简称《办法》），明确提出将加强监管，促进油气管网设施公平开放。《办法》规定，油气管网设施开放的范围为油气管道干线和支线（含省内承担运输功能的油气管网），以及与管道配套的相关设施；在有剩余能力的情况下，油气管网设施运营企业应向第三方市场主体平等开放管网设施，按签订合同的先后次序向新增用户公平、无歧视地提供输送、储存、气化、液化和压缩等服务。《办法》明确了国家能源局及各派出机构的监管职责及监管内容。国家能源局主要负责油气管网设施开放监管相关制度制定工作、组织指导工作以及海域油气管网设施开放和油气管网设施跨区域开放监管工作。国家能源局各派出机构负责具体实施辖区内油气管网设施开放相关监管工作，协调解决辖区内相关问题。监管内容包括：油气管网设施规划、计划的落实和重大油气项目的实施，油气管网设施公平开放，输送（储存、气化、液化和压缩）能力和效率、价格与成本，接入申请和受理，合同签订与执行，信息公开与报送等油气管网设施公平开放相关事宜。

六、国务院办公厅转发《关于建立保障天然气稳定供应长效机制若干意见》

2014 年 4 月 14 日，国务院办公厅转发了发展改革委《关于建立保障天然气稳定供应长效机制若干意见》（国办发〔2014〕16 号）的通知。按此通知要求，我国将建立保障天然气稳定供应长效机制，增加天然气供应，力争到 2020 年天然气供应能力达到 4 200 亿立方米；继续支持推进“煤改气”工程，到 2020 年累计要满足“煤改气”工程用气需求 1 120 亿立方米。为实现上述任务，国家将继续加大对天然气尤其是页岩气等非常规油气资源勘探开发的政策扶持力度，有序推进煤制气示范项目建设；还将支持各类市场主体依法平等参与储气设施投资、建设和运营，研究制定鼓励储气设施建设的政策措施。通知还要求建立天然气监测和预测、预警机制，做好油气勘探开发体制改革试点工作，研究制定天然气管网和 LNG 接收、存储设施向第三方公平接入、公平开放的政策措施；进一步理顺天然气与可替代能源价格关系，抓紧落实天然气门站价格调整方案，加快理顺车用天然气与汽柴油的比价关系，建立健全居民生活用气阶梯价格制度，研究推行非居民用户季节性差价、可中断气价等价格政策。

七、国家能源局下发《关于规范煤制油、煤制天然气产业科学有序发展的通知》

2014 年 7 月 17 日，国家能源局下发了《关于规范煤制油、煤制天然气产业科学有序发展的通知》（国能科技〔2014〕339 号），要求禁止建设年产 20 亿立方米及以下规模的煤制天然气项目和年产 100 万吨及以下规模的煤制油项目。同时，该通知称国家发展改革委、能源局正在研究制定《关于有序推进煤制油示范项目建设的指导意见》和《关于稳步推进煤制天然气产业化示范的指导意见》。国家能源局强调，煤制油、煤制天然气产业政策明确了“不能停止发展、不宜过热发展、禁止违背规律无序建设”的方针和“坚持量水而行、坚持清洁高效转化、坚持示范先行、坚持科学合理布局、坚持自主创新”的原则，申报的示范项目必须符合产业政策相关规定，能源转化效率、能耗、水耗、二氧化碳排放和污染物排放等指标必须达到准入值。

八、国家发改委等印发《天然气分布式能源示范项目实施细则》

2014 年 10 月 23 日，国家发改委、住房和城乡建设部、国家能源局三部委联合印发特急文件《天然气分布式能源示范项目实施细则》（发改能源〔2014〕2382 号），就天然气分布式能源示范项目的申报、评选、实施、验收、后评估以及激励政策等做了一系列比较全面的规定，旨在完善天然气分布式能源示范项目审核、申报等管理程序，推动天然气分布式能源快速、健康、有序发展。根据实施细则的要求，国家发改委、国家能源局会同住房和城乡建设部指导全国天然气分布式能源示范项目发展规划、项目规模、评选申报、监督检查，并制定鼓励政策和标准规范等工作。而各省（自治区、直辖市）政府则负责本省（自治区、直辖市）天然气分布式能源示范项目的具体实施，制订本省天然气分布式能源示范项目发展规划、项目规模、评选申报、监督检查，并制定鼓励政策和标准规范等一系列工作。

九、国务院印发《关于创新重点领域投融资机制鼓励社会投资的指导意见》

2014 年 11 月 26 日，国务院印发了《关于创新重点领域投融资机制鼓励社会投资的指导意见》（国发〔2014〕60 号），要求理顺能源价格机制，进一步推进天然气价格改革，2015 年实现存量气和增量气价格并轨，逐步放开非居民用天然气气源价格，落实页岩气、煤层气等非常规天然气价格市场化政策。尽快出台天然气管道运输价格政策。按照合理成本加合理利润的原则，适时调整煤层气发电、余热余压发电上网标杆电价。推进天然气分布式能源冷、热、电价格市场化。完善可再生能源发电价格政策，研究建立流域梯级效益补偿机制，适时调整完善燃煤发电机组环保电价政策。

第二节　阳光观察：评论与展望

一、油气领域基础设施建设

我国油气基础设施发展目前还处于初级阶段。虽然全国油气骨干管网构架已经逐步形成，但与欧美发达国家以及我国石油天然气行业发展的需求相比，还有一段距离。当前我国油气基础设施发展面临的挑战包括：天然气的主干管网系统还不完善，部分地区还没有覆盖；天然气区域性的输配管网不发达，互联互通没有完全实现，成品油主干管道的配套支线建设不完善；储气能力建设严重滞后。[12]

2014 年，国家发改委等部门颁布多项规定支持油气基础设施，尤其是天然气储运基础设施建设，包括《天然气基础设施建设与运营管理办法》（发展和改革委员会令第 8 号）、《关于加快推进储气设施建设的指导意见》（发

12　刘德顺：我国油气储运设施发展处于初级阶段 .http://finance.people.com.cn/n/2014/1204/c1004-26147761.html.

改运行〔2014〕603 号）等。本年度，地方油气管道保护立法工作取得突破，浙江省人大常委会审议通过了《浙江省石油天然气管道建设和保护条例》（浙江省人民代表大会常务委员会公告第 19 号），这是自《石油天然气管道保护法》实施后国内省级第一个油气管道保护条例。此外，根据十八届三中全会的精神，国务院印发了《关于创新重点领域投融资机制鼓励社会投资的指导意见》（国发〔2014〕60 号），鼓励社会资本参与油气管网、储存设施建设运营。

建设天然气储气设施，有利于调节天然气供应峰谷差，确保天然气稳定供应。由于地方企业没有储气责任，因储气本身受益很少，建设储气库积极性较小，因此，本年度各项政策的出台，对饱受度冬保供压力的地方政府和天然气企业是一个利好消息。但《关于加快推进储气设施建设的指导意见》只能算是释放了政策信号，还需要进一步落地可执行的具体细则，在资金、税收、建设用地、设施规模等方面明确支持力度。

本年度，社会资本进入油气领域是一大亮点，一方面能够为该领域提供部分资金、技术、服务、管理，促进油气行业基础设施建设工作的有效开展，并极大地提升运营管理效率；另一方面，社会资本，尤其是民资在服务和零售方面有很强的竞争力，民资进入能给国企带来巨大的竞争压力，天然气行业开放程度、运行效率将有效大幅提高。然而虽然国家也有意深入推进原油成品油流通体制改革，引导社会资本参与建设油气管网、LNG 接收站、储气设施等，但目前国内天然气价格改革并未完成，上游天然气价格则随国际市场浮动，经营者利润不稳定，且当前的天然气市场仍由部分企业垄断，超过 85% 的长输管网隶属中石油，社会资本进入存在疑虑并受到制约。

二、社会资本进入油气领域获鼓励支持

2014 年油气领域最引人瞩目的事件之一是中石化混合所有制改革，它开启了国企民企融合的新篇章，也拉开了社会资本进入油气领域的序幕。

从 20 世纪 90 年代开始，我国允许国内民间资本和外资参与国有企业改组改革，有力证明了混合所有制能够有效促进生产力发展；1992 年中国改革

开放后正式引入民间资本。2013 年年底，党的十八届三中全会提出了“积极发展混合所有制经济”；使国企民企融合成为新一轮国资国企改革重头戏。

2014 年，《政府工作报告》进一步提出了“加快发展混合所有制经济”；年底，国务院出台了《关于创新重点领域投融资机制鼓励社会投资的指导意见》（国发〔2014〕60 号），明确提出鼓励社会资本参与油气管网、储存设施和煤炭储运建设运营。

油气储运设施是国家能源重大基础设施，是保障我国油气安全稳定供应的重要基础。与欧美等发达国家相比，我国油气储运设施发展尚处于初级阶段。随着国民经济对油气资源需求的持续稳定增长，预计未来 10 ～ 20 年我国油气管道建设还将处于稳定增长期，其中天然气管道及储气库等配套设施建设将是今后发展重点。预计到 2020 年，全国油气管网总里程将达到 16 万公里，是目前的 1.6 倍。按照国际惯例，我国储气能力应达到消费量的 10% ～ 15%，而目前仅为 2% 左右，尤其是大中型城市缺乏储气和应急设施，难以保障供气安全，城市储气设施有很大的发展空间。[13] 下一步，国家将深入推进原油成品油流通体制改革，为社会资本参与建设油气管网、LNG 接收站、储气设施提供保障。同时将积极考虑和研究给予地下储气库和城市小型应急储罐补助资金，鼓励和引导行业发展。

三、非居民用天然气价格改革持续推进

2014 年 6 月，习近平同志在中央财经领导小组第六次会议上强调，应坚定不移推进能源体制改革，还原能源商品属性，构建有效竞争的市场结构和市场体系，形成主要由市场决定能源价格的机制。而在 2014 年里，天然气价格改革的持续推进，在能源价格改革中最为令人瞩目，也将推开能源价格改革的大门。

---

13 欧鸿：国家对社会资本进入油气基础设施建设无政策限制 .http://www.gov.cn/2014-12/08/content_2788058.htm.

我国天然气价格改革肇始于2005年，在当年，天然气价格实施政府指导价，并建立起与可替代能源价格挂钩机制；2010年，国家取消了天然气价格双轨制，实施统一管理；2011年，在两广地区试点天然气市场净回值定价法，并以上海为中心市场，建立起中心市场门站价格与可替代能源价格挂钩机制，根据市场变化适时进行价格调整；2013年，国家将天然气价格管制由出厂环节调整到门站环节，实施政府指导价下的最高上限价格管理，并区分存量气和增量气，同时放开页岩气、煤层气、煤制气出厂价格，以及液化天然气（LNG）气源价格。

2014年，国际油价下跌至近5年低位，国内油气消费市场出现转折，为天然气价格改革提供了难得的历史机遇。按照理顺非居民用气价格“三步走”的战略，国家发改委在2014年8月再次调整非民用天然气价格，进一步明确页岩气、煤层气、煤制气出厂价格及LNG气源价格由供需双方协商决定，并计划于2015年完成天然气价格并轨。

我国天然气价格改革的最终目标是放开天然气价格，由市场竞争形成，政府只对具有自然垄断性质的天然气管道运输价格进行管理。通过近些年的多次改革，我国天然气价格管制程度已经大幅降低，可以认为，在我国尚不具备完全放开天然气价格管制的条件下，当前价格制度已经做了较为成功的探索。当然，天然气市场化，绝不仅仅是价格的放开或者价格的市场化；价格改革只是龙头，后续还需要其他配套改革的不断推出，比如开放基础设施（管道、LNG接收设施）建设、引入民营资本进入垄断领域、完善规范市场行为的法律法规以及明确政府监管职责等。根据能源价格改革的部署，价格机制理顺后，体现公平竞争的交易中心也将加快建设，这会吸引越来越多的资本进入能源领域，打破行业垄断并实现充分竞争将指日可待。

四、居民生活用气阶梯价格制度建立

中国的居民用气存在不均衡的情况，不足20%的居民家庭消费40%的居民气量；用气量最多的5%家庭消费了近20%的居民气量。因此，在实行阶梯气价前的价格政策下，收入高、天然气高消费家庭得到的暗补比普通家庭反而更多。推行居民生活用气阶梯价格制度势在必行。阶梯气价制度是将用气量划分为若干阶梯，实行不同的价格；用气量越大，超过基本用气需求的部分，气价越高。这项制度是在保障绝大多数居民生活用气不受影响的前提下，引导居民合理用气、节约用气。

居民生活用气阶梯价格改革开始于 2011 年。当年 11 月，国家相关部门确定将在民用领域实行阶梯气价改革；12 月，广东省、广西壮族自治区开展天然气价格形成机制改革试点；2013 年 7 月，非居民用天然气门站价格被调整，存量气门站价格每立方米提价幅度最高不超过 0.4 元。

2014 年 3 月 21 日，国家发展改革委印发了《关于建立健全居民生活用气阶梯价格制度的指导意见》（发改价格〔2014〕467 号），部署建立健全居民生活用气阶梯价格制度，按用气量将气价分为三档，各档气价实行超额累计加价，并要求 2015 年年底前我国所有已通气城市均应建立起居民生活用气阶梯价格制度。

近年来我国天然气消费持续快速增长，国内天然气产量已不能满足日益增长的市场需求。但长期以来，我国对居民用气实行低价政策，并且存在交叉补贴和部分居民用户过度消费天然气等现象。因此，有必要实施阶梯气价制度。实行居民阶梯气价政策，对不同家庭的影响有所不同。绝大多数城市的居民用气一档气价可以保持不变，即 80% 的居民家庭不会因阶梯气价政策的实施受到影响。只有 5% 的家庭由于用气量大，支出会相对多一些。这也符合公平负担的原则。此外，燃气企业因阶梯气价会增加收入，将主要用于“一户一表”改造、弥补采购高价 LNG 资源或建设储气调峰设施的成本、弥补居民基本生活用气供应成本等。

五、油气管网公平开放

在我国，“三桶油”是管网主干线的运营者。由于国有石油企业采取纵向一体化的经营模式，垄断油气管输业务，外部市场主体难以进入，导致气源供应与管网输送不匹配、不同气源不能串换的问题。由于缺乏基础管道设施，上游资源开发企业，无法顺利将油气产品销售给下游，只能按照价格协议转让给两桶油，利润率受到明显压制，也影响了社会资本的积极性。因此，促进油气管网公平开放，是本轮油气领域改革的重要内容。

本年度里，国家能源局印发了《油气管网设施公平开放监管办法（试行）》（国能监管〔2014〕84号），明确提出将加强监管，促进油气管网设施公平开放，规定在有剩余能力的情况下，油气管网设施运营企业应向第三方市场主体平等开放，公平、无歧视地提供输送、储存等服务。这是继中石化放开下游油品销售业务之后，油气改革领域往中游延伸的又一重要进展。为响应该办法的实施，中石油集团公司原则通过了《中国石油天然气集团公司油气管网设施公平开放实施办法（试行）》，具有很强的操作性。

该办法的出台为解决油气管网公平准入问题提供了解决思路。第一，其为各市场主体进入油气管网提供了标准规范，对打破现有垄断局面起到一定作用。第二，非常规油气开采出以后“无管网可输送”的问题将得到解决，有利于调动我国非常规油气开发的积极性。第三，办法提出油气管网设施运营企业可与上、下游用户签订购销或输送服务合同，将促使分销商跨过石油央企，直接与中小煤层气、煤制气和页岩气生产商接洽，磋商长期供气协议，从而推动国内天然气市场化改革进程。第四，油气管网公平开放，还可能促使多元投资、独立运营的实现。

虽然该办法为油气管道实现第三方准入、破除油气管网垄断开了一道口子，但实际操作中仍面临一些问题。对于油气管网设施，“三桶油”等央企仍然拥有优先使用的权利，开放的前提是“当油气管网设施有剩余能力”，这为管网设施运营企业“找借口不开放”留下了余地。因此，能否实现油气管网真正公平的“第三方准入”，不仅需要“办法”，还需要更具体的实施细则，以及实施过程中国家能源局及其派出机构有效的监管。

六、油气储备制度逐渐明晰

国家能源储备一般包括国家战略储备和商业储备。战略储备是指能源资源由政府控制，只在战争或严重自然灾害造成石油供给短缺时才会投放；商业储备则是指石油生产流通或相关企业根据有关法律法规，为承担社会责任而必须保有的最低库存量，用以保障国家能源安全和平抑价格剧烈波动。国家战略储备和商业储备相结合，是建立国家石油储备的有效途径。

2014 年，中国石油战略储备制度逐渐明晰。一方面，2014 年年初，国家发改委发布了《天然气基础设施建设与运营管理办法》（发展和改革委员会令第 8 号）、《关于建立保障天然气稳定供应长效机制若干意见》（国办发〔2014〕16 号）、《关于加快推进储气设施建设的指导意见》（发改运行〔2014〕603 号）等文件，要求加强石油天然气储备基础设施建设，完善石油天然气储备制度。另一方面，2014 年年底，国家统计局首次公布我国战略石油储备的详细信息，国家石油储备一期工程已经建成投用，包括舟山、镇海、大连和黄岛等 4 个国家石油储备基地，总储备库容为 1 640 万立方米，储备原油 1 243 万吨，相当于大约 9 100 万桶。此外，国务院发布的《能源发展战略行动计划（2014—2020）》也提出，要加快石油储备建设。

我国从 2003 年起开始建设储备基地，规划用 15 年时间分三期完成油库等硬件设施建设；2008 年时，国家能源局正式成立，国家石油储备中心也被国家发改委划归国家能源局进行管理。已经建成投产的一期工程主要分布在沿海地区，二期工程则向内陆倾斜，反映了我国石油来源从中东、西非、拉美等地向俄罗斯、中亚地区转变的趋势。现在，在混合所有制不断推进之下，民资也迎来了更高层次的政策利好，在扫清体制障碍之后，民企参与石油储备也将成为国家石油战略储备的有益补充。

七、天然气分布式利用加快

天然气分布式能源是指利用天然气为燃料，通过冷、热、电三联供等方式实现能源的梯级利用，在负荷中心就近实现能源供应的现代能源供应方式，综合能源利用效率在70%以上，是天然气高效利用的重要方式。为发展天然气分布式能源，有关部门在2014年之前曾出台《关于发展天然气分布式能源的指导意见》（发改能源〔2011〕2196号）、《天然气利用政策》（国家发改委令第15号）、《分布式发电管理暂行办法》（发改能源〔2013〕1381号）等，支持天然气分布式能源的发展。

本年度里，为完善天然气分布式能源示范项目审核、申报等管理程序，推动天然气分布式能源快速、健康、有序发展，国家发改委、住房和城乡建设部、国家能源局三部委联合印发特急文件《天然气分布式能源示范项目实施细则》（发改能源〔2014〕2382号），就天然气分布式能源示范项目的申报、评选、实施、验收、后评估，以及激励政策等做了一系列比较全面的规定。同时，国网公司在本年度发布了《关于做好分布式电源并网服务工作的意见》，支持天然气分布式能源的发展。

《天然气分布式能源示范项目实施细则》是《关于发展天然气分布式能源的指导意见》（以下简称《指导意见》）的配套政策，然该实施细则距《指导意见》的发布已有三年，在此期间，天然气价的持续上涨，原本极受业界推崇的天然气分布式能源发展步履维艰。然而在当前国家力推大气污染防治、节能减排以及国内油气供需形势变化、国际油价大幅下跌的大背景下，实施细则的发布再次表明中央政府积极支持天然气分布式。虽然很多规定只是宏观层面的，还需更具体、可执行的配套政策，但实施细则强调发挥地方政府的主观能动性、鼓励“特许经营权”等内容，都是值得关注的亮点，因此实施细则的出台对于当前步履维艰的天然气分布式来说，将有效提振产业的发展信心。

八、煤制气发展受制于环保因素

2009年5月，国务院发布《石化产业调整和振兴规划》，大批煤制气项目规划就此提出。为了避免重复建设，2011年3月，国家发改委再次明确禁止建设年产20亿立方米以下的煤制气项目，并且在该年度只核准批复了4个项目，态度转向保守。但2012年12月，国家能源局发布《天然气发展“十二五”

规划》，提出到2015年我国煤制气产量将达150亿～180亿立方米，占国产天然气的8.5%～10.2%，这又一次推动了企业的产能建设热情。

本年度里，国家发改委对煤制气项目的态度依旧存在矛盾。国家能源局印发了《国家能源局关于规范煤制油、煤制天然气产业科学有序发展的通知》（国能科技〔2014〕339号），要求禁止建设年产20亿立方米及以下规模的煤制天然气项目和年产100万吨及以下规模的煤制油项目；同时，该通知称国家发展改革委、能源局正在研究制定《关于有序推进煤制油示范项目建设的指导意见》和《关于稳步推进煤制天然气产业化示范的指导意见》。随后，国家发改委下发的天然气调价通知中却提出：进一步落实放开进口液化天然气(LNG)气源价格和页岩气、煤层气、煤制气出厂价格政策；这意味着今后参与这些领域的企业可能获得更为自由的定价前景。

其实，从近些年环境恶化、雾霾治理任务繁重的角度出发，不难理解国家发改委对煤制气项目的反复态度。2013年9月，国务院印发的《大气污染防治行动计划》明确，要制定煤制天然气发展规划，在满足最严格的环保要求和保障水资源供应的前提下，加快煤制天然气产业化和规模化步伐。同时，煤制气也被寄托了促进雾霾治理的愿望。但是，煤制油、煤制天然气所带来的环保风险，主要是水耗和二氧化碳排放问题，也是不容忽视的，并在环境与能源问题交织的当下逐渐成为限制产业发展的关键问题。新环保法即将施行，无论是能源行业发展规划，还是能源项目的建设，都必须将环保因素与经济效益、社会效益等同等考虑，才能促进该行业的长远发展。

第三节　典型案例和重大事件

一、天然气价格改革破冰前行

2015年2月28日，国家发改委发布《国家发展改革委关于理顺非居民用天然气价格的通知》（发改价格〔2015〕351号），决定自2015年4月1

日起，将增量气最高门站价格每千立方米降低 440 元，存量气最高门站价格每千立方米提高 40 元，实现价格并轨；同时放开天然气直供用户（化肥企业除外）用气门站价格，由供需双方协商定价，进行市场化改革试点。

2005 年以前，我国天然气价格由中央政府制定。随着我国社会经济和能源行业的发展，尤其是生态环境不断恶化、环境保护越来越受到国家和公众的重视，天然气作为清洁高效的资源也越来越受到青睐，我国天然气产业也随之加快发展。然而，天然气价格管制一直制约产业的快速发展。

按照天然气价格改革的基本思路，我国天然气价格管理是要按市场化取向，建立起反映市场供求和资源稀缺程度，并与可替代能源价格挂钩的动态调整机制，为最终实现天然气价格完全市场化奠定基础。而近段时间油价下跌，为天然气价格改革提供了有利的外部环境，价格改革的风险降到最低，最终使得非居民用气价格基本理顺，天然气价格改革完成“破冰之旅”。涉及天然气价格的相关文件见表 4-1。

表 4-1　涉及天然气价格的相关文件汇总表

时间	政策文件	文号	定价方式	主要内容
1987 年以前			政府定价	完全由政府制定国内天然气价格
1987-10-27	《天然气商品量管理暂行办法》	计燃〔1987〕2001 号	中央政府定价/政府指导价/协议价	a. 计划气：中央政府按不同用途、不同油田定价； b. 计划外气和西气东输、忠武线、陕京线等新建管道项目：政府指导价； c. 少数采用协议价
2005-12-23	《关于改革天然气出厂价格形成机制及近期适当提高天然气出厂价格的通知》	发改价格[2005]2756 号	价格双轨制下的政府指导价	a. 一档气（实际执行价格接近计划内气价且差距不大的油田气的气量以及全部计划内气量，气量占全部的 85%）：政府指导价，用 3 ~ 5 年过渡到与可替代能源价格挂钩； b. 二档气（一档气以外）：980 元为基准价，与可替代能源（原油、LPG、煤）价格挂钩

2010-5-30	《国家发改委关于提高国产陆上天然气出厂基准价格的通知》	发改电〔2010〕211 号	取消价格双轨制，实行政府指导价	各油气田（含西气东输、忠武线、陕京线、川气东送）出厂（或首站）基准价格每千立方米均提高 230 元。同时将大港、辽河和中原三个油气田一、二档出厂基准价格加权并轨，取消价格“双轨制”。国产陆上天然气一、二档气价并轨后，将出厂基准价格允许浮动的幅度统一改为上浮 10%，下浮不限
2011-12-26	《国家发展改革委关于在广东省、广西自治区开展天然气价格形成机制改革试点的通知》	发改价格[2011]3033 号	在两广地区试点，将成本加成定价改为按市场净回值定价	选取上海市场（中心市场）作为计价基准点，以进口燃料油和液化石油气（LPG）作为可替代能源品种，并分别按照 60% 和 40% 权重加权计算等热值的可替代能源价格，然后，按照 0.9 的折价系数，即把中心市场门站价格确定为等热值可替代能源价格的 90%
2013-6-28	《国家发展改革委关于调整天然气价格的通知》	发改价格[2013]1246 号	门站价施行基于市场净回值法的政府指导价	天然气价格管理由出厂环节调整为门站环节，门站价格为政府指导价，实行最高上限价格管理。区分存量气和增量气，增量气一步按“两广试点方案”调整到位，存量气逐步调整，争取在“十二五”末调整到位
2014-8-10	《关于调整非居民用存量天然气价格的通知》	（发改价格[2014]1835 号）	门站价施行基于市场净回值法的政府指导价	保持增量气门站价格不变；非居民用存量气最高门站价格每千立方米提高 400 元； 居民生活用气、学校教学和学生生活用气、养老福利机构用气等（不包括集中供热用气）门站价格此次仍不作调整； 需要进入管道与国产陆上气、进口管道气混合输送并一起销售的，供需双方可区分气源单独签订购销和运输合同，气源和出厂价格由市场决定，管道运输价格按有关规定执行

2015-2-28	《国家发展改革委关于理顺非居民用天然气价格的通知》	发改价格〔2015〕351号	门站价施行基于市场净回值法的政府指导价	自2015年4月1日起，将增量气最高门站价格每千立方米降低440元，存量气最高门站价格每千立方米提高40元，实现价格并轨； 放开天然气直供用户（化肥企业除外）用气门站价格，由供需双方协商定价，进行市场化改革试点

此外，在放开直供用户用气门站价格的同时，有关部门积极推进天然气交易市场建设。2014年年底，上海市已批准组建上海石油天然气交易中心，开展天然气现货交易。直供用户用气门站价格放开后，国家将引导这部分气量进入交易中心进行交易，逐步形成中国天然气市场价格。

二、天然气价格调整的影响评论与分析

首先，为天然气价格改革最终目标的实现完成成功探索。我国天然气价格改革的最终目标是放开天然气价格，由市场竞争形成，政府只对具有自然垄断性质的天然气管道运输价格进行管理。这条主线贯穿于历次价格改革中。通过多次改革，我国天然气价格管制程度已经大幅降低，已有约40%的天然气价格完全由市场决定；而仍由政府管制的天然气价格，逐步从传统的成本加成定价法向市场净回值定价法转变，并通过与替代能源的比价关系适时进行价格调整，价格管理更具效率，也更贴近市场运行实际。虽然我国完全放开天然气价格管制尚需时日，但当前的价格改革已经在向最终目标不断前进。

其次，把握时机降低天然气价格，推动改革。此前我国天然气产业处于发展的黄金时期，管制价格很难跟上市场的变化，我国天然气价格一直偏低，导致天然气消费快速增长但资源利用效率低下。2014年，国际油价及相关替代能源价格大幅下跌，我国天然气产业发展突然由热变冷，需要通过价格适度下降来刺激产业发展。当此之时，天然气价格改革政策应运而生，将刺激天然气企业加大消费力度。

第三，三桶油利益将受挤压。气价下调优先受益的为下游用气企业，包括造纸、冶炼、玻璃、气头甲醇等企业。但是，几家欢喜几家愁，此次价格调整下调多超过上调，或将会给作为天然气一级供应商的中石油、中海油、中石化等企业带来营业额减少达到百亿元的损失。

第五章　核能行业法律政策观察

随着环境保护和节能减排压力与日剧增，我国大力发展清洁能源势在必行。核电作为成熟的清洁能源，不排放二氧化硫、烟尘、氮氧化物和二氧化碳等污染物，是发展清洁能源的路径之一。中国核电虽然 2014 年未开工新的核电项目，但发展核电的愿望由上至下越来越强烈。在建二代改进型机组逐步突破瓶颈，一批新机组陆续投入运行；AP1000 首批机组在紧张攻关中前行，自主三代技术（华龙一号）和 CAP1400 的研发为核电创新驱动发展奠定基础；内陆核电研究论证逐步深入。在今后较长一段时间内，中国核电仍将保持在建和投运的高峰。具体来讲，2014 年我国共有 5 台核电机组投入商业运行，分别是阳江核电厂 1 号机组、宁德核电厂 2 号机组、红沿河核电厂 2 号机组、福清核电厂 1 号机组与方家山核电厂 1 号机组。[14] 至此，我国投入商业运行的核电机组共达 22 台，总装机容量为 20 305.58 兆瓦，约占全国电力总装机容量的 1.49%。期间，国家核安全局等发布《核安全文化政策声明》倡导和推动核安全文化的培育和发展；国家能源局发布多项核电行业标准，推动核能的安全发展；国家发改委发布的《外商投资项目核准和管理办法》也对外商在中国投资核能项目做出了规定。

14　中国核能行业协会 . 2014 年全国核电运行情况报告 .

第一节 2014 年重大法律政策

一、国家核安全局等发布《核安全文化政策声明》

2014 年 12 月 19 日，为贯彻落实我国核安全观和国家安全战略，倡导和推动核安全文化的培育和发展，促进国家核安全水平的整体提升，保障核能与核技术利用事业安全、健康、可持续发展，在全面总结中国三十年核安全文化建设良好实践和经验的基础上，国家核安全局会同国家能源局、国家国防科技工业局编制完成了《核安全文化政策声明》（以下简称《声明》），并于 2014 年 12 月 19 日发布。

《声明》明确了核安全与核安全文化的定义以及我国的核安全观及其内涵。强调中国奉行“理性、协调、并进”的核安全观，其内涵核心为“四个并重”，即“发展和安全并重、权利和义务并重、自主和协作并重、治标和治本并重”，这既是现阶段我国倡导的核安全文化的核心价值观，也是国际社会和我国核安全发展经验的总结。

《声明》还强调了有关人员和单位持续推进核安全文化建设的责任。①从业人员要对自身严格要求，养成一丝不苟的良好工作习惯和质疑的工作态度，避免任何自满情绪，树立知责任、负责任的责任意识，形成学法、知法、守法的法治观念，持续提升个人的核安全文化素养。②核能与核技术利用单位要构建企业自身的核安全保障机构，将良好核安全文化融入生产和管理的各个环节，做到凡事有章可循，凡事有据可查，凡事有人负责，凡事有人监督；加大培育核安全文化的资源投入力度，定期对本单位的核安全文化培育状况、工作进展及安全绩效进行自评估，保证核安全文化建设在本单位得到有效落实。③核安全监管部门和政府相关部门要加强政策引导、制定鼓励核安全文化培育的相关政策，加大贯彻实施力度；继续秉持“独立、公开、法治、理性、有效”的监管理念和严慎细实的工作作风；坚持科学立法、依法行政，确保政府监管的独立、权威和有效。④推行同行评估，鼓励开展核安全文化培育和实践的第三方评估活动，学习借鉴成功经验，及时识别弱项和问题，积极纠正和改进。同时倡导提升核安全文化的良好实践，开展全行业核安全文化经验交流，推广良好实践案例和成功经验。⑤继续深化与世界各国、国际组织在核能包括核安全领域的交流和合作，切实履行已签署的各项核能公约义务，践行核安全多边、双边承诺，与国际社会一道共同预防和化解核安全风险。

二、国务院取消和下放相关涉核活动许可行政审批事项

2014 年，国务院根据《国务院机构改革和职能转变方案》的要求和部署，进一步取消和下发了一批行政审批事项，数量达 600 余项，[15] 其中，涉核的行政审批事项全部为取消类：2014 年 1 月 28 日，国务院下发《关于取消和下放一批行政审批项目的决定》（国发〔2014〕5 号），决定取消原由公安部实施的《核材料国内运输免检通行许可》、国土资源部实施的《中外合作勘查、开采矿产资源前置性审查》、《在国家地质公园地质遗迹保护区外的园区进行矿产资源勘查、开发和工程建设活动审批》、《矿业权投放计划审批》（涉及铀矿资源的勘探开采活动——笔者注）。

2014 年 7 月 22 日，国务院下发《关于取消和调整一批行政审批项目等事项的决定》（国发〔2014〕27 号），决定取消《以折股方式缴纳探矿权采矿权价款审批》，明确不得以折股方式作为矿业权对价的支付方式，直接影响铀矿矿业权交易对价的支付方式。

三、境内企业投资核电项目核准管理制度改革

（一）核电项目仍由国务院核准

2014 年 10 月 31 日，国务院发布《政府核准的投资项目目录》（2014 年本，国发〔2014〕53 号），由于核电项目投资巨大且设计重大社会公共利益和安全，与 2013 年版一样，核电项目仍由国务院核准。我国对于企业投资项目的管理

15　国务院一年多取消下放 7 批共 632 项行政审批等事项 . http://www.gov.cn/xinwen/2014-09/09/content_2746921.htm, 2015 年 1 月 27 日访问 .

分为核准制和备案制，根据国务院的通知，企业投资由国务院核准的投资项目，由国家发改委审核后报国务院核准，事前须征求国务院行业管理部门的意见。

（二）核电项目核准管理程序

1. 项目单位编制并提交项目申请报告

项目申请报告应当由项目单位自主选择具备相应资质的工程咨询机构编制，由国家发改委核准的项目，项目申请报告应当由具备相应资质的甲级工程咨询机构编制，其内容包括项目单位情况、拟建项目情况、资源利用和生态环境影响分析、经济和社会影响分析。[16] 项目单位向核准机关提交项目申请报告时，还应当附具以下支持性文件，包括：①城乡规划行政主管部门出具的选址意见书（仅指以划拨方式提供国有土地使用权的项目）；②国土资源行政主管部门出具的用地预审意见（不涉及新增用地，在已批准的建设用地范围内进行改扩建的项目，可以不进行用地预审）；③环境保护行政主管部门出具的环境影响评价审批文件；④节能审查机关出具的节能审查意见；⑤有关法律法规的规定应当提交的其他文件。[17]

2. 项目单位的报送程序

企业投资不同核准机关核准的项目申请文件的报送程序因企业和核准机关的不同而有所差异。

地方企业投资建设应当分别由国家发改委核准（含审核——笔者注）的项目，首先由项目所在地省级政府发改委、行业管理部门提出初审意见后，由项目单位报送国家发改委；属于国家发改委核准的项目，但项目所在地省级政府规定由省级政府行业管理部门初审的，应当由省级政府发改委和项目单位联合向国家发改委报送。[18]

国务院有关部门所属单位、计划单列企业集团、中央管理企业投资建设应当由国家发改委核准的项目，应当首先征求项目所在地省级政府发改委、

16 《政府核准投资项目管理办法》第 9、10 条。

17 同上，第 12 条。

18 同上，第 14 条。

行业管理部门的意见后，直接由国务院有关部门、计划单列企业集团、中央管理企业向国家发改委报送，并附具项目申请报告，并分别项目所在地省级政府发改委和行业管理部门的意见。[19]

3. 审查和决定核准的标准

国家发改委对其核准或审核的投资项目进行审查，决定是否予以核准时，应当主要从维护经济安全、合理开发利用资源、保护生态环境、优化重大布局、保障公共利益、防止出现垄断等方面依法进行审查，作出是否予以核准的决定，项目的市场前景、经济效益、资金来源、产品技术方案等均由企业自我判断、自主决策、自担风险，如果符合国家法律法规和宏观调控政策、符合发展规划、产业政策、技术政策和准入标准、合理开发并有效利用了资源、不影响我国国家安全、经济安全和生态安全、对公众利益，特别是项目建设地的公众利益不产生重大不利影响，即应当作出核准决定。[20]

4. 核准文件的效力和变更

项目单位取得核准文件，依据核准文件依法办理规划许可、土地使用、资源利用、安全生产等相关手续。项目核准文件自印发之日起有效期 2 年，在有效期内未开工建设的，项目单位应当在有效期届满前的 30 个工作日之前向原项目核准机关申请延期，原项目核准机关应当在有效期届满前作出是否准予延期的决定。在有效期内未开工建设也未按照规定向原项目核准机关申请延期的，原项目核准文件自动失效。[21]

在下列情形下，项目单位应当及时申请调整或变更，核准机关根据项目具体情况决定予以变更或调整，或者要求项目单位重新办理核准手续，这些情形包括：建设地点发生变更的；建设规模、建设内容发生较大变化的；项目变更可能对经济、社会、环境等产生重大不利影响的。[22]

19 同上，第 15 条。

20 同上，第 4、23 条。

21 同上，第 24、25 条。

22 同上，第 26 条。

四、国家发改委发布《外商投资项目核准和管理办法》

2014年5月17日，国家发改委发布《外商投资项目核准和管理办法》，该办法于6月17日开始施行，适用于中外合资、中外合作、外商独资、外商投资合伙、外商并购境内企业、外商投资企业增资及再投资项目等各类投资项目的核准和备案。

该办法规定，《外商投资产业指导目录》中有中方控股（含相对控股）要求的总投资（含增资）3亿美元及以上鼓励类项目，总投资（含增资）5 000万美元及以上限制类（不含房地产）项目属国家发改委的核准权限，根据《外商投资产业指导目录》（2011年修订），核电站的建设和经营属于中方控股的鼓励类项目，加之核电站投资规模巨大，因而外商投资我国境内核电项目应由国家发改委核准，因此，本节重点介绍国家发改委核准（含审核）外商投资项目的制度。

（一）项目申请报告的编制和内容

项目申请报告应包括以下内容：项目及投资方情况、资源利用和生态环境影响分析、经济和社会影响分析，外国投资者并购境内企业项目申请报告应包括并购方情况、并购安排、融资方案和被并购方情况、被并购后经营方式、范围和股权结构、所得收入的使用安排等内容。[23]

同时，项目申请报告还应附具下列文件，包括：中外投资各方的企业注册证明材料及经审计的最新企业财务报表（包括资产负债表、利润表和现金流量表）、开户银行出具的资金信用证明、投资意向书，增资、并购项目的公司董事会决议、城乡规划行政主管部门出具的选址意见书（仅指以划拨方式提供国有土地使用权的项目）、国土资源行政主管部门出具的用地预审意见（不涉及新增用地，在已批准的建设用地范围内进行改扩建的项目，可以不进行用地预审）、环境保护行政主管部门出具的环境影响评价审批文件、节能审查机关出具的节能审查意见、以国有资产出资的，需由有关主管部门

23 《外商投资项目核准和管理办法》第8条。

出具的确认文件，以及法律法规的规定应当提交的其他文件。[24]

（二）项目报送单位和程序

核准权限属于国家发改委核准的项目，由项目所在地省级发改委提出初审意见后，向国家发展和改革委员会报送项目申请报告；计划单列企业集团和中央管理企业可直接向国家发改委报送项目申请报告，并附项目所在地省级发改委的意见。[25]

（三）审查和决定核准的标准和条件

国家发改委应当根据下列标准和条件对外商投资项目进行审查，如果满足下列条件，应当决定核准，包括：符合国家有关法律法规和《外商投资产业指导目录》、《中西部地区外商投资优势产业目录》的规定、符合发展规划、产业政策及准入标准、合理开发并有效利用了资源、不影响国家安全和生态安全、对公众利益不产生重大不利影响、符合国家资本项目管理、外债管理的有关规定。[26]

（四）核准文件的效力和变更

经核准或备案的项目如出现下列情形之一的，应当向原批准机关申请变更：项目地点发生变化、投资方或股权发生变化、项目主要建设内容发生变化、有关法律法规和产业政策规定需要变更的其他情况；若变更后属于备案管理范围的，应按备案程序办理；予以备案的项目若变更后属于核准管理范围的，应按核准程序办理。

五、我国政府与多国签订核能领域双边协定

2014年为支持和保障我国核电企业开展国际合作，我国政府与英国、法国、罗马尼亚、印度、阿根廷等国签订了核能领域的双边条约，基本内容相差不大，下面以《中英关于民用核能合作的联合声明》为例，介绍其主要内容：①中

---

24 同上，第 10 条。

25 同上，第 11 条。

26 同上，第 16 条。

英两国共同承认核能将在提供安全、可靠、经济、可持续的低碳能源方面发挥重要作用，承诺加强在民用核能领域战略合作，共同寻求促成两国企业开展合作，开发英国、中国和第三国的核能项目。②英国政府欢迎中国企业投资并参与欣克利角项目以及更加广泛地逐步参与英国新建核能项目，包括牵头开发英国其他核电厂址以及在满足英国独立核监管机构严格要求的条件下，在英国部署中国反应堆技术。③扩大民用核能产业供应链及其他互利领域的商务、政策和研发合作。

六、国家能源局发布多项核电行业标准

2014 年 7 月 17 日，国家能源局批准并公布《核电厂核岛机械设备材料理化检验方法》等 164 项行业标准，其中能源标准（NB）158 项和电力标准(DL)6 项，涉及核电、水电、火电、风电、太阳能、生物质能、煤层气以及储能等多个行业，其中，核电标准最多，近 80 项，包括主泵电机，仪表控制设备、模块设计、工程、堆芯冷却、压水堆反应堆、常规岛等。上述核电标准主要是围绕三代技术的 AP1000 和 CAP1400 机组制定。加上 2011 年国家能源局批准的，《压水堆核电厂核安全有关的钢结构设计要求》、《核电厂工程建设预算编制方法》、《核电厂核岛机械设备无损检测》、《压水堆核电厂用不锈钢》等 101 项能源行业核电标准，标志着我国压水堆核电厂标准体系建设工作已迈出实质性步伐，为建立和完善我国核电标准体系奠定了基础，将加快第三代核技术项目的推广复制进度。

第二节　阳光观察：评论与展望

一、核电建设将提速，经济性优势可能减弱

核电作为一种清洁能源，在有效缓解温室效应、加强环境保护、推进低碳经济发展方面有着独特的优势，发挥其他非化石能源发电无法替代的作用，

在保障高度安全的前提下发展核电成为政府和业界的普遍共识。从理论上保守测算，我国在未来 15 年间年均核电装机应当增加 1 000 万千瓦，截至 2030 年我国能源消耗峰值，我国核电总装机容量将达 1.5 亿～ 2 亿千瓦，[27] 随着我国投资管理体制的深化改革，将会有越来越多的民间资本参与核电项目开发、核电装备研制以核电技术服务等领域，而且随着“华龙一号”的出口实施，我国核电将呈现内外发展的可喜格局。

核电发展的前景取决于安全性与经济性之间的平衡。日本福岛核事故再次警示了核电安全的重要性，甚至因为担忧核电安全而导致核电发展陷入低谷，我国虽然已经重新启动了沿海核电项目建设，但明确了按照国际最高安全标准建设核电的原则，核电发展中长期发展规划取消了能源发展“十二五”规划中的“高效”的提法，安全成为核电发展的优先价值目标，而安全性要求必然使得与核安全有关的外部社会成本内化为核电项目开发和经营成本，同时，由于我国许多核电主要设备还不能实现完全国产化，只能高价进口，使得核电成本居高不下；辐照后的乏核燃料贮存、运输和处置等纯粹费用支出在我国也开始成为必须面临和解决的现实问题。据测算，核电成本在十余年间上涨了 6 倍，从而对核电项目的经济性产生较大影响。

除却核电成本居高不下外，由于我国经济恢复放缓，全社会用电需求宽松，核电设备利用小时数开始下降，核电的经济性受到成本和收入的双重挤压。此外，进一步影响了核电项目的经济性。电力行业作为资产密集型行业，扣除设备检修等必要的停机 / 停堆时间，发电小时数越高，设备所创造的经济价值越高，因此，发电设备发电小时数既影响投资者的经济效益，也是衡量电力行业效率的重要指标。目前在运和在建的核电机组设计基本上是以 12 个月或者 18 个月为换料周期，其余时间均可以满功率运行。根据中国核能工业协会和中电联发布的数据，2014 年核电设备平均利用小时数和平均利用率分

27 贺禹等 21 名委员建议：推动核电新一轮规模发展 . http://news.xinhuanet.com/energy/2015-03/07/c_127555220.htm.

别为 7 500 小时和 86% 左右，在所有电源类型中较 2013 年下降幅度最大，有些地区的核电机组由于受制于电力消纳和电网送出能力的影响，设备利用率很低，红沿河核电两台投运机组设备利用率远低于核电设备平均利用率，分别为 67.13% 和 74.86%。[28]

未来 15 年是我国核电可能获得较快发展的时期，但 2030 年也可能是我国能源消费峰值之年，自此之后，能源消费总量可能保持相对稳定的规模，各类电源的公平竞争将趋于激烈，核电的经济性将会受到很大影响。

二、核电立法进程加快，核电法律体系逐步完善

在我国社会主义法律体系建设中，能源行业法律体系建设较为滞后，核电法制建设尤甚。目前，我国专门或主要适用于核电领域的法律渊源主要由一部基本法律（《放射性污染防治法》）、8 个行政法规（如《核电厂核事故应急管理条例》等）、28 个部门规章、6 个地方性法规以及核安全局发布的若干导则、技术文件以及国家能源局发布的核电行业标准等，内容上涉及通用系列、核动力厂系列、研究堆系列、核燃料循环设施系列、放射性废物管理系列、核材料管制系列、民用核承压设备监督管理系列、放射性物质运输管理系列、核技术应用系列等；同时，作为国际原子能机构的成员国，我国目前已经进入并批准许多国际核安全公约，《核安全公约》、《乏燃料管理安全和放射性废物管理安全联合公约》、《及早通报核事故公约》、《核事故和辐射紧急援助公约》、《核材料实物保护公约》。

2014 年《原子能法》、《能源法》、《核安全法》、《核电管理条例》起草制定工作有序推进，未来 5 ～ 10 年内，我国核电法律体系将逐步得以健全和不断完善，为核电的安全健康发展提供制度保障。

---

28 2014 年核电设备利用小时数同比降低 385 小时 . http://www.china-nengyuan.com/news/73668.html,2015 年 3 月 13 日访问 .

三、核电“走出去”必须重视知识产权法律风险防范

2014 年注定是我国核电发展历史上值得大书特书的年份。三十年来，我国采取“引进、消化、吸收和再创新”的路径发展核电技术，但基本服务于国内核电站的开发建设，自 2013 年开始，有关政府部门和核电企业协力推动核电“走出去”战略，2014 年取得开始取得实质性突破。

“华龙一号”由中核开发的 ACP1000 技术和中广核开发的 ACPR1000+ 技术融合优化而成，截至 2014 年 4 月底，中核就 ACP1000 技术申请专利 361 项（国内专利 351 项、PCT 专利 8 项、阿根廷专利 2 项），著作权（包括计算机软件）40 余项；中广核就 ACPR1000+ 技术申请专利 431 项（国内专利 333 项、PCT 专利 11 项），著作权（计算机软件）100 余项，且两家单位均分别对其拥有的源技术“走出去”面临的知识产权法律风险进行了评估，认为“华龙一号”在国内和出口目标国均不存在侵犯他人知识产权和违反有关技术引进合同的风险，但这种评估仍然不够全面。“华龙一号”“走出去”可能面临的知识产权法律风险基本可分为以下两大类型：

（一）侵权风险

侵权风险是指“华龙一号”出口到目标国侵犯他人专利、专有技术、商标、著作权等知识产权应予承担的民事、行政、刑事责任，既包括中核和中广核分别作为直接源技术的权利人侵犯对方的知识产权，也包括中核和中广核单独或共同侵犯间接源技术知识产权权利人和其他知识产权人的知识产权。

（二）违约风险

违约风险是指因“华龙一号”在国外的使用和实施违反与他人签订的知识产权合同而应予承担的违约责任，既包括中核和中广核分别作为直接源技术的权利人违反与对方签订的各类知识产权合同，也包括中核和中广核分别违反各自与间接源技术知识产权权利人和其他知识产权人签订的各类知识产权合同。

四、“华龙一号”“走出去”知识产权法律风险防范措施

（一）明确“华龙一号”所涉知识产权的权属

中核和中广核就其各自的直接源技术有关的智力成果分别申请专利授权，或单独享有著作权，“华龙一号”系融合优化两者直接源技术而成，在后续研发中还将继续产生智力成果，如果维持目前“华龙一号”所涉知识产权分别由两家企业单独享有的现状，可能会出现单独一家在海外实施“华龙一号”方案时，被对方指控侵犯其知识产权；或者出现即使双方联合实施，因某种原因而不能取得各自授权而对“华龙一号”境外实施产生负面影响的情况，因此，两家核电企业应当将各自享有的知识产权变更为共有知识产权，明确后续开发的智力成果由双方共同享有知识产权，避免相互间指控侵权，顺利推进海外项目。

（二）合理进行知识产权布局

由于知识产权（主要是专利权、商标专有权）的地域性，在一国得到授权的知识产权不能当然自动地获得另一国法律的保护，两家企业可根据海外竞争对手的知识产权布局和潜在的目标国等因素向有关国家申请知识产权授权或取得知识产权，特别是注意目标国知识产权法的特殊规定，避免不能获得授权或受当地法律的保护，如申请专利（发明和实用新型）授权时，应当在通过国内保密审查后，尽快向有关国家提出专利申请，避免因时机的延误而丧失该国国内法规定的新颖性，而不能获得专利授权；同时，还应当注意被申请国对著作权（包括计算机软件）的取得是否有登记、备案、标记、出版等特殊要求。此外，“华龙一号”实施所必需的核电设备、产品应当事先在进口国申请并取得注册商标专用权，以免他人在相同或类型的产品抢注相同或类似的商标而造成进口障碍，影响项目实施。

（三）全面检索知识产权授权

全面检索他人是否在目标国申请或已经获得发明专利和注册商标专有权，避免侵犯他人专有权利和违反合同义务是“华龙一号”“走出去”必须首先解决的问题。知识产权检索的范围应当首先包括他人是否已就与“华龙一号”

相同的技术方案、相同或类似的商标申请或已经取得专利授权或注册商标专用权；其次，还应包括向目标国出口并实施“华龙一号”是否违反与间接源技术权利人之间签订的各类技术合同（如技术转让、许可、开发、服务等合同），特别是其中关于使用权、输出国家或地区、期限、权利种类、保密等方面的约定。

（四）始终保持持续创新的动力

始终保持持续创新的驱动力主要有两个：第一，知识产权保护具有期限性，一旦超过保护期限，则进入人人尽可免费使用的公有领域。三代核电站的设计寿命为 40 ～ 60 年，远远超过 10 ～ 20 年的专利保护期限，如果不能进行创新，在核电站运行期间，他人就有权免费实施“华龙一号”技术方案，技术优势将荡然无存；专有技术保护虽然没有地域性和时间性，但一旦泄密或他人通过反向工程掌握，其价值也将不复存在。第二，大多数国家认定专利侵权采用“全面覆盖”和等同原则，只有被控侵权产品具有专利独立权利要求记载的全部必要技术特征，才能被认定为侵权。通过检索发现存在可能侵犯他人专利权时，可通过技术创新，规避和绕开他人专利权利要求书记载的必要技术特征，避免专利侵权法律风险。

第三节　典型案例和重大事件

一、江门核燃料项目因民众反对不予申请立项事件

（一）案情介绍

中核集团龙湾工业园区项目原选址于广东省江门鹤山市址山镇，该项目预计总投资 370 亿元人民币，集中建设铀纯化转化、铀浓缩、核燃料元件制造等设施并打造“一站式”的核燃料加工产业链，规划到 2020 年建成年产 1 000 吨金属铀、具备先进压水堆核燃料组建制造能力的工业园区。这也是中国东部沿海地区首个核燃料产业园区规划方案。

2012 年 6 月开始，中核集团拟将江门鹤山市址山镇大营工业区列为核燃

料产业园候选场址。2012 年 12 月，广东省发改委原则同意鹤山市址山镇开展核燃料产业园前期工作。2013 年 3 月鹤山市政府与中核集团签订了投资意向合同。

2013 年 7 月 4 日，该项目社会稳定风险评估对外公示，引起大量民众反对，民众反对意见主要集中在该项目的安全性和环保影响上，质疑该项目的核污染和核辐射等问题。2013 年 7 月 12 日，江门反核游行活动爆发，大量民众聚集街头，反对江门核燃料项目。12 日上午 8 时许，约 200 当地民众在江门市区东湖广场聚集，到 12 日上午 9 时许，参与表示反对意见的民众增加至近千人，并开始步行至江门市政府门口反映诉求。参与活动的民众打出各种反对该项目的标语或横幅，并高喊口号。有民众表示，虽然政府组织专家论证该核燃料项目是安全的，但在人口密集区建核设施终究有隐患，日本福岛核事故就是最好的例子；况且江门之前称要打造旅游文化城市，如今又引进核项目，会吓跑投资者。在江门市政府门口，现场众多警察、武警戒备防范，并架起了护栏防止示威者进入大院，周边部分道路临时被实施管制，不过整个活动现场比较温和，没有发生意外事件。

2013 年 7 月 12 日，鹤山市政府举行关于中核集团龙湾工业园项目的媒体通气会，提出延长公示 10 天，以更广泛深入听取群众意见。12 日晚上，江门市委副书记、市长庞国梅发表电视讲话，代表江门市政府真诚表态："在社会未达成广泛共识之前，绝不办理立项手续，绝不开工建设。"

广东鹤山市政府 2013 年 7 月 13 日上午召开新闻发布会， 鹤山市市长伍宇雄表示，鹤山市政府充分听取了广大群众的意见，并十分理解和尊重市民的诉求，决定对中核集团龙湾工业园项目不予申请立项。

（二）案例评析

根据公开资料， 2012 年 6 月核燃料产业园项目选址取得用地预审，2012 年 12 月获得广东省发改委同意开展前期工作的"小路条"，2013 年 7 月 4 日开展社会稳定风险评估调查公示，此后第九日，在市民游行抵制下鹤山市政府表示不予立项。这九日，利益相关公众的激烈反对；江门市政府通过官微宣传核电知识，邀请专家释疑，试图安抚民意；项目投资方似乎未能出现在公众视野，正面回应公众问题。项目一旦遭遇公众游行等激烈反对立即被喊停，基本可以反映，现阶段我国能源环境项目公众参与的基本样式。

项目主体直接与公众对话的自觉意识还没有完全建立起来。类似事件，政府、业主总会强调项目技术上的科学性和已有建设的安全性，传播和沟通路径，还没有完全跨过专业与大众的分野，很多时候还停留在自说自话的程度。未来，核电企业是否有足够的勇气和能力走到聚光灯下，走到质疑、辩论的前台，甚至与反对者面对面，用大众听得懂的语言对话。

已有立法规定的公众参与机制，实践中难以发挥作用。公众参与项目建设，从法律规范角度，已有环境影响评价、社会稳定风险评估及有关行政许可应采用公示、听证会方式征求公众意见的立法。原国家环境保护总局颁布《环境影响评价公众参与暂行办法》确立了公开环境信息、征求公众意见公众参与的一般要求，建设项目环境影响报告书编制、环保主管部门环评文件审批过程如何组织公众参与的内容。本案的发生便是基于《国家发展改革委重大固定资产投资项目社会稳定风险评估暂行办法》（发改投资〔2012〕2492 号）确立的项目社会稳定风险评估法规政策。表明立法要求的社会稳定风险评估，发挥了其了解利益相关者立场的功能，但其实未能就核项目必然面临的核安全质疑和邻避效应，按照风险调查、风险识别、风险防范的评估体系，作出对项目投资主体优化项目建设、化解邻避风险有益的意见。

根据《环境影响评价法》能源、自然资源开发等规划在编制过程中，要求编制机关对可能造成不良环境影响并直接涉及公众环境权益的规划，应当在该规划草案报送审批前，举行论证会、听证会等，征求有关单位、专家和公众对环境影响报告书草案的意见。但是公众参与规划环评的实践显少举行，本案“核燃料产业园区”规划可以肯定是没有经过法定公众参与程序的。

由于已有立法体现的公众参与价值层次低，尚未触及核心关键，解决利益公平和风险公平问题，需继续推进。公众参与国家法律政策的研究，应关注公众参与机制的有效性、可操作性，包括将公众参与分步扩展到规划、建设、运营全过程；明晰各阶段、环节公众参与程序启动主体、时间、议案征集、参与主体范围、会商答辩流程、记录公开等组织公众参与的规则。当然，公众参与事项不单是立法问题，执法环境和公众自我教育的改进也是不可或缺。

核能项目特殊性，决定了完善公众参与制度，保障公众项目利益相关决策的参与，是合理推进国内核项目建设绕不开的进程。本案，针对核能项目决定的沟通计划都是在咨询技术专家建议的基础上由政府或监管机构做出的，然后告知公众希望获取他们的支持。但这类试图说服人们接受决策、接受风险信息的举动，很容易被公众怀疑其客观性。传统的依赖政府或专家制定、缺少公众咨询的决策过程事实上可能导致负面效果。推进公众参与根本在于相关利益者的利益协调。通过法治建设，建立和调动公众全过程参与，充分表达相关方立场，减少对相邻公众利益的损害，增加建设项目的公正和有效性。业主和公众在国家法规政策搭建的组织形式内，充分交锋、碰撞、辩论，协调利益分歧，构建项目开发建设风险与利益平衡。因此，必须采取相应措施让公众参与决策过程。另一方面，大力发展核电是国家能源战略之一，若各方不能采取有效举措，反核事件随着开发加速，矛盾激化会愈演愈烈，可能增加核电产业发展前景的不确定性和外部环境的困难度。

核安全监管、应急知识教育、防范机制、环保及经济补偿等公共政策严重不足。现今国家核能安全监管依靠的只是一部《放射性污染防治法》，以及 8 部行政法规和一些部门规章。公众最关注的关于“核损害赔偿”问题，只有国务院发的一个函。核电工业经过半个多世纪的发展，主要的核大国在推动公众了解核电科学，改变社会接纳程度方面，有许许多多经验供学习借鉴。以国际成功的经验为参照，对邻避项目的建设，从规划设计到建设运营全过程明确立法，公众参与信息公开贯穿始终，并配以有效的应急知识教育、防范机制、环保及经济补偿。

二、桃花江核电站启动困局

（一）桃花江核电站项目背景

湖南桃花江核电有限公司成立于2008年5月21日，由中国核能电力股份有限公司、华润电力工程服务有限公司、中国长江三峡集团公司、湖南湘投控股集团有限公司共同出资组建，中国核能电力股份有限公司控股。规划容量为四台AP1000压水堆核电机组（4×1 250兆瓦），分期开工建设，1号机组原计划于2010年4月开工浇灌第一罐混凝土，单台机组建设周期为56个月，计划于2015年4月投入商业运行，每两台机组间隔10个月。最终开工时间以项目核准时间为准。4台机组全部建成后，年发电量最高可达380亿千瓦时。桃花江核电项目于2006年5月开始启动，2008年2月，国务院核电领导小组会议精神同意桃花江核电项目开展前期准备工作。

目前，桃花江核电站已经开展并完成了厂址专题外委、初步可行性研究、厂址安全分析报告、厂址环境影响报告、可行性研究、技改科研项目、四通一平设计等工作，进厂道路2008年5月15日正式开工建设，I标、II标已土石方开挖施工，III标正在进行施工准备。2008年7月15日已完成土石方开招、评标等工作。日本福岛核事故引发了政府和公众对核电安全的高度担忧，我国内陆核电全面停止，从国家核电发展政策取向看，重新启动的也只是沿海项目，内陆项目的启动在可预见的将来仍然看不到重启的希望。2013年、2014年和2015年的全国两会期间，湖南团都有代表或者委员提“加快重启内陆核电建设”的议案或者提案，2015年两会期间，湖南省人大代表提交了一份题为《关于尽早启动湖南桃花江核电站建设的提案》，湖北省人大代表也有关于启动湖北大畈核电站建设的提案或提议。

（二）案例评析

我国目前在运在建的核电项目均位于沿海地区，福岛核事故之前国务院同意开展核电建设前期工作的内陆核电项目仅有“两湖一江”三个（湖南桃花江、湖北大畈和江西彭泽），2008年2月，国家发改委下发了同意湖南桃花江、湖北大畈和江西彭泽三个内陆核电项目开展前期准备工作的文件。在福岛核事故之后均未获核准。内陆核电项目停止核准给已经成立的内陆核电公司及其投资者造成了严重损失，以桃花江核电占为例，从2008年开始前期准备工作，截至2013年年底，项目签约金额近160亿元，累计完成固定资产投资46.3亿元。

我国已基本完成内陆核电前期准备和论证，“两湖一江”（桃花江、湖北大畈和江西彭泽）三个内陆核电项目现场准备已达到随时开工的条件。内陆核电项目未获国务院核准的主要原因是民众对于内陆核电安全的担忧，因而内陆核电建设的必要性和安全问题至关重要。

据启动桃花江核电站提案的提案人称，开工建设桃花江核电站具有现实必要性。湖南一次能源资源禀赋差、对外依存度高，无石油和天然气资源，煤炭资源储量少，水电基本开发完毕，新能源资源不丰富且开发成本高，电力供需季节性矛盾明显。“十二五”以来，湖南省每年需长距离输煤，据测算，湖南电煤价格达到了全世界最高，火电上网电价全国第二，直接影响经济运行和居民生活成本，发展核电是湖南解决经济社会发展中能源瓶颈问题的最佳现实选择。

实际上，内陆核电站并不比沿海核电站更不安全。国内外对内陆与沿海发展核电的要求没有本质差别，无论国际原子能机构、各主要核电国家，还是我国有关核安全法规要求，对滨海核电站和内陆核电站在安全目标和评价准则上是完全相同的，从国际经验看，内陆建设核电站是可行的、安全的，截至2014年年底，全球超过一半（57.9%）的在运核电机组位于内陆地区，主要核电大国中，美国、法国、俄罗斯内陆核电比例均高于60%，安全性已得到充分验证。此外，我国内陆核电站拟采用的第三代压水堆核电技术，安全系数比世界上在运的第二代核电技术高100倍，我国也制定了比美国等发达国家更为严格的排放标准，因此，内陆核电站的安全运行以及固体废物、废液、废气达标排放是完全有保障的。

然而，民众对核电项目（包括乏燃料设施）的选址、建设的所谓“邻避效应”值得城乡发展规划和能源（核电发展规划）以及核电项目核准部门的高度重视，如果在规划编制阶段充分听取公众意见，也许在项目核准阶段能够取得公众的理解和支持；同时，如何处理经济发展和尊重民众对环境及安全的关切的紧张关系，避免出现某些对于有助于促进经济社会发展和更大范围内的社会公共利益而不至于因项目邻近民众情绪化的反对而搁浅的问题，更是现代能源法治建设亟待解决的重大现实问题。

第六章　可再生能源行业法律政策观察

2014 年是可再生能源深度复苏的一年，海上风电首次定价、光伏政策深度推进、能源互联网与智能电网的火热，为这个行业开启了新的希望之窗。但同时 2014 年也使可再生能源陷入了迷惘：风电电价面临重大调整、分布式推进受阻、弃风弃光顽疾难除，使行业道路更加崎岖难行。在经济新常态下，电力、煤炭、油气等能源产品需求放缓；以往能源产品短缺，上项目、扩规模是过去 30 年的常态，现阶段煤炭、电力均出现过剩，煤炭行业仍在“熬冬”，发电行业虽进入最好的时期，但未来电力增长空间非常有限，市场竞争也将变得激烈。在大气污染治理、结构调整需求下，清洁能源得到前所未有的发展机遇，其在国内能源生产和消费中所占的比重不断增加，但距离成为替代能源、主体能源的角色，仍有漫长的路要行走。在此形式下，2014 年出台了一系列相关的法律政策：《关于大型水电企业增值税政策的通知》、《新建电源接入电网监管暂行办法》、《关于下达 2014 年光伏发电年度新增建设规模的通知》、《关于进一步加强光伏电站建设与运行管理工作的通知》、《关于推进分布式光伏发电应用示范区建设的通知》、《关于加强和规范生物质发电项目管理有关要求的通知》等。

第一节　2014 年重大法律政策

一、财政部、国家税务总局发布《关于大型水电企业增值税政策的通知》

2014 年 2 月 12 日，财政部、国家税务总局发布《关于大型水电企业增值税政策的通知》（财税〔2014〕10 号）。通知调整了大型水电企业增值税优惠政策：①装机容量超过 100 万千瓦的水力发电站（含抽水蓄能电站）销售自产电力产品，自 2013 年 1 月 1 日至 2015 年 12 月 31 日，对其增值税实际税负超过 8% 的部分实行即征即退政策；自 2016 年 1 月 1 日至 2017 年 12 月 31 日，对其增值税实际税负超过 12% 的部分实行即征即退政策。②通知所称的装机容量指单站发电机组额定装机容量的总和。该额定装机容量包括项目核准（审批）机关依权限核准（审批）的水力发电站总装机容量（含分期建设和扩机），以及后续因技术改造升级等原因经批准增加的装机容量。③《财政部国家税务总局关于三峡电站电力产品增值税税收政策问题的通知》（财税〔2002〕24 号）、《财政部 国家税务总局关于葛洲坝电站电力产品增值税政策问题的通知》（财税〔2002〕168 号）、《财政部关于小浪底水利工程电力产品增值税政策问题的通知》（财税〔2006〕2 号）、《国家税务总局关于黄河上游水电开发有限责任公司电力产品增值税税收政策问题的通知》（国税函〔2004〕52 号）自 2014 年 1 月 1 日起废止。

二、国家能源局发布《新建电源接入电网监管暂行办法》

2014 年 2 月 28 日，国家能源局发布《新建电源接入电网监管暂行办法》（国能监管〔2014〕107 号）。办法共分四章二十三条，自 2014 年 4 月 1 日起施行，有效期为 3 年。

电网企业办理新建电源项目接入电网书面答复业务的期限应当符合下列规定：自发电企业与电网企业协商提出新建电源项目接入电网之日起，电网企业组织研究并出具书面答复的期限：①国务院核准的新建核电项目不超过

40 个工作日；②国务院投资主管部门核准的新建燃煤（含低热值煤）、燃气等火电项目不超过 40 个工作日；主要流域上建设的水电站项目（含水利工程和航电枢纽的水力发电机组）不超过 40 个工作日；③省投资主管部门核准的新建燃煤背压热电、燃气热电、非主要流域上建设的水电站、风电站等电源项目不超过 30 个工作日；④新建并网光伏电站项目及分布式光伏发电项目按国家有关规定执行，其他分布式发电项目参照执行。

新建电源项目和送出工程均核准后 30 个工作日内，电网企业与发电企业应签订接网协议，并报送国家能源局及其派出机构备案。接网协议包括但不限于新建电源项目本期规模、开工时间、投产时间，配套送出工程投产时间，产权分界点，电力电量计量点，违约责任及赔偿标准等。其中，新建电源项目和送出工程建设周期原则上参考相关工程建设定额周期有关规定。

三、国家能源局《关于公布创建新能源示范城市（产业园区）名单（第一批）的通知》

2014 年 1 月 8 日，国家能源局发布《关于公布创建新能源示范城市（产业园区）名单（第一批）的通知》（国能新能〔2014〕14 号）。

通知主要明确以下事项：①根据新能源示范城市评价指标，经对各地上报的新能源示范城市（产业园区）发展规划进行复核，确定北京市昌平区等 81 个城市和 8 个产业园区为第一批创建新能源示范城市和产业园区。②新能源示范城市（产业园区）建设应以促进城市可持续发展为目标，结合新型城镇化建设，遵循新城镇、新能源、新生活的发展理念，确立可再生能源优先发展战略，充分利用当地可再生能源资源，积极推动各类新能源和可再生能源技术在城市区域供电、供热、供气、交通和建筑中的应用，显著提高城市可再生能源消费比重。③新能源示范城市（产业园区）建设要创新可再生能源开发方式，探索多种可再生能源优化组合、可再生能源与常规能源相互协调的综合利用模式。要充分发挥市场机制作用，调动各类投资主体和需求主体的积极性，通过技术创新、商业模式创新、政策和管理创新等激发市场活力。

④新能源示范城市（产业园区）建设要加强规划统筹协调，将新能源示范城市（产业园区）建设纳入经济社会发展规划和年度计划，并提出约束性发展指标。要将新能源示范城市（产业园区）发展规划纳入地区和城市建设规划体系，做好新能源示范城市（产业园区）发展规划与城市节能规划、供热规划和配电网规划的衔接，不断完善适应可再生能源开发利用的基础设施体系。⑤鼓励银行业金融机构支持新能源示范城市（产业园区）建设。国家能源局联合国家开发银行开展新能源示范城市金融创新试点，鼓励金融机构建立地方投融资平台，为新能源示范城市（产业园区）建设提供创新性金融服务，建立适合分布式新能源特点的融资模式，优先安排信贷资金规模，对小规模企业和个人，采取统借统还模式予以支持。⑥电网企业积极做好新能源示范城市（产业园区）的配套电网建设，优化电力系统运行，为分布式发电应用以及风电等可再生能源电力的本地消纳提供系统支持，不断提高新能源城市（产业园区）区域电力系统消纳可再生能源电力的能力。

四、国家能源局《关于下达 2014 年光伏发电年度新增建设规模的通知》

2014 年 1 月 17 日，国家能源局发布《关于下达 2014 年光伏发电年度新增建设规模的通知》（国能新能〔2014〕33 号）。明确 2014 年度新增建设规模安排及有关要求通知如下：① 2014 年光伏发电建设规模在综合考虑各地区资源条件、发展基础、电网消纳能力以及配套政策措施等因素基础上确定，全年新增备案总规模 1 400 万千瓦，其中分布式 800 万千瓦，光伏电站 600 万千瓦。各省（区、市）具体新增规模指标见附件。②各省（区、市）2014 年新增享受国家补贴资金的光伏发电项目备案总规模原则上不得超过下达的规模指标，超出规模指标的项目不纳入国家补贴资金支持范围。个人在住宅区域内建设的小型分布式光伏发电项目，在受到地区规模指标限制时，省级能源主管部门可向国家能源局申请增加相应规模指标。鼓励各地优先备案采用新技术、新产品的光伏发电项目。……⑤请电网企业依据年度建设规模安排，及时制定配套电网建设方案，协调推进配套电网建设和改造，及时做好光伏发电项目的电网接入和并网运行服务工作。对分布式光伏发电项目，电网企业要保障用户安全可靠用电，及时做好电量计量、电费结算和国家补贴资金转拨等工作。

五、国家能源局《关于进一步加强光伏电站建设与运行管理工作的通知》

2014 年 10 月 9 日，国家能源局发布《关于进一步加强光伏电站建设与运行管理工作的通知》（国能新能〔2014〕445 号）。

要求创新光伏电站建设和利用方式。要求各地区加强对荒漠化土地、荒山荒地、滩涂、废弃物堆放场、废弃矿区以及各类未利用土地资源的调查，鼓励建设与生态治理、废弃或污染土地治理或者贫困县扶贫工作相结合的光伏电站项目，鼓励建设与现代设施农业、养殖业以及智能电网、区域多能互补清洁能源示范区相结合的光伏电站。优先支持有关省（区、市）建设以推动光伏技术进步、集成技术应用和光伏发电价格下降的示范工程以及新能源示范省（区、市）、新能源示范城市、绿色能源县建设规划中的光伏电站项目。

六、国家能源局《关于推进分布式光伏发电应用示范区建设的通知》

2014 年 11 月 21 日，国家能源局发布《关于推进分布式光伏发电应用示范区建设的通知》（国能新能 [2014]512 号），公布列入国家首批基础设施等领域鼓励社会投资项目的 30 个分布式光伏发电应用示范区的名单。要求各示范区应开展发展模式、投融资模式、电力交易模式和专业化服务模式创新。鼓励示范区政府与银行等金融机构合作开展金融服务创新试点，通过设立公共担保基金、公共资金池、风险补偿基金等方式，解决分布式光伏发电应用的融资难问题。鼓励示范区开展分布式光伏发电区域电力交易试点，允许分布式光伏发电项目向同一变电台区的其他电力用户直接售电，电价由供用电双方协商，电网企业负责输电和电费结算。示范区能源主管部门组织有关企业提出电力交易试点方案，征求当地电网企业意见后报国家能源局。

七、国家发改委发布《关于海上风电上网电价政策的通知》

2014 年 6 月 5 日，国家发展改革委发布《关于海上风电上网电价政策的通知》（发改价格 [2014]1216 号）。鼓励优先开发优质资源，明确海上风电上网电价有关事项。对非招标的海上风电项目，区分潮间带风电和近海风电两种类型确定上网电价。2017 年以前（不含 2017 年）投运的近海风电项目上网电价为每千瓦时 0.85 元（含税，下同），潮间带风电项目上网电价为每千瓦时 0.75 元。鼓励通过特许权招标等市场竞争方式确定海上风电项目开发业主和上网电价。通过特许权招标确定业主的海上风电项目，其上网电价按照中标价格执行，但不得高于以上规定的同类项目上网电价水平。

八、国家能源局《关于印发全国海上风电开发建设方案（2014—2016）的通知》

2014 年 12 月 8 日，国家能源局发布家《关于印发全国海上风电开发建设方案（2014—2016）的通知》（国能新能〔2014〕530 号）。

列入全国海上风电开发建设方案（2014—2016）项目共 44 个，总容量 1 053 万千瓦，具体项目见方案附表。列入开发建设方案的项目视同列入核准计划，应在有效期（2 年）内核准。在有效期内尚未完成核准的项目须说明原因，重新申报纳入开发建设方案。对于今后具备条件需纳入开发建设方案的新项目，待开发建设方案滚动调整时一并纳入。要求各省（区、市）发展改革委、能源局加强与海洋、海事、军事等部门沟通协调，简化管理程序，认真落实项目建设条件，督促项目建设单位深化前期工作，协调解决项目建设面临的矛盾和问题，积极有序推进项目建设，保证项目建设秩序，按风电项目核准权限核准项目建设，做好监督管理。

九、国家发改委办公厅《关于加强和规范生物质发电项目管理有关要求的通知》

2014 年 12 月 9 日，国家发展改革委办公厅发布《关于加强和规范生物质发电项目管理有关要求的通知》（发改办能源 [2014]3003 号）。为加强和规范生物质发电项目管理，促进生物质发电可持续健康发展，通知主要明确四条意见：①鼓励发展生物质热电联产，提高生物质资源利用效率。具备技术经济可行性条件的新建生物质发电项目，应实行热电联产；鼓励已建成运行的生物质发电项目根据热力市场和技术经济可行性条件，实行热电联产改造。②加强规划指导，合理布局项目。国家或省级规划是生物质发电项目建设的依据。新建农林生物质发电项目应纳入规划，城镇生活垃圾焚烧发电项目应符合国家或省级城镇生活垃圾无害化处理设施建设规划。③农林生物质发电项目严禁掺烧化石能源。已投产和新建农林生物质发电项目严禁掺烧煤炭等化石能源。加强对农林生物质发电项目运行的监督，依据职责分工，能源、财政、价格主管部门按照有关规定对农林生物质发电项目掺烧煤炭等违规行为进行调查和处理，收回骗取的国家可再生能源基金补贴，并依据情节轻重处以罚款、取消补贴、追究项目法人法律责任等处罚。④规范项目管理。农林生物质发电非供热项目由省级政府核准；农林生物质热电联产项目，城镇生活垃圾焚烧发电项目由地方政府核准。

第二节 阳光观察：评论与展望

一、风电政策评析

2014 年，中国风电政策看点颇丰。我国政府仍将风电发展作为能源革命、能源结构调整和国家能源安全的重要一环加以大力支持。陆上电价进行了调整，海上电价顺利出台，陆上和海上风电的核准工作也有序进行。虽然 2013 年弃风限电有所缓解，但国家主管部门仍在 2014 年出台多项举措力图进一步减少弃风限电，同时开始实施风电整机及关键零部件型式认证，建立全国风电设备质量信息监测评价体系。

（一）战略与计划

在核准计划或建设方案方面，2014 年我国相关主管部门主要发布了三个备受关注的文件。第一个文件是与核准计划相关的《关于印发“十二五”第四批风电项目核准计划的通知》。其中列出了“十二五”期间第四批风电核准计划的项目总装机容量 2 760 万千瓦。并明确要求电网公司做好这些列入核准计划的项目的配套电网建设、并网支持性文件办理、电网接入和消纳等工作，从而确保配套电网建设与风电项目建设同步投产和运行。在此批核准的项目中，低风速地区的项目占比明显较高，弃风限电地区的项目占比更低。而在此之前，国家能源局发布了《关于加强风电项目核准计划管理有关工作的通知》，取消了纳入“十二五”第一批核准计划管理的 30 个项目，共计 174.35 万千瓦。原因是这些项目虽然已列入“十二五”第一批风电项目核准计划，但并未完成核准工作。

与上述两个文件有所不同的是，《关于印发全国海上风电开发建设方案(2014—2016) 的通知》主要涉及了我国海上风电项目的建设计划。该方案涉及天津、河北、辽宁、江苏、浙江、福建、广东、海南八个省市，共 44 个项目，总装机容量为 1 053 万千瓦。与之前 8 月份全国海上风电促进会上公布的“草案”相比，增加了 26 万千瓦容量。同时规定，列入此方案的项目，相当于列入了核准计划，因此需在有效期内核准。同时该方案还强调，为规范海上风电设备市场秩序，开发企业选用的海上风电机组须经有资质的第三方认证机构的认证，未通过认证的设备不能参加投标。

对于风电发展的工作计划和未来战略，2014 年的不少政府文件、研究报告都有涉及，其中三个文件最受瞩目。2014 年新年始伊，针对当年的能源工作，国家能源局发布了《关于印发 2014 年能源工作指导意见的通知》。提出坚持集中式与分布式并重、集中送出与就地消纳结合，稳步推进风电等可再生能源发展。确定 2014 年的新增风电装机目标为 18 兆瓦。要求制订、完善并实施可再生能源电力配额及全额保障性收购等管理办法，逐步降低风电成本，力争 2020 年前实现与火电平价。优化风电开发布局，加快中东部和南方地区风能资源开发。有序推进 9 个大型风电基地及配套电网工程建设，合理确定风电消纳范围，缓解弃风弃电问题。稳步发展海上风电。

2014 年 3 月 24 日由国家发展改革委、国家能源局、环境保护部联合印发的《能源行业加强大气污染防治工作方案》，对能源领域大气污染防治工作进行全面部署。该方案确定了 4 个方面 13 项重点任务。其中 2 个方面与风电发展有直接关系：其一是要求通过加大向重点区域送电规模、推进油品质量升级、增加天然气供应、安全高效推进核电建设以及有效利用可再生能源等措施，大幅提高清洁能源供应能力，为能源结构调整提供保障。其二是从长远出发，加快转变能源发展方式，重点推动煤炭高效清洁转化、促进可再生能源就地消纳、推广分布式供能方式和加快储能技术研发应用，实现能源行业与生态环境的协调和可持续发展。

由国务院办公厅印发的《关于印发能源发展战略行动计划(2014—2020 年)的通知》有几点涉及了风电。在推行区域差别化能源政策方面，要求大力优化东部地区能源结构，鼓励发展有竞争力的新能源和可再生能源。在优化能源结构方面，要求积极发展可再生能源等清洁能源，降低煤炭消费比重，推动能源结构持续优化。在大力发展可再生能源方面，提出的发展计划与国家能源局在《关于印发 2014 年能源工作指导意见的通知》中所提到的内容基本相同。

以上三个文件在涉及风电的条款中，基本上都使用了“积极发展”或“大力发展”等字眼，但在《关于印发 2014 年能源工作指导意见的通知》和《关于印发能源发展战略行动计划 (2014—2020 年) 的通知》中所提到的到 2020 年“风电与煤电上网电价相当”，仍不免引起广泛争议。有专家认为这样的目标对风电发展并非利好，意味着国家或将压缩风电上网电价。并且该目标也可能较难实现，因为电价下降的必要前提是技术进步或成本下降，风电技术在短期内很难大幅度的进步，而设备成本的压缩已经相当困难，工程、人工成本仍在不断上升。何况如果将环境污染、工人伤亡、地形改变、交通运输成本及煤电补贴等完全成本进行测算对比后，目前的风电电价并不高，其完全成本与煤电相比差不多，甚至还低。

从 2014 年的一些政策和报告中可以发现，国家对于风电乃至可再生能源的规划目标和发展期望较高，对于风电产业发展基本有利，这在国家能源局于 1 月 8 日发布的《关于公布创建新能源示范城市 (产业园区) 名单 (第一批) 的通知》及国家发展改革委于 8 月 20 日公布的《西部地区鼓励类产业目录》也有直接体现。《西部地区鼓励类产业目录》中部分省、区、市新增鼓励类产业涉及风能、太阳能等新能源产业。《关于公布创建新能源示范城市 (产业园区) 名单 (第一批) 的通知》所附的名单中，则确定了包括北京市昌平区等 81 个城市和 8 个产业园区为第一批创建新能源示范城市和产业园区。

（二）管理与规范

为了促进风电产业的有序健康发展，主管部门在 2014 年出台了一系列规范风电市场、风电开发的管理通知。其中，国家能源局于 7 月 29 日发布的《关于加强风电项目开发建设管理有关要求的通知》和 9 月 5 日发布的《关于规范风电设备市场秩序有关要求的通知》分别对风电项目开发建设和风电设备市场提出了要求。

《关于加强风电项目开发建设管理有关要求的通知》主要涉及了五个方面的内容，其中有三个方面的内容涉及了风电消纳问题，国家主管部门对于该问题的关注可见一斑。这三个方面主要包括：其一，电网企业要根据风电发展规划和风电项目前期安排认真开展风电消纳市场评估，周密论证电网接入系统技术方案，加强和项目建设单位的沟通衔接，为风电开发建设提供良好的服务。其二，电网企业应根据年度实施方案，认真做好风电场项目接入以及配套送出工程建设工作，及时完成各风电项目接入系统专题评审，出具接入电网意见，将风电送出工程投资列入当年或次年年度投资计划，及时开工建设，确保与风电项目同步投产。国家能源局对项目接入和配套送出工程建设情况进行定期检查并公布结果。其三，坚持把风电运行状况作为风电开发建设的基本条件。对市场消纳能力充足，不存在弃风限电情况的省(区、市)，原则上不限制新建项目规模；对局部地区存在弃风限电情况的省(区、市)，应限制新建项目的建设规模，并避免新建项目在弃风限电地区的布局；对于弃风限电情况较为严重的省(区、市)，原则上不安排新建项目规模。鼓励建设分散式接入风电项目。

此外，该文件还对风电项目开发建设的其他细节工作做了要求：列入年度实施方案的风电项目应有不少于一个完整年的测风资料，测风数据有效完整率不低于90%，并应落实土地使用、环境保护、水土保持等建设条件。国家能源局汇总形成风电年度实施方案，并于年初公布。列入年度实施方案的风电项目作为享受可再生能源基金补贴的依据。统筹推进重点项目和示范项目。积极支持风电供暖项目。

《关于规范风电设备市场秩序有关要求的通知》对出质保问题进行了要求：通过统一质量保证期验收的技术规范、建立质量保证期验收和争议解决机制、强化出质保验收信息公开，来规范风电设备质量验收工作。该通知也对招标工作进行了规范性要求：严禁地方政府干预招投标工作、建立规范透明的风电设备市场、充分发挥行业协会自律作用，来构建公平、公正、开放的招标采购市场。同时，通知还谈到通过建立全国风电设备质量信息监测评价体系、加强风电设备质量问题分析、加强风电市场信息披露和市场监管工作来加强风电设备市场的信息披露和监管。

此外，该通知使用了较大的篇幅，对加强检测认证确保风电设备质量提出了三点要求，并明确指出接入电网的风电机组及关键零部件必须经过型式认证：一是实施风电设备型式认证。接入公共电网(含分布式项目)的新建风力发电项目所采用的风力发电机组及其关键零部件，须进行型式认证。2015年7月1日起实施。二是强化型式认证结果的信用。风电开发企业进行设备采购招标时，应明确要求采用通过型式认证的产品。通过认证的风电设备，任何企业应采用相应的结果，不得要求重复检测。三是加强检测认证能力建设。

除对风电设备认证工作有了更高要求外，2014年国家能源局发布的《关于下达2014年第一批能源领域行业标准制(修)订计划的通知》及其附件里，共罗列了627项能源领域行业标准制订、修订计划，其中涉及风电产业的有38项，分为风电工程建设、方法、产品和管理4类标准。

(三)并网与消纳

在风电的并网与消纳工作上，除《关于加强风电项目开发建设管理有关要求的通知》在三个方面有所涉及外，国家能源局于2014年4月14日出台了更有针对性的《关于做好2014年风电并网消纳工作的通知》，总结了2013年我国风电并网和消纳取得了积极成效，严重的弃风限电得到了有效缓解，内蒙古、吉林、甘肃酒泉等弃风严重地区的限电比例有下降，全国风电平均利用小时数同比增长180小时左右，其风量同比下降50亿千瓦时。

该通知以附件形式将2013年度各省(区、市)风电年平均利用小时数进行了公布，同时还对2014年的风电并网和消纳工作提出了要求：充分认识风电消纳的重要性、着力保障重点地区的风电消纳、加强风电基地配套送出通道建设、大力推动分散风能资源的开发建设、优化风电并网运行和调度管理、做好风电并网服务。

在上述文件发布之前，国家能源局为了规范新建电源接入电网系统工作，确保新建电源公平无歧视接入电网提供保障，曾于2月28日发布了《新建电源接入电网监管暂行办法》。该办法对自发电企业与电网企业协商提出新建电源项目接入电网之日起，电网企业组织研究并出具书面答复的期限进行了规定，其中，对风电站电源项目的该期限规定为不超过30个工作日。另外还规定，电网企业、发电企业应严格执行接网协议，相互配合，确保电源电网同步建成投产。因单方原因造成投产时间迟于接网协议约定时间并给对方造成损失的，违约方应根据约定标准向对方进行经济赔偿。

关于风电消纳管理，国家发展改革委在5月18日发布的《关于加强和改进发电运行调节管理的指导意见》中也有所涉及。第十一条中提到年度发电计划在确保电网安全稳定的前提下，全额安排可再生能源上网电量。第十四条提到各省(区、市)政府主管部门应积极推动清洁能源发电机组替代火电机组发电，高效、低排放燃煤机组替代低效、高排放燃煤机组发电。第十五条则要求送受电应贯彻国家能源战略规划，充分利用水能、风能、太阳能等清洁能源。第十七条要求电网企业应制定保障可再生能源全额上网的并网措施。可再生能源发电企业应满足并网运行的标准和要求，加强资源预测，保障运行平稳。第二十条要求在电网安全和供热受到影响时，可再生能源发电企业也应通过购买辅助服务等方式适当参与调峰。第三十三条则指出，电力供需形势缓和时，在优先调度可再生能源和清洁能源的基础上，对燃煤机组生产运行进行优化组合，有序调停部分机组，提高发电负荷率，减少资源消耗和污染物排放。

虽然我国政策以大力支持风电并网与消纳，且对风电并网与消纳的安全要求是正确且必要的，但因需要“确保电网安全稳定”，容易成为风电并网政策消极执行的托词。而对加强资源预测的要求，也在执行时造成不同程度的解读，从而使一些地区的发电企业增加了成本。此外，也有专家认为在电网安全和供热受到影响时，可再生能源发电企业也应通过购买辅助服务等方式适当参与调峰的规定，似乎难以体现可再生能源全额收购或优先并网的初衷，使本应受补贴的可再生能源增加了更多负担。

（四）电价与扶持

刚进入 2015 年，有企业已收到国家发展改革委价格司发布的《关于适当调整陆上风电标杆上网电价的通知》，宣告此次风电电价调整尘埃落定。该通知文号为“发改价格 [2014]3008 号”，发文时间为 2014 年 12 月 31 日。该通知同 9 月所发布征求意见稿中的设想方案有较大调整，下调幅度有所减小。电价政策方面，将 I 类、II 类和 III 类资源区风电标杆上网电价每千瓦时降低 2 分，IV 类风区维持不变。同时该规定适用于 2015 年 1 月 1 日以后核准的陆上风电项目，以及 2015 年 1 月 1 日前核准，但于 2016 年 1 月 1 日以后投运的陆上风电项目，从而被理解为新电价政策为 2015 年以前的核准项目留出了约一年时间的窗口期。

新的电价政策发布伊始，《风能》通过中国风能协会微信对该政策进行了解读，在价格下调后，一部分项目净资产收益率将低于银行基准利率，从而不再具有投资价值。而山西、安徽等一部分风能资源较好、项目存量较大的Ⅳ类资源区，由于电价未下调，将迎来发展机遇。此外，此项政策的推出，在时间节点上也可能引发抢装潮，但由于Ⅳ类资源区电价并未调整，而被核准的Ⅰ类、Ⅱ类、Ⅲ类资源区项目占比不大，且越来越少，使该项政策的影响范围有所降低。

2014 年的电价政策看点颇丰，除了陆上风电电价调整外，2014 年 6 月 5 日国家发改委发布了《关于海上风电上网电价政策的通知》，对海上风电上网电价进行了规定与区分，潮间带风电项目的上网电价为每千瓦时 0.75 元，近海风电项目上网电价为每千瓦时 0.85 元。同时，该通知明确适用时间是 2017 年以前，并不含 2017 年投运的海上风电项目。

在海上风电电价公布后，有专家通过测算认为，此次海上风电电价标准略低，只有资源情况好、施工难度低、管理水平高的项目能够盈利。因此，地方政府如果能够给予资金扶持，会对海上风电开发起到较大的促进作用。

在全国海上风电电价公布前，上海市发展和改革委员会、上海市财政局共同发布了《可再生能源和新能源发展专项资金扶持办法》，规定对于上海市的风电项目，根据实际上网电量，对项目投资主体给予奖励，奖励时间是连续 5 年。奖励标准为陆上风电每千瓦时 0.1 元，海上风电每千瓦时 0.2 元。同时，该扶持办法也有两项限制，其一是只针对 2013 年至 2015 年投产发电的项目，其二是单个项目年度奖励金额不超过 5 000 万元。虽然上海市范围内的资源禀赋一般，可供风电开发的土地也并不是特别丰富，但作为较有力度的地方性扶持政策，毕竟不只是说说而已，而是迈开了扎实的一步。

一直以来，很多人看到风电获得了补贴资金，但实际情况是其补贴资金规模远远小于煤电。对于本身利润并不高，且作为国家战略性新兴产业的风电而言，电价政策的影响极大，其稳定与否对于产业发展非常重要。虽然风电在发展战略上得到了国家及法律的大力支持，但弃风限电等问题依然存在，有部门或企业仍然“说一套、做一套”，并未真正去支持风电发展，反而利用一些技术、标准、安全等理由限制风电。因此，如何使各方真正心甘情愿、脚踏实地地支持风电等可再生能源发展，或是未来仍需进一步解决的问题。2014 年我国政府发布的风电相关政策见表 6-1。

表 6-1　2014 年我国政府发布的风电相关政策

发表时间	文件标题	文号	发文单位
2014.1.6	关于加强风电项目核准计划管理有关工作的通知	国能新能〔2014〕24 号	国家能源局
2014.1.8	关于公布创建新能源示范城市（产业园区）名单（第一批）的通知	国能新能〔2014〕14 号	国家能源局
2014.1.20	关于印发 2014 年能源工作指导意见的通知	国能规划〔2014〕38 号	国家能源局
2014.1.28	关于印发《国家能源局 2014 年市场监管工作要点》的通知	国能综监管〔2014〕94 号	国家能源局综合司
2014.2.8	关于印发《发电机组并网安全性评价管理办法》的通知	国能安全〔2014〕62 号	国家能源局
2014.2.13	关于印发“十二五”第四批风电项目核准计划的通知	国能新能〔2014〕83 号	国家能源局
2014.2.14	关于恢复全省风电建设有关事项的通知	云发改能源〔2014〕250 号	云南省发展和改革委员会
2014.2.28	关于印发《新建电源接入电网监管暂行办法》的通知	国能监管〔2014〕107 号	国家能源局
2014.3.24	关于印发能源行业加强大气污染防治工作方案的通知	发改能源〔2014〕506 号	国家发改委、国家能源局、环保部
2014.4.3	关于印发服务新能源企业“走出去”协调工作机制的通知	国能综新能〔2014242 号	国家能源局综合司
2014.4.14	关于做好 2014 年风电并网消纳工作的通知	国能新能〔2014〕136 号	国家能源局
2014.4.21	关于印发《上海市可再生能源和新能源发展专项资金扶持办法》的通知	沪发改能源〔2014〕87 号	上海市发改委、上海市财政局
2014.5.18	关于加强和改进发电运行调节管理的指导意见	发改运行〔2014〕985 号	国家发改委
2014.5.18	关于发布首批基础设施等领域鼓励社会投资项目的通知	发改基础〔2014〕981 号	国家发改委

2014.5.31	关于联合发布《能源管理体系认证规则》的公告	2014 年第 21 号	中国国家认证认可监督管理委员会、国家发改委
2014.5	关于进一步加强风电建设项目环境影响评价管理工作的通知	云环发〔2014〕50 号	云南省环保厅
2014.6.5	关于海上风电上网电价政策的通知	发改价格〔2014〕1216 号	国家发改委
2014.6.7	关于印发能源发展战略行动计划（2014—2020 年）的通知	国办发〔2014〕31 号	国务院办公厅
2014.6.9	关于修订我省风电场并网运行管理实施细则有关条款的通知	—	山东省能源监管办
2014.6.23	关于下达 2014 年第一批能源领域行业标准制（修）订计划的通知	国能科技〔2014〕298 号	国家能源局
2014.7.1	关于印发风力发电场、光伏电站并网调度协议示范文本的通知	国能监管〔2014〕330 号	国家能源局、国家工商行政管理总局
2014.7.1	关于印发风力发电场、光伏电站购售电合同示范文本的通知	国能监管〔2014〕331 号	国家能源局、国家工商行政管理总局
2014.7.29	关于加强风电项目开发建设管理有关要求的通知	国能新能〔2014〕357 号	国家能源局
2014.8.20	西部地区鼓励类产业目录	发改委令第 15 号	国家发改委
2014.8.21	关于公布可再生能源电价附加资金补助目录（第五批）的通知	财建〔2014〕330 号	财政部、国家发改委、国家能源局
2014.9.5	关于规范风电设备市场秩序有关要求的通知	国能新能〔2014〕412 号	国家能源局
2014.10.12	关于开展新建电源项目投资开发秩序专项监管工作的通知	国能监管〔2014〕450 号	国家能源局
2014.10.23	关于深圳市开展输配电价改革试点的通知	发改价格〔2014〕2379 号	国家发改委
2014.12.8	关于印发全国海上风电开发建设方案（2014-2016）的通知	国能新能〔2014〕530 号	国家能源局
2014.12.31	关于适当调整陆上风电标杆上网电价的通知	发改价格〔2014〕3008 号	国家发改委

二、光伏政策评析

2014 年国家陆续出台了一系列推进光伏应用、促进光伏产业发展的政策措施，各省市也积极响应，纷纷为光伏产业保驾护航。下面来看一下 2014 年我国太阳能光伏行业政策汇总及 2015 年预期。

（一）2014 年光伏主要政策

1 月 13 日，全国能源工作会议在京召开，能源局部署十大任务。1 月下旬，国家能源局印发《关于下达 2014 年光伏发电年度新增建设规模的通知》（国能新能〔2014〕33 号）。相较于 11 月发布的《征求 2013 年、2014 年光伏发电建设规模意见》，此次全国装机量总规模由 12 吉瓦增加到 14.05 吉瓦，其中地面电站由 400 兆瓦上升到 605 兆瓦，分布式 800 兆瓦保持不变，其中浙江、江苏、山东并列分布式前三位。2 月，国家能源局正式宣布，2014 年中国将新增光伏发电装机 1 400 万千瓦（其中分布式占 60%），并公布 31 省市装机规模。相关太阳能光伏行业政策可查阅中国报告大厅发布的《2015—2020 年太阳能光伏行业深度分析及“十三五”发展规划指导报告》。1 月 20 日，《国家能源局关于印发 2014 年能源工作指导意见的通知》（国能规划〔2014〕38 号）。

2 月 17 日，国家认监委和国家能源局《关于加强光伏产品检测认证工作的实施意见》（国认证联〔2014〕10 号）。

3 月，工业和信息化部办公厅、国家开发银行办公厅《关于组织推荐 2014 年光伏产业重点项目的通知》（工信厅联电子函〔2014〕116 号）；国家能源局印发《新建电源接入电网监管暂行办法》的通知（国能监管〔2014〕107 号）；国家能源局发布《关于印发加强光伏产业信息监测工作方案的通知》（国能新能〔2014〕113 号）。

4 月，国家能源局发布《关于明确电力业务许可管理有关事项的通知》。

5 月，国家能源局制定印发《能源监管行动计划（2014—2018 年）》；同月，国家能源局综合司《关于加强光伏发电项目信息统计及报送工作的通知》（国能综新能〔2014〕389 号）。

6 月 3 号，工信部公告第二批《光伏制造行业规范条件》企业名单（52 家）；

国家能源局发布《关于加强新能源示范城市建设信息统计和监测工作的通知》（国能新能〔2014〕253 号）；随后，国家能源局下发《关于推荐分布式光伏发电示范区的通知》。

7 月，国家能源局发布《关于加强光伏电站建设和运行管理工作的通知》（征求意见稿）以及《关于进一步落实分布式光伏发电有关政策的通知》（征求意见稿）（国能综新能〔2014〕514 号）。

8 月 20 日，为深入实施西部大开发战略，促进西部地区产业结构调整和特色优势产业发展，国家发改委发布了《西部地区鼓励类产业目录》，太阳能等产业所得税 15%；财政部发布《可再生能源电价附加资金补助目录（第五批）》（财建〔2014〕489 号）。

9 月 4 日，国家能源局发布《关于进一步落实分布式光伏发电有关政策的通知》（国能新能〔2014〕406 号），即“分布式新政”。随后，国家能源局正式下发《关于加快培育分布式光伏发电应用示范区有关要求的通知》（国能新能〔2014〕410 号）并披露《2015—2020 年可再生能源配额考核办法征求意见稿》。同月，国家能源局下发《关于做好 2015 年中央预算内投资战略性新兴产业（能源）专项有关工作的通知》（国能综规划〔2014〕684 号）。9 月 30 日，工信部《光伏制造行业规范条件》企业名单（第三批）（28 家）。

10 月 9—12 日，国家能源局发布《关于进一步加强光伏电站建设与运行管理工作的通知》（国能新能〔2014〕445 号）；国家能源局、国务院扶贫办发布《关于印发实施光伏扶贫工程工作方案的通知》（国能新能〔2014〕447 号）；国家能源局发布《关于开展新建电源项目投资开发秩序专项监管工作的通知》（国能监管〔2014〕450 号）。10 月 15 日，国家能源局发布《关于增加新疆 2014 年光伏发电年度建设规模的通知》。10 月 29 日，国家能源局下发《关于规范光伏电站投资开发秩序的通知》（国能新能〔2014〕477 号）。

11 月，国务院办公厅发布《能源发展战略行动计划（2014—2020 年）》（国办发〔2014〕31 号）；11 月 28 日，工信部公布《光伏制造行业规范条件》企业名单（第三批）（19 家）。

12月，国家认监委发布《并网光伏电站性能监测与质量评估技术规范（申请备案稿）》意见征求函；同月24日，国家能源局下发《关于推进分布式光伏发电应用示范区建设的通知》（国能新能〔2014〕512号）；国家能源局综合司下发《关于做好太阳能发展“十三五”规划编制工作的通知》（国能综新能〔2014〕991号）和《关于做好2014年光伏发电项目接网工作的通知》（国能综新能〔2014〕998号）。

（二）2014年光伏政策亮点评析

1. 十五条新政一扫产业诸多阻碍

分布式光伏新政《关于进一步落实分布式光伏发电有关政策的通知》（以下简称《通知》）的出台，迅速点燃了分布式光伏市场的开发热情，被业内视为最积极、有效的光伏政策之一。《通知》对分布式光伏发电的定位、应用形式、屋顶资源统筹、项目工程标准、质量管理、项目备案、发展模式、示范区建设、电网介入、并网运行、电费结算、补贴拨付、融资、产业体系公共服务、信息统计、监测体系、监督15个方面做了规定。

分布式光伏发电产业一直存在着一些“老大难”问题，制约产业发展，例如屋顶使用协调难、贷款融资困难、售电收益不确定、并网时间长以及符合长期稳定性难以保证等。15条扶持新政的出炉，有望解决这些难题，推动产业再迎春天。

通知提出，开发商项目备案时可自由选择“自发自用、余电上网”或“全额上网”，且允许已选“自发自用、余电上网”用户在用电负荷减少、消失或供电关系无法履行的情况下，自由转换为“全额上网”模式，享受当地光伏标杆上网电价政策。这一政策直接保障了分布式光伏项目的投资收益。按照光伏标杆电价测算，其最低收益率在8%以上，对分布式光伏的推动有实质性意义。

与此同时，35千伏以下电压等级接入电网（东北地区66千伏及以下）、单个项目容量不超过2兆瓦的地面或利用农业大棚等无电力消费设施建设，也纳入分布式光伏发电规模指标管理，执行当地光伏电站标杆上网电价。

分布式光伏新政有益于促使东西部土地、屋顶资源同时释放，可有效平衡全国光伏市场的发展。以历来缺电严重、土地资源紧张的中东部地区为例，在年初下达的2014年光伏建设的规模指标中，中东部的山东、江苏、浙江和广东都有1吉瓦左右的分布式项目，在新政出台前，项目始终推进不畅，目标很难完成。随着新政的下发，荒山荒坡、废弃土地、鱼塘滩涂等土地资源将发挥效用，成为建设光伏项目的最佳选择，对中东部的电力缺口也将起到补充作用；对于一直以开发大型集中式光伏电站为主的西部地区，在配额有限的情况下，也可释放出部分屋顶资源。

行业对光伏新政中“光伏农业大棚”概念较为敏感。相比滩涂、鱼塘等地面资源，光伏农业大棚的建设需要更加谨慎。在不违反国家《土地法》的原则下和不影响植物生长、保护植被的基础上进行建设，也可对光伏产品进行创新，找到适合的方式和途径。中长期来看社会资本转向分布式光伏电站开发和运营环节是大势所趋。

2. 探索示范区兼顾多方利益诉求

分布式示范区内的光伏项目，不仅可享受建设规模按照“先行备案，后追加规模指标”的操作方式，同时还被允许向同一变电台区的符合政策和条件的电力用户直接售电，电价由供需双方协商，电网则负责输电和电费结算。

电网配套设施建设和电网企业的配合力度，历来是行业最为关注的焦点。从数据分析来看，电网在消纳分布式光伏中至关重要。分布式光伏发展较好的省份，当地电网的配合工作也较为主动积极。以国网浙江嘉兴供电公司为例，为支持光伏项目落地，在开辟“绿色通道“后，超前规划未来5年高、中、低压电网，逐步实现了光伏无障碍接入，目前效果显著，浙江全省近50%的并网装机量来自嘉兴市。

光伏示范区此次继续承担第三方购电的试点工作，这一政策被业内视为继国家发改委文件7月下发的“迎峰度夏”政策的延续。2014年7月，国家发改委文件中明确提出全力消纳清洁能源的这一基本方针，同时要求供电企业在规范交易规则、明确输配电价的基础上，积极稳妥推进电力用户向发电企业直接购电的试点。要求各地探索供需双方直接交易的市场化机制，严格执行国家节能减排和产业政策，妥善兼顾政府、电力企业、用户等各方的不同利益诉求，不得强制规定交易对象、交易电量与电价。

3. 对症下药破解产业融资难题

一直以来，融资问题都是分布式光伏行业发展的“老大难”。在此之前，国家能源局也曾多次召集金融机构商讨解决分布式光伏融资难的问题，并相继出台了《分布式光伏发电项目管理暂行办法》与《支持分布式光伏发电金融服务的意见》等，试图为分布式光伏发电的发展破局；而业界也在一直呼吁从融资、并网及电价补贴等关键层面对政策进行调整。

在融资方面，《通知》鼓励银行等金融机构结合分布式光伏发电的特点和融资需求，对分布式光伏发电项目提供优惠贷款，采取灵活的贷款担保方式，探索以项目售电收费权和项目资产为质押的贷款机制。要求创新分布式光伏发电融资服务。而这又具体表现在方式创新和产品创新上。

方式创新，即“鼓励银行等金融机构与地方政府合作建立分布式光伏发电项目融资服务平台，与光伏发电骨干企业建立银企战略合作关系……建立以个人收入等为信用条件的贷款机制，逐步推行对信用度高的个人安装分布式光伏发电设施提供免担保贷款”。而产品创新则指的是《通知》所列举的“鼓励各类基金、保险、信托等与产业资本结合”。这些融资方面的政策，对光伏发电产业融资难问题进行了对症下药。除融资政策本身外，全额上网及电价补贴方式的全新提法将有效地激发业内对分布式的投资热情。

（三）2015 年光伏行业政策展望

2015 年国家对光伏产业一如既往的重视不会让人意外，更希望政策能产生相应的市场结果让人意外。

当前中国光伏产业最大的困惑是：政策力度强，市场需求强，市场供应能力强，市场结果却极不理想。2013 年、2014 两年的光伏政策力度空前，2015 年是光伏发展“十二五”规划的最后一年，距离完成 35 吉瓦的目标并不太难。光伏政策效果值得期待。

三、水电行业政策评析

（一）水电项目审批权大力度下放

2014年10月31日，《国务院关于发布政府核准投资项目目录(2014年本)的通知》下放了部分水电项目审批权：在跨界河流、跨省(区、市)河流上建设的单站总装机容量50万千瓦及以上水电站项目由国务院投资主管部门核准，其中单站总装机容量300万千瓦及以上或者涉及移民1万人及以上的水电站项目由国务院核准；其余水电站项目由地方政府核准。抽水蓄能电站由省级政府核准。

近年来，我国各行业审批权下放或取消力度空前。能源行业也不例外。其中，抽水蓄能电站核准权下放至省级政府，也与国家发展改革委发布的《关于完善抽水蓄能电站价格形成机制有关问题的通知》和《关于促进抽水蓄能电站健康有序发展有关问题的意见》，一并成为抽水蓄能电站行业2014年的三大利好政策。

同时，由于在水电未来规划中，容量超过300万千瓦及移民超过1万人及以上的水电项目已经不多，所以可以判定，此次下放力度相当之大。水电行业在“十二五”期间发展迅速，但是项目审批过程手续复杂、拖延时间长等问题一直是行业面临的突出问题，也为行业内各企业所诟病。审批权的下放无疑是对项目的“松绑”。

但是，审批权的下放也带来了一些新的问题。当前水电项目的核准，需要经过环保、国土、林业等多个部委的“点头”，且各部委都有一票否决权。不可否认，这也是保证项目达到环境保护、水土保持等要求的重要方法。但是，只有前面所有部委一致通过之后，才能送到国家发展改革委进行最终的核准。如果单将最后这道程序下放至省级，这可能导致省级部门协调部委部门的局面发生。同时，对于跨界河流和跨省市河流上的项目，该如何定义？是按站址算还是按照河流流域算？业内人士对此也提出了疑问。

（二）两部制电价激活抽蓄行业

2014年7月31日，国家发展改革委发布《关于完善抽水蓄能电站价格形成机制有关问题的通知》，明确电力市场形成前，抽水蓄能电站实行两部制电价。其中，容量电价主要体现抽水蓄能电站提供备用、调频、调相和黑启动等辅助服务价值，按照弥补抽水蓄能电站固定成本及准许收益的原则核定；电量电价主要体现抽水蓄能电站通过抽发电量实现的调峰填谷效益，主要弥补抽水蓄能电站抽发电损耗等变动成本。

这是国家相关主管部门首次针对抽水蓄能电站行业独立制定明确的电价形成机制。抽水蓄能电站在被冷落多年之后，迎来大规模建设机遇期。

抽水蓄能电站是电网系统中的“蓄水池”——水多了的时候可以把水存下来，待水少了的时候拿来用。抽水蓄能电站是大型电网安全、高效运行的重要调节器，起到调峰、调频、调相、黑启动、事故备用等功能。数据显示，截至 2013 年年底，我国抽水蓄能电站投产容量已达 2 154.5 万千瓦，约占全国电力总装机的 1.7%。这一比重远低于日本 9% 的占比，也低于大多数装机容量在 1 亿千瓦的国家。

随着我国电力装机规模不断增大，以及用电负荷和峰谷差持续加大，抽水蓄能电站的建设愈发显得重要，而我国也正在这方面做出努力。根据国家能源局印发的《水电发展“十二五”规划》，在“十二五”期间全国新开工抽水蓄能 0.4 亿千瓦，到 2015 年抽水蓄能装机达到 0.3 亿千瓦，到 2020 年抽水蓄能装机达到 0.7 亿千瓦。2014 年 11 月 1 日，国家发展改革委再次发布《关于促进抽水蓄能电站健康有序发展有关问题的意见》明确，到 2025 年，全国抽水蓄能电站总装机容量达到约 1 亿千瓦，占全国电力总装机的比重达到 4% 左右。

电价收益机制一直是羁绊抽水蓄能电站发展的重要因素。因为抽水蓄能电站运行抽 4 度（1 度＝ 1 千瓦时，下同）电的水，只能发出 3 度电，所以每发一度都意味着电网企业的成本增加，这也导致了当前抽水蓄能电站“能不用就不用”的局面。两部制电价的实施，被认为是厘清这一矛盾的有效措施。

但是，人们也应该清醒地认识到，两部制电价机制意味着电站盈利主要靠赚取抽发电价的差价，抽得越多、发得越多、赚得越多，这也可能导致“能多发就多发”的局面。

（三）三峡工程整体竣工验收启动

2014 年 6 月 24 日，国务院副总理、国务院长江三峡工程整体竣工验收委员会主任汪洋主持召开验收委员会第一次全体会议，部署安排三峡工程整体竣工验收工作。他强调，要以对国家、对人民、对历史高度负责的精神，依法、严格、科学、规范地组织开展竣工验收，为进一步做好三峡后续工作、深化长江开发治理和长江经济带建设奠定坚实基础。

从论证到建设，三峡工程从来都没有缺少过关注。对于这样一个巨型的跨世纪工程，再怎么关注都不为过。科学的、理性的观点碰撞，对于三峡工程有益。正如已故的潘家铮院士所说，对三峡工程贡献最大的是其反对者，“正是他们的追问、疑问甚至是质问，逼着你把每个问题都弄得更清楚，方案做得更理想、更完整，质量一期比一期好。”

2014 年 12 月 14 日，是三峡工程正式开工建设 20 周年纪念日。三峡工程具有防洪、发电、航运三大功能。从 11 年前开始蓄水发电，截至 2014 年年底，三峡工程发电量已累计超过 8 000 亿度，通过货物 7 亿吨，防洪效益显著。

当前对三峡工程的质疑，并没有因为其在防洪、发电、航运方面的表现而减少。鱼类洄游、泥沙淤积、水库诱发地震等问题，仍旧是三峡工程的争议焦点。这种追问、疑问和质问对于运行中的三峡工程同样是件好事。

（四）大型电站密集投产

2014 年 6 月 26 日，我国第四大水电工程——糯扎渡水电站 9 台单机 65 万千瓦机组全部投产。6 月 30 日，我国第二大水电工程——溪洛渡水电站 18 台单机 77 万千瓦机组全部投产。7 月 7 日，我国第三大水电工程——向家坝水电站 8 台单机 80 万千瓦机组全部投产。7 月 12 日，我国第九大水电工程——锦屏一级水电站 6 台单机 60 万千瓦机组全部投产。11 月 29 日，我国第六大水电工程——锦屏二级水电站 8 台单机 60 万千瓦机组全部投产。至此，锦屏电站一、二级全部建成，共装 14 台单机 60 万千瓦。

无疑，2014 年可以被定义为我国大型水电站的收获之年。在装机容量前十名的电站中，有一半在2014年实现全部机组投产。这5个大型电站均为我国“西电东送”的骨干电源电站，对改善能源结构、保障能源安全意义重大。粗略算来，这5大电站每年将会提供1 500亿度清洁电力，占全国用电量的3%。[29]

但5大电站的意义不止于此。在提供清洁电力的同时，5大电站的投产也奠定和巩固了我国在水电建设领域的世界领先地位。其中，向家坝电站单机容量80万千瓦的机组，为世界最大单机容量水电机组，对于我国水电设备的制造水平具有明显的带动效应。坝高305米的锦屏一级混凝土双曲拱坝，为世界上已建的第一高坝；糯扎渡水电站的心墙堆石坝最大坝高261.5米，居同类坝型世界第三；溪洛渡水电站拱坝坝高285.5米。这些300米级大坝的建设，也将我国大坝建设推升至世界领先水平。同时，近年来我国众多大型水电站的建设，也为我国培养了一批经验丰富的技术人员、管理人员、科研人员，为水电的持续健康发展提供了坚实的人才保障。二十一世纪最贵的是什么？是人才。

（五）西藏跨入水电大规模开发时代

2014年11月23日，西藏自治区“十一五”和“十二五”规划重点能源项目，藏木水电站首台机组正式投产发电。西藏水电资源理论蕴藏量2亿千瓦，在全国各省区市中排名第一。西藏人口只有300万，人均理论蕴藏量达到60千瓦，是全国平均水平的60倍。

目前西藏电力市场规模很小，总装机刚刚超过100万千瓦。藏木水电站设计装6台单机容量8.5万千瓦的机组，原因之一便是更大容量的机组，任意一台出现故障都可能危及西藏中部整个电网的安全。受区内电力市场规模限制，西藏水电开发定位为外送。藏木水电站的开发，不仅能缓解枯水期西藏的电力短缺问题，在明年丰水期也将开启“藏电外送”的历史。

随着西南部地区水电已开发比例的不断提高，作为我国“西电东送”的

29 2014水电收获之年．中国能源报，2015-01-05(22).

能源接续基地，西藏水电大规模开发也已提上日程。“十三五”期间，西藏将再开工一批外送电源，期望投产和在建装机容量不低于 3 000 万千瓦。西藏水电开发即将进入新纪元。

西藏水电的开发，总有两个问题绕不开，一是环保，二是电价。环保是西藏水电开发的底线，在生态环境相对脆弱的高原地区做好环保工作，需要更多的投入和技术支撑。电价决定着电站的经济性，也能左右西藏水电的未来。受交通不便、运距远、设备降效等因素影响，西藏水电站建设成本相对较高，其度电开发成本目前甚至高于内地各省区市的火电脱硫标杆电价。所以，环保和电价将成为西藏水电开发绕不开的两道坎。

（六）西南水电弃水量大增

截至 2014 年年底，四川水电弃水已达到 100 亿千瓦时，为近 4 年来最多；2014 年云南弃水数据则在 200 亿千瓦时左右，其 2013 年弃水便已超过 100 亿千瓦时。[30] 近年来，我国西南部地区水电弃水问题突出，动辄上百亿千瓦时的清洁电力就被弃掉。一方面，我们在各个行业节能改造、提高能效，另一方面，却有大量的能源白白浪费。

四川水电弃水量之所以创新高，一方面是经济增速下滑，导致电量需求增速剧烈下降。其中，四川“十二五”规划中的电力需求年均增速高达 13%，但前三年平均增速只有 8%，2014 年估计只有 4% 多一点。规划与现实之间的差距之大，助长了弃水之势。另一方面，川内水电无法再搭外送通道的便车。四川部分水电装机在规划之初便定位在四川当地消纳，前几年丰水期间，富余的电力可以借道向家坝、锦屏等“西电东送”线路出川，但是随着 2014 年向家坝、锦屏等电站的全部投产，原本可以搭便车的通道空间也所剩无几，这也导致了弃水的增加。

从云南情况来看，弃水的存在，一方面源于厂网配置不协调、电力调度不合理；另一方面，也有地方政府存在利益纠缠的原因，从中作梗。从这么

30 2014 水电收获之年 . 中国能源报，2015-01-05(22).

多原因中找出主要矛盾，并寻求解决之道，固然有其困难，但这正是需要能源主观部门站出来的时候，从中斡旋、协调，以提高水电开发利用效率。连年的弃水，伤害了电厂的利益，对于整个节能减排工作无益，也透支着相关政府主管部门的威望。

值得注意的是，随着西藏水电的大规模开发，数量可观的西藏电力将通过青藏、川藏和滇藏联网送入内地。如何让西藏电力顺利跨过水电原本充裕的西南地区，需要统筹考虑。

四、生物质发电政策评析

（一）生物质发电产业政策

生物质发电是利用生物质所具有的生物质能进行的发电，是可再生能源发电的一种，分为农林废弃物发电和城镇生活垃圾发电，具体包括农林废弃物直接燃烧发电、生物质混合燃烧发电、农林废弃物气化发电、垃圾焚烧发电、垃圾填埋气发电、沼气发电等多种形式。

我国生物质资源丰富，可作为能源利用的生物质资源总量每年约 4.6 亿吨标准煤，但利用量仅为 2 200 万吨标准煤，利用率不足 1/20。[31]2013 年，我国生物质发电装机规模达到 850 万千瓦，年发电量 370 亿千瓦时，其中热电联产项目超过 100 万千瓦。预计到 2017 年实现生物质发电装机 1 100 万千瓦。我国生物质发电产业仍处于政策引导扶持期，其产业与上下游配套产业发展不协调、燃料的收储运困难、生物质发电运行成本高等问题有待在下一步的推进中得到解决。

国家发展改革委、国家能源局、环境保护部出台《能源行业加强大气污染防治工作方案》（发改能源 [2014]506 号），提出要积极促进生物质发电调整转型，重点推动生物质热电联产，到 2017 年实现生物质发电装机 1 100 万千瓦。

国家发展改革委《关于完善垃圾焚烧发电价格政策的通知》（发改价格

31 生物质能发展“十二五”规划（国能新能〔2012〕216 号）.

〔2012〕801 号）明确，各级价格主管部门要加强对垃圾焚烧发电上网电价执行和电价附加补贴结算的监管，做好垃圾处理量、上网电量及电价补贴的统计核查工作，确保上网电价政策执行到位。同时指出当以垃圾处理量折算的上网电量低于实际上网电量的 50% 时，视为常规发电项目，不得享受垃圾发电价格补贴；当折算上网电量高于实际上网电量的 50% 且低于实际上网电量时，以折算的上网电量作为垃圾发电上网电量；当折算上网电量高于实际上网电量时，以实际上网电量作为垃圾发电上网电量。

2014 年 12 月 9 日，国家发改委发布《关于加强和规范生物质发电项目管理有关要求的通知》（发改办能源 [2014]3003 号）提出四点要求：一是鼓励具备条件的新建和已建生物质发电项目实行热电联产或热电联产改造，提高生物质资源利用效率。二是加强规划指导，合理布局项目。国家或省级规划是生物质发电项目建设的依据，新建农林生物质发电项目应纳入规划，城镇生活垃圾焚烧发电项目应符合国家或省级城镇生活垃圾无害化处理设施建设规划。三是已投产和新建农林生物质发电项目严禁掺烧煤炭等化石能源。四是规范项目管理。农林生物质发电非供热项目由省级政府核准；农林生物质热电联产项目，城镇生活垃圾焚烧发电项目由地方政府核准。

（二）农林生物质发电上网电价标准

国家发改委《关于完善农林生物质发电价格政策的通知》，确定了全国统一的农林生物质发电标杆上网电价标准。一是对农林生物质发电项目实行标杆上网电价政策。未采用招标确定投资人的新建农林生物质发电项目，统一执行标杆上网电价每千瓦时 0.75 元 (含税)。通过招标确定投资人的，上网电价按中标确定的价格执行，但不得高于全国农林生物质发电标杆上网电价。二是对已核准的农林生物质发电项目 (招标项目除外)，上网电价低于上述标准的，上调至每千瓦时 0.75 元；高于上述标准的国家核准的生物质发电项目仍执行原电价标准。三是农林生物质发电上网电价在当地脱硫燃煤机组标杆上网电价以内的部分，由当地省级电网企业负担；高出部分，通过全国征收的可再生能源电价附加分摊解决。脱硫燃煤机组标杆上网电价调整后，农林生物质发电价格中由当地电网企业负担的部分要相应调整。

（三）垃圾发电的上网电价标准

根据国家发展改革委《关于完善垃圾焚烧发电价格政策的通知》，明确垃圾发电上网电价标准：一是以生活垃圾为原料的垃圾焚烧发电项目，均先按其入厂垃圾处理量折算成上网电量进行结算，每吨生活垃圾折算上网电量暂定为280千瓦时，并执行全国统一垃圾发电标杆电价每千瓦时0.65元(含税)。其余上网电量执行当地同类燃煤发电机组上网电价。二是垃圾焚烧发电上网电价高出当地脱硫燃煤机组标杆上网电价的部分实行两级分摊。其中，当地省级电网负担每千瓦时0.1元，电网企业由此增加的购电成本通过销售电价予以疏导；其余部分纳入全国征收的可再生能源电价附加解决。

（四）生物质发电相关扶持政策

一是接网费补贴。根据《可再生能源电价附加收入调配暂行办法》（发改价格[2007]44号），可再生能源发电项目接网费用是指专为可再生能源发电项目上网而发生的输变电投资和运行维护费，接网费用标准按线路长度制定，50千米以内为每千瓦时1分钱，50～100千米为每千瓦时2分钱，100及以上为每千瓦时3分钱。

二是电网公司全额接受生物质发电企业上网电量。根据《可再生能源电价附加收入调配暂行办法》，电网企业应当与依法取得行政许可或者报送备案的可再生能源发电企业签订并网协议，全额收购其电网覆盖范围内可再生能源并网发电项目的上网电量，并为可再生能源发电提供上网服务。

三是税收优惠。根据《中华人民共和国企业所得税法实施条例》，生物质发电企业享受企业所得税减免。根据条例，企业从事条款规定的符合条件的环境保护、节能节水项目的所得，自项目取得第一笔生产经营收入所属纳税年度起，第一年至第三年免征企业所得税，第四年至第六年减半征收企业所得税；以《资源综合利用企业所得税优惠目录》规定的资源作为主要原材料，生产国家非限制和禁止并符合国家和行业相关标准的产品取得的收入，减按90%计入收入总额。

第三节 重大事件及案例

一、海上风电电价政策和开发方案公布

2014年6月5日，国家发改委制定《关于海上风电上网电价政策的通知》，确定2017年以前(不含2017年)投运的近海风电项目上网电价为每千瓦时0.85元(含税，下同)，潮间带风电项目上网电价为每千瓦时0.75元。同时鼓励通过特许权招标等市场竞争方式确定海上风电项目开发业主和上网电价。12月12日，国家能源局发布《全国海上风电开发建设方案（2014—2016）》，44个海上风电项目列入开发建设方案，总容量达1 053万千瓦。

作为全球第一风电大国，中国不仅陆上风电资源丰富，同时海上风能资源潜力巨大。按照风电发展“十二五”规划，海上风电装机2015年要达到500万千瓦，2020年要达到3 000万千瓦。但截至2013年年底建成海上风电装机容量42.86万千瓦，仅占全国风电总装机容量的0.5%。海上风电发展滞后，除项目审批涉及部门较多等因素以外，一个最重要原因是标杆电价“不具吸引力”。国家新公布的电价政策和开发方案只是引导风电开发商“面朝大海”，至于能否“春暖花开”尚待观察。

二、国家能源局连续发文规范光伏发电开发秩序

为规范光伏发电开始秩序，国家能源局于2014年10月连续发布三个通知:《国家能源局关于进步一加强光伏电站建设及运行管理工作的通知》(国能新能〔2014〕445号)、《能源局关于开展新建电源项目投资开发秩序专项监管工作的通知》(国能监管〔2014〕450号)和《国家能源局关于规范光伏电站投资开发秩序的通知》(国能新能〔2014〕477号)。

国家能源局在《关于开展新建电源项目投资开发秩序专项监管工作的通知》中指出，“为规范新建电源项目投资开发秩序，控制电源项目工程造价，国家能源局将开展专项监管，对2013年7月至2014年9月各省电源项目备案、核准和投资开发情况摸底调查，并特别提出‘重点监管电源项目投产前的股

权变动情况’”。同期，国家能源局在《关于进一步加强光伏电站建设与运行管理工作的通知》中，也强调“禁止买卖项目备案文件及相关权益，已办理备案手续的光伏电站项目，如果投资主体发生重大变化，应当重新备案。”《国家能源局关于规范光伏电站投资开发秩序的通知》中提出“制止光伏电站投资开发中的投机行为，已办理备案手续的项目的投资主体在项目投产之前，未经备案机关同意，不得擅自将项目转让给其他投资主体。项目实施中，投资主体发生重大变化以及建设地点、建设内容等发生改变，应向项目备案机关提出申请，重新办理备案手续。”

上述三个文件都指出了目前光伏行业存在的顽疾“买卖备案文件”。据了解，一些企业通过与地方政府、中介机构合作，优先获得优质电源项目开发资格，在获得核准(备案)文件或项目投产后，通过股权合作方式转让给外来开发企业，以获得丰厚利润。这类企业只关注电站转手带来的利润，并不关心电站的建设质量及发电效益，在增加项目建设成本的同时，还给光伏电站的建设质量带来了隐患。因此，规范新建电源项目投资开发秩序，坚决制止新建电源项目投机行为至关重要。新通知的出台，规范了光伏行业前期工作，打击了倒卖路条现象，推进行业健康有序的发展。

三、中国光伏应对“双反”

2014年12月17日，美国商务部公布了对华光伏第二次“双反”的终裁结果。其认定我国大陆的输美晶体硅光伏产品倾销幅度为26.71%～165.04%，补贴幅度为27.64%～49.79%；中国台湾地区的输美晶体硅光伏产品倾销幅度为11.45%～27.55%。和初裁结果相比，终裁结果显示，中国大陆产品在美的补贴幅度有所上升，这意味着有可能被征收更加严苛的反补贴税。

美国商务部在2011年对中国光伏产品发起“双反”调查后，又一次对同类产品发起“双反”调查，是一种变相的贸易保护主义。这种贸易保护主义对中美两国的光伏产业，特别是美国光伏上下游产业，都是不利的。美国对中国输美光伏产品征收“双反”关税将会导致美国太阳能产业增速放缓，抬高太阳能产品价格，减少美国就业岗位，同时，高额的倾销税和补贴税也对中国光伏上游产业的产品出口造成了巨大的影响。本次美国二次“双反”裁决在 2015 年 1 月 29 日美国国际贸易委员会的终裁后正式付诸实施 (海关正式开征“双反”关税)。

四、分布式光伏发电“嘉兴模式”评析

2014 年 7 月，时任国家能源局局长吴新雄在嘉兴调研时高度评价分布式发电的“嘉兴模式”。“嘉兴模式”一度被视为全国各地推广分布式光伏的范本。但另一方面这一模式具有“烧钱式高补贴”维系的是“面子工程”烙印。

（一）“五位一体”创新

嘉兴模式，始于中国光伏科技城，又称嘉兴光伏高新技术产业园区，园区面积近 15 平方公里，由政府耗资 10 亿元规划建成。2012 年，嘉兴政府在园区内开展光伏产业“五位一体”创新综合试点，大力推进分布式光伏发电应用。

“五位一体”包括产业基地建设、技术创新体系与机制、商业模式创新、智能电网局域网和政策集成支持创新。在“嘉兴模式”中，由园区作为独立第三方，设计统一的“三方协议”，统一与园区屋顶业主、投资方签订协议，制定规划，统一屋顶租赁、合同能源管理政策标准。

一是统一收集资源解决屋顶难找的问题。园区管委会对园内屋顶进行集中摸排，并组织园区内屋顶企业业主现场参观，提前与屋顶企业签订安装光伏电站协议，统一掌握用户屋顶资源，并编制规划。二是统一开发模式解决开发统筹难的问题。园区确定“集中连片、多样多元”的开发模式。“集中连片”，是指划分出 12 个 3 ～ 6 兆瓦装机容量建设基础的集中连片区，体现规模性、规范性、展示性。“多样多元”是指建设模式以屋顶为主，兼顾路灯、户外棚体等，应用单位以工业建筑为主，重点突破居民住宅户用，统筹考虑市政、科创园区等建筑载体，技术模式以成熟技术为主，兼顾薄膜、微逆、柔性等前端技术。三是统一资源利用避免屋顶资源无需竞争。园区内，

有统一的屋顶租赁、合同能源管理政策标准，明确电池及其组件等示范应用产品的质量标准，根据投资方的实力合理分配屋顶资源。四是统一电站管理解决电费收缴难、运营收益不确定。具体对策包括：①光伏高新区下属公司成立专业运维公司，负责内容包括：电费结算、运行维护等服务工作。②光伏高新区引进第三方专业运维公司——浙江电腾云光伏科技有限公司。该公司拥有一个基于云计算、物联网等技术的分布式电源智能管控系统，通过该系统可监测嘉兴各县(市、区)106个并网电站的整体情况、实时发电量等信息。该公司负责内容包括：分布式光伏电站的融资、营运、安全、计量、信息等一系列服务。五是应用分布式光伏创新保险模式解决分布式光伏风险无保障的问题。园区对这个问题的解决方案包括：①电站投资方签订《项目安全责任书》。②选择有良好信誉及偿付能力的商业保险公司为项目的建设和运营提供覆盖全面、保障完善、投保简明、补偿充分的保险保障。六是创新项目融资方案吸引投资。建设分布式光伏离不开资金支持。嘉兴的光伏项目在吸引投资方面有几点优势：①光伏高新区内项目最高可以获得2.7～2.8元/度补贴，投资回报期大幅缩短。②按照合同能源管理模式，屋顶业主可享受9折电价，节约的电费成本相当可观，还可以享受“绿色企业”评定加分等政策。

（二）“嘉兴模式”的四种操作途径

“嘉兴模式”由嘉兴光伏高新区管委会作为协调资源的中枢，并作为见证方与屋顶企业、项目投资方签订三方协议，统筹资源，具体操作模式大体上有四种：

第一种是屋顶资源业主在光伏办推荐下选择投资商出资建设，比如浙江龙腾科技发展有限公司提供屋顶资源，中广核太阳能（嘉兴）有限公司投资兴建的8.93兆瓦分布式光伏项目，屋顶资源业主可以享受自用电量9折电价的优惠。

第二种是租赁模式，业主将屋顶资源租赁给投资商，每年获得6元/平方米的租金收入。

第三种是合资参股模式，屋顶资源业主和投资商共同出资建设、经营项目，依据出资份额分享收益。

第四种是 EPC 合作（代建）模式，由屋顶资源业主出资，引进投资商承建，验收合格以后移交给屋顶业主自主经营。比如，福莱特光伏玻璃集团项目由公司自行投资 6 800 万元建设，国电光伏（江苏）有限公司负责 EPC 总包，项目建成以后所发电量以企业自用为主。

（三）高补贴难以为继

“嘉兴模式”享受国家、浙江省、嘉兴市、嘉兴光伏高新区的四重补贴。其中，国家标准按照发电量补贴 0.42 元 / 千万时，补贴年限为 20 年；浙江省补贴 20 年，前三年按照 0.3 元 / 千瓦时，后 17 年按照 0.1 元 / 千万时；嘉兴市补贴标准为 0.1 元 / 千瓦时；嘉兴光伏高新区则是按照装机容量给予 1 元 / 瓦的一次性补贴。

根据浙江省《关于下达 2013 年光伏发电项目计划的通知》，嘉兴光伏高新区分布式光伏发电项目一期共计 61 兆瓦。按此计算，仅是嘉兴光伏高新区，就需补贴 6 100 万元。多份已经投入运营的分布式光伏发电项目投资回报周期计算表显示，得益于“高补贴”，在嘉兴投资分布式光伏电站，投资回收年限平均是 6 年，对一些技术先进企业甚至更短。

以福莱特光伏玻璃项目为例，该项目总投资 6 000 万元，前 6 年平均年发电量为 888 万千瓦时，由此推算，该项目年平均电价收入为 702 万元，前 3 年平均年政府补贴为 728 万元，后 3 年平均年政府补贴为 462 万元，再加上嘉兴光伏高新区一次性装机补贴的 836.4 万元，投资回收期仅为 5.5 年。这也意味着，在该项目建成的前 3 年，政府补贴的金额要远高于发电所得。

“嘉兴模式”确实抬高了分布式光伏的推广成本。公开资料显示，浙江桐乡对于装机容量 0.1 兆瓦以上的示范项目按照装机容量给予 1.5 元 / 瓦的一次性奖励；安徽合肥的装机一次性补贴达到 2 元 / 瓦；江西正在推广的屋顶光伏发电示范工程一期将补贴 4 元 / 峰瓦，二期暂定 3 元 / 峰瓦。

当然，“嘉兴模式”也有自己的算盘，通过提高补贴的方式吸引投资商过来，不是纯粹为了吸引投资商做几个屋顶项目，而是想促进光伏产业集群发展，形成光伏产业链，在光伏技术推广应用、光伏装备制造等多方面取得更大突破。统计数据显示，2014 年 1 月至 11 月期间，嘉兴 28 家光伏制造企业工业总产值 214.9 亿元，同比增长 22.5%；利润 6.78 亿元，同比增长 103.7%。

但这种“烧钱式高补贴”不可能长期持续。根据嘉兴光伏高新区光伏办相关负责人回应，2014 年的建设项目按一次性装机容量 1 元 / 瓦的补贴，已经全部结束。根据目前的初步意见，2015 年将不以装机容量为标准进行补贴，而是以发电量的多少进行补贴，力度没有一次性装机容量大。

第七章　节能行业法律政策观察

随着我国经济的快速发展和工业化、城镇化进程的加快推进，能源需求不断增长，我国资源环境承载能力已达到或接近上限，能源问题日益成为制约经济社会发展和人民生活水平提高的瓶颈。据国家统计局公布的数据，2014 年我国单位生产总值能耗比 2013 年下降 4.8%，是近年最大降幅。据国家统计局公布的数据，从 2011 年至 2014 年，我国单位生产总值能耗分别比上年下降 2%、3.6%、3.7%、4.8%，即“十二五”以来，单位产值能耗降幅呈逐年扩大的态势。

根据以上数据还可算出，2014 年我国能源消费总量约为 38.4 亿吨标准煤，同比仅增长 2.2%，为 21 世纪以来最低增速。而发布的用电数据也显示，2014 年全国用电总量同比增长 3.8%，创下 21 世纪以来最低增速。同时，我国单位产值电耗下降 3.4%。尽管我国能耗呈逐年下降趋势，但情况不容乐观，有研究表明，我国单位 GDP 能耗是日本的 7 倍、美国的 6 倍，是印度的 2.8 倍。为了加快节能行业的发展，国家发改委等部门下发了一系列法律政策文件，为节能环保提出了更高要求，如《煤电节能减排升级与改造行动计划》、《燃煤锅炉节能环保综合提升工程实施方案》、《碳排放权交易管理暂行办法》、《2014—2015 年节能减排低碳发展行动方案》、《重大节能技术与装备产业化工程实施方案》、《关于加强工业节能监察工作的意见》等。

第一节 2014 年重大法律政策

一、国务院办公厅下发《关于印发能源发展战略行动计划（2014—2020 年）的通知》

2014 年 11 月 19 日，国务院办公厅日前下发《关于印发能源发展战略行动计划（2014—2020 年）的通知》，明确提出，要坚持“节约、清洁、安全”的战略方针，重点实施“节能优先、绿色低碳、立足国内、创新驱动”四大战略，加快构建低碳、高效、可持续的现代能源体系。

面对全球能源格局新变化，顺应国际能源发展新趋势，党中央国务院审时度势，2014 年上半年两次召开重要会议，研究我国能源安全和战略问题。习近平总书记主持召开中央财经领导小组第六次会议，听取关于能源安全问题的汇报，并发表重要讲话，确立了“四个革命”、“一个合作”的能源发展国策。李克强总理主持召开国家能源委员会第一次会议，研究讨论《行动计划》，明确了我国能源发展的战略方针和目标。《行动计划》是对这两次重要会议的集中贯彻落实，是今后一段时期指导我国能源发展的行动纲领。

把节约优先贯穿于经济社会及能源发展的全过程，是指不仅要在能源的供应和消费侧实现节能提效，还要重视调整和优化经济结构实现的能源节约，是一种系统节能的理念，这也是我国在继续坚持技术节能和管理节能的基础上，进一步挖掘节能潜力的重要方向。《行动计划》提出，到 2020 年一次能源消费总量控制在 48 亿吨标准煤左右，煤炭消费总量控制在 42 亿吨左右。

二、国家发改委等下发《煤电节能减排升级与改造行动计划（2014—2020 年）》

2014 年 9 月 12 日，国家发改委、环保部、国家能源局联合下发《煤电节能减排升级与改造行动计划（2014—2020 年）》（发改能源 [2014]2093 号），提出对煤电机组实施综合节能改造：因厂制宜采用汽轮机通流部分改造、锅炉烟气余热回收利用、电机变频、供热改造等成熟适用的节能改造技术，重点对 30 万千瓦和 60 万千瓦等级亚临界、超临界机组实施综合性、系统性节能改造，改造后供电煤耗力争达到同类型机组先进水平。

该计划提出，到 2020 年，现役燃煤发电机组改造后平均供电煤耗低于 310 克 / 千瓦时，力争使煤炭占一次能源消费比重下降到 62% 以内，电煤占煤炭消费比重提高到 60% 以上。

三、国家发改委等下发《燃煤锅炉节能环保综合提升工程实施方案》

2014 年 10 月 29 日，国家发改委、环保部等七部委联合下发了《燃煤锅炉节能环保综合提升工程实施方案》（发改环资 [2014]2451 号），提出通过加快推广高效锅炉、加速淘汰落后锅炉、加大节能改造力度、提升锅炉系统运行水平、推动高效锅炉产业化等手段，全面实施燃煤锅炉节能环保综合提升工程。

该方案提出的目标是：到 2018 年，推广高效锅炉 50 万蒸吨，高效燃煤锅炉市场占有率由目前的不足 5% 提高到 40%；淘汰落后燃煤锅炉 40 万蒸吨；完成 40 万蒸吨燃煤锅炉的节能改造；推动建成若干个高效锅炉制造基地，培育一批大型高效锅炉骨干企业；燃煤工业锅炉平均运行效率在 2013 年的基础上提高 6 个百分点，形成年 4 000 万吨标煤的节能能力；减排 100 万吨烟尘、128 万吨二氧化硫、24 万吨氮氧化物。

四、国家发改委下发《碳排放权交易管理暂行办法》

2014 年 12 月 10 日，国家发改委下发《碳排放权交易管理暂行办法》，自 2015 年 1 月起施行。这是自 2013 年下半年上海、北京、广东等七个试点省市试点碳排放权交易以来，全国性的碳排放交易管理办法的落地。该办法对碳交易配额管理、排放交易、核查与配额清缴、监督管理和法律责任等进行了规定。

首先，配额分配给予地方灵活性。办法规定，重点排放单位 (即纳入企业)

名单由省级碳交易主管部门提出并上报，省级碳交易主管部门依据国家标准提出本行政区域内重点排放单位的免费分配配额数量，同时各省、自治区、直辖市结合本地实际，可制定并执行比全国统一的配额免费分配方法和标准更加严格的分配方法和标准。这体现了“中央统一制定标准和方案、地方负责具体实施而拥有一定灵活性”的思路。

其次，交易平台将由国家指定。不同于7个试点市场各自交易的现状，全国市场的交易场所和方式将更为统一。管理办法规定，国务院碳交易主管部门负责确定碳排放权交易机构并对其业务实施监督。国务院碳交易主管部门负责建立和管理碳排放权交易注册登记系统(以下简称注册登记系统)，国家确定的交易机构的交易系统应与注册登记系统连接，实现数据交换。

第三，统一全国的碳核算和核查。管理办法规定，重点排放单位应根据国家标准或国务院碳交易主管部门公布的企业温室气体排放核算与报告指南，制定排放监测计划，每年编制其上一年度的温室气体排放报告。

五、国务院办公厅印发《2014—2015年节能减排低碳发展行动方案》

2014年5月15日，国务院办公厅印发了《2014—2015年节能减排低碳发展行动方案》（国办发〔2014〕23号，以下简称《行动方案》），进一步量化节能减排降碳指标、量化任务、强化措施，对2014—2015两年节能减排降碳工作作出具体要求。

该方案提出了2014—2015年两年节能减排降碳的具体目标：2014—2015年，单位GDP能耗、化学需氧量、二氧化硫、氨氮、氮氧化物排放量分别逐年下降3.9%、2%、2%、2%、5%以上，单位GDP二氧化碳排放量两年分别下降4%、3.5%以上。《行动方案》从八个方面明确了推进节能减排降碳的三十项具体措施，将今明两年能耗增量控制目标、燃煤锅炉淘汰任务、主要大气污染物减排工程任务、黄标车及老旧车辆淘汰任务分解落实到了各地区；提出了重点任务分工及进度安排，将重点工作落实到国务院有关部门，并明确了时间要求。

为了推进工业低碳转型，工业和信息化部、发展改革委决定联合组织开展国家低碳工业园区试点工作，并于 2014 年 7 月 7 日印发了（第一批）国家低碳工业园区试点名单。

六、国家发改委印发《单位国内生产总值二氧化碳排放降低目标责任考核评估办法》

2014 年 8 月 6 日，国家发改委印发《单位国内生产总值二氧化碳排放降低目标责任考核评估办法》（以下简称《考核评估方法》）的通知，要求对各地单位国内生产总值二氧化碳排放降低目标完成情况、各项目标责任落实等进行考核与评估。

此次印发的《考核评估方法》将单位国内生产总值二氧化碳排放降低目标首次正式纳入各地区（行业）经济社会发展综合评价体系和干部政绩考核体系，明确了考核评估对象、内容、周期、方法、步骤和奖惩措施，是强化政府责任、确保“十二五”二氧化碳排放强度降低目标实现的重要基础和制度保障。

根据《2014—2015 年节能减排低碳发展行动方案》等政策文件，国家发改委对各地区 2013 年度节能和控制能源消费总量目标完成情况、措施落实情况进行了现场评价考核，并于 2014 年 8 月 6 日发布了 2014 年国家发改委第 9 号公告，对考核情况予以了公布。

七、国家发改委等下发《重大节能技术与装备产业化工程实施方案》

2014 年 10 月 27 日，国家发改委、工信部联合下发《重大节能技术与装备产业化工程实施方案》（发改环资 [2014]2423 号）；提出到 2017 年，高效节能技术与装备市场占有率由目前不足 10% 提高到 45% 左右，产值超过 7 500 亿元，实现年节能能力 1 500 万吨标准煤。

方案指出，要强化科技创新体系建设，形成一批支撑节能技术与装备研发的高水平、基础性、战略性和前沿性机构；研发、示范 30 项以上重大节能技术，在高效锅炉、电机系统、余热余能利用、节能家电等领域形成一批拥有自主知识产权和核心竞争力的重大装备与产品，显著提高节能装备核心元器件、生产工艺核心技术以及先进仪器仪表的国产化水平；支持、引导节能关键材料、装备和产品制造业做大做强，形成一批有国际竞争力的骨干企业；推广重大节能技术与装备。

此外，国家还将建立多元化投资机制，鼓励风险投资基金、民间投资和外资加大对节能技术研发示范和节能装备制造企业的投入，并支持符合条件的节能技术装备制造企业上市融资、发行企业债券；通过完善和落实相关金融政策，建立促进重大节能技术与装备产业化的绿色融资机制。

八、工信部发布《关于加强工业节能监察工作的意见》

2014 年 3 月，工信部发布了《关于加强工业节能监察工作的意见》（工信部节〔2014〕30 号），其主要目标是：通过五年的努力，工业节能监察能力得到显著增强，工业企业节能法定义务和管理制度得到有效执行，重大节能政策措施得到有效落实，强制性节能标准得到有效贯彻，基本形成法律法规约束、政策标准支撑、企业主动节能、节能监察保障的工业节能监察实施机制，为实现工业节能目标提供强有力的保障监督能力。

其主要任务有：加强法律法规明确的工业企业节能义务及管理制度执行情况监察；加强重大节能政策措施落实情况监察；加强强制性节能标准贯彻实施情况监察；加强节能服务机构工作情况监察。

2014 年 4 月 11 日，工信部又配套发布了《2014 年工业节能监察重点工作计划》，确定了电解铝阶梯电价政策执行情况、电机能效提升计划执行情况、能耗限额标准贯彻执行情况、落后机电设备(产品)淘汰情况四个重点监察内容。

九、工信部印发《全国工业能效指南（2014 年版）》

为贯彻落实《节约能源法》，充分发挥能效标准、标识和行业能效标杆在促进工业企业持续提升能效方面的引领作用，工信部于 2014 年 12 月印发了《全国工业能效指南（2014 年版）》。

参照负面清单等管理模式，该指南系统整理了主要工业领域的节能数据、标准、标识，其主要内容包括：

“工业能效概况”主要系统分析整理了全国 2000 年以来重要节点年份的工业尤其是六大高耗能行业能源消费总量和结构数据。这些数据反映了我国工业节能的基本情况。

“行业和地区工业能效概况”主要收集整理了分行业工业能源消费量和强度数据，以及分地区的工业规模、能源消费总量和工业能源结构数据。这些数据主要用于指导地方政府总体把握工业节能工作。

“重点行业产品和工序能效”主要收集整理了重点用能行业单位产品能耗限额标准限定值、准入值和先进值，并汇编了行业能效标杆指标、行业平均指标和国际先进指标。这些数据主要用于指导开展工业能效对标达标等工作。

“高耗能设备（终端用能产品）能效”主要收集整理了风机、水泵、电机、锅炉、通用设备等工业领域主要耗能设备能效标准，汇编了能效限定值、节能评价值或 1 级能效指标，以及部分能效标杆设备指标。这些数据主要用于指导淘汰落后设备，推广先进节能设备产品。

第二节　阳光观察：评论与展望

一、能源新国策节能先行

进入 21 世纪以来，全球能源格局深刻变化，能源结构加快调整，清洁能源发展较快，多元化、清洁化和低碳化趋势明显；能源消费重心进一步向发展中国家转移，油气供应多极并存；国际能源资源竞争日趋激烈，主要国家都把能源问题作为国家安全的优先领域，很多国际政治、经济、外交、军事等方面的活动都是围绕能源在做文章。

我国已成为世界第一大能源消费国，伴随能源生产和消费的快速增长，环境污染和能源安全问题不断凸显。因此，要重点实施节约优先、立足国内、绿色低碳、创新驱动四大战略。

其中，节约优先战略，就是要大力提高能源效率，合理控制能源消费总量。行动计划明确，到2020年，一次能源消费总量控制在48亿吨标准煤左右，煤炭消费总量控制在42亿吨左右。

习近平总书记在中央财经领导小组第六次会议讲话中明确提出：面对能源供需格局新变化、国际能源发展新趋势，保障国家能源安全，必须推动能源生产和消费革命。这是我国能源发展的国策，基本要求可以概括为“四个革命”、“一个合作”。其中，推动能源消费革命，抑制不合理能源消费，就是要坚决控制能源消费总量，有效落实节能优先方针，把节能贯穿于经济社会发展全过程和各领域，坚定调整产业结构，高度重视城镇化节能，树立勤俭节约的消费观，加快形成能源节约型社会。

《能源发展战略行动计划（2014—2020年）》告诉我们，节约优先是能源发展永恒的主题。把节约优先贯穿于经济社会及能源发展的全过程，是指不仅要在能源的供应和消费侧实现节能提效，还要重视调整和优化经济结构实现的能源节约，是一种系统节能的理念，这也是我国在继续坚持技术节能和管理节能的基础上，进一步挖掘节能潜力的重要方向。

二、深度调结构控煤是关键

当前，我国能源结构性矛盾凸显：我国能源结构以煤为主，开发利用方式粗放，主要污染物和温室气体排放总量居世界前列。国家能源局原局长吴新雄在全国“十三五”能源规划工作会议上介绍，我国能源结构中化石能源比重偏高，煤炭消费比重高达66%，比世界平均水平高35.8个百分点；非化石能源占能源消费总量的比重仅为9.8%。

2014年，我国在煤电及燃煤锅炉的升级改造方面投入了巨大的力量，努力实现供电煤耗、污染排放、煤炭占能源消费比重“三降低”和安全运行质量、技术装备水平、电煤占煤炭消费比重“三提高”，打造高效清洁可持续发展的煤电产业“升级版”。

一是煤电机组煤耗标准将大幅降低。在技术选型上，新建机组将一律采用高参数、低能耗的节能环保型机组，严格能效准入门槛。伴随着史上“最严”火电烟气排放国标实施，东部地区部分机组排放改造后大气污染物排放浓度基本达到燃气轮机组排放限值。二是区域煤电布局将进一步优化。京津冀、长三角、珠三角等区域新建项目禁止配套建设自备燃煤电站。其他耗煤项目将实行煤炭减量替代政策。西部煤电东送规模将进一步扩大，西部地区锡盟、鄂尔多斯、晋北、晋中、晋东、陕北、宁东、哈密、准东等大型煤电基地开发将进一步科学推进。三是低热值煤发电将得到有序发展，淘汰小火电等落后产能工作将得到进一步开展。四是燃煤工业锅炉将得到进一步整治，高效锅炉将进一步推广，落后锅炉将加速淘汰，并加大节能改造力度，到2017年年底前，基本完成能效不达标的在用锅炉节能改造。

三、低碳新节能办法靠市场

控制温室气体排放是我国积极应对全球气候变化的重要任务，对于加快转变经济发展方式、促进经济社会可持续发展、推进新的产业革命具有重要意义。控制温室气体排放与节约能源是并行不悖的一个问题的两个方面。随着近段时间国际碳价的走低，国际碳交易市场呈现低迷走向，碳交易重心逐渐向国内市场和配额交易倾斜。2014年12月10日，发改委副主任解振华在联合国气候变化利马会议中国碳市场展望主题边会上表示，截至2014年11月底，北京、天津、上海、广州、湖北、深圳、重庆7个碳交易试点地区均共交易1 436万吨二氧化碳，累计成交金额突破了5亿元人民币，初步取得了良好效果。另据统计，7个碳交易试点地区纳入碳排放交易体系的配额总量将达到约12亿吨，控排企业约纳入2 000余家，中国成为继欧盟之后的第二大碳配额交易体系。

根据国务院《“十二五”控制温室气体排放工作方案》，2015年全国单位国内生产总值二氧化碳排放将比2010年下降17%，节能降耗、能源结构优化等为特征的低碳产业体系和生活方式初步形成。为此，2014年我国低碳节能发展迅猛，在碳交易规则、考核、科技推动等方面都推出了重大举措。

首先，经过一年半的地方试点，全国性的碳排放交易规则出台，将统一全国的碳交易平台、规则与核算，全国性碳交易市场迈出了实质性的一步。其次，节能低碳考核力度空前，特别是单位国内生产总值二氧化碳排放降低目标首次正式纳入各地区（行业）经济社会发展综合评价体系和干部政绩考核体系，这对于各地方政府积极推进低碳节能有着十分重要的作用。第三，节能低碳技术推广也驶入快车道。重点节能低碳技术申报、遴选、推广随着《节能低碳技术推广管理暂行办法》的实施而有据可依。

发展低碳节能的重要手段是利用市场机制，发挥市场在能源配置中的重要作用。由于2014年仍是国内碳配额交易的试点期间，总体交易量和影响仍然比较有限，碳配初始分配、碳配额融资担保等仍存在种种障碍。随着全国性碳交易的开展，应抓紧出台相关交易细则，进一步完善碳交易市场机制。

四、能效有标准节能强执法

随着能源资源的消耗和环境污染问题的加剧，节能这一概念日益深入人心。2010年11月，国家发改委《固定资产投资项目节能评估和审查暂行办法》施行，但如何在生产过程进行量化考评、如何进行节能执法一直未有细化操作指引。工信部《全国工业能效指南（2014年版）》系统整理了主要工业领域的节能数据、标准、标识，充分发挥了能效标准、标识和行业能效标杆在促进工业企业持续提升能效方面的引领作用，真正把《节约能源法》相关要求落到了实处。

做好节能领域，特别是工业节能领域的行政执法工作，对于贯彻实施国家强制性节能法规、标准有着决定性的意义。工信部首创了“节能监察”这一执法形式，把行政执法工作与专业指导有机结合起来，力争使得工业企业节能法定义务和管理制度得到有效执行，重大节能政策措施得到有效落实，强制性节能标准得到有效贯彻，基本形成法律法规约束、政策标准支撑、企业主动节能、节能监察保障的工业节能监察实施机制，为实现工业节能目标提供强有力的保障监督能力。

对于淘汰落后产能和产业结构调整工作，2014 年国家有关部委继续保持了高压态势，如对电石、铁合金行业等行业能耗限额继续开展专项整治工作，综合运用价格、行政执法等手段，推动行业转型升级。为防止高耗能企业利用“大用户直购电”等形式变相获得优惠，国家能源局和工信部于 2013 年下半年下发了《关于规范电力用户与发电企业直接交易有关工作的通知》，明确了“认真纠正各种变相的让利优惠行为。请按照国家关于电力用户与发电企业直接交易的政策开展自查，凡是存在用行政方式指定交易对象、交易电量、交易价格，以及指定向特定企业降价让利的，应立即纠正。”此项政策为杜绝高耗能行业利用“直购电”之名行“优惠电价”之实起到了很好的规范作用。

第三节　典型案例和重大事件

一、绿色金融助力节能金融服务

央行在 2014 年信贷政策中明确，要加大对产能严重过剩行业企业兼并重组整合过剩产能、转型转产、产品结构调整、技术改造和向境外转移产能、开拓市场的信贷支持；不对产能严重过剩行业新增产能项目和违规在建项目提供任何形式的新增授信支持。大力发展绿色信贷，不断提升节能环保、循环经济、防治大气污染领域金融服务水平。

2014 年 9 月 9 日，全国首单碳排放权质押贷款项目在武汉签约，这标志着碳金融创新取得重大突破，湖北碳排放权交易中心、兴业银行武汉分行和湖北宜化集团有限责任公司三方签署了碳排放权质押贷款和碳金融战略合作协议，即湖北宜化集团以 210.9 万吨碳配额作为质押担保，获得兴业银行 4 000 万元的质押贷款。其采用的评估标准，是按照约每吨 23.7 元的价格，该价格为湖北碳市场开市以来的日成交均价，在此基础上乘以 0.8，最终约为 4 000 万元。

自 2013 年下半年，上海、北京、广东等七个试点省市试点碳排放权交易以来，各地试点规则对碳排放配额融资担保问题规定各不相同。有的地区明确规定了碳排放配额可以设定“质押”，并具体规定了质押的办理程序和所需资料（如深圳）。有的地区只是规定了可以“探索”碳排放配额抵押、质押贷款。

从我国现行法律规定来看，根据我国《物权法》第 223 条规定，设立权利质权，需要有法律、行政法规层级的规定。因此，在法律、行政法规作出明确规定前，碳排放配额在我国法律体系中不能作为出质的权利。因此，本案中的碳排放配额“质押”可以理解为基于合同交易架构的担保行为。

我国《物权法》184 条采用反向列举的办法，列举了不得抵押的财产，其中第（六）项规定：“法律、行政法规规定不得抵押的其他财产。”但此处的“财产”是否包括“权利”？在我国，因土地所有权不能买卖和流转，故建设用地使用权被《物权法》明确列为可以抵押的权利类型；由此派生出探矿权、采矿权等用益物权均可设立权利抵押。因此，只要碳排放配额没有被法律、行政法规规定为不得抵押的财产，就可以成为抵押权标的。

因此，碳排放配额的担保的具体形式和操作规则，还有待于相关法律法规的进一步明确和细化。可以预见的是，随着全国性统一碳排放交易市场的建立和完善，碳排放配额担保将成为企业融资的重要工具和途径。

二、国际合作促进节能低碳

中国和美国这两个合起来“贡献”了全世界 40% 的碳排放量的工业大国，于 2014 年 11 月 12 日在北京共同发表《中美气候变化联合声明》，受到国际社会和舆论的广泛关注与积极评价。

中美气候变化合作始于 20 世纪 80 年代。迄今为止所发表的涉及气候变化合作的双边协议主要有：《能源和环境十年合作框架》（2008 年 6 月）、《关于加强气候变化、能源和环境合作的谅解备忘录》（2009 年 7 月）、《中美联合声明》（2009 年 11 月）、《中美联合声明》（2011 年 1 月）、《中美气候变化联合声明》（2013 年 4 月）等。由此可见，此次《中美气候变化联合声明》既非中美之间的第一份双边气候合作协议，亦非中美之间的第一份气候变化联合声明，但它与前述的所有重要的中美气候合作协议相比，的确与众不同，显示出其自身独特的重大非凡意义。其意义主要体现在四个“第一次”上。

第一，中美两国元首“第一次”宣布了两国各自 2020 年后应对气候变化行动，影响深远。声明宣布，美国计划于 2025 年实现在 2005 年基础上减排 26% ～ 28% 的减排目标；中国计划 2030 年左右二氧化碳排放达到峰值且将努力早日达峰，并计划到 2030 年非化石能源占一次能源消费比重提高到 20% 左右。中美两国气候合作的重要性充分反映在“二分之一”、“三分之一”、“四分之一”和“五分之一”这几个简单的数字里面，即两国每年的碳排放总量和能源消费总量接近世界的二分之一、经济总量占世界的三分之一、人口占世界的四分之一、贸易额占世界的五分之一。因此，这次声明首次明确了 2020 年后中美的减排目标和时间表，既使中美两国未来实施低碳发展的国家战略高度契合，又能对全球温室气体减排产生实质性的推动作用，同时还能对其他国家产生强大的示范效应，最终为 2015 年在巴黎举行的国际气候谈判注入强大推动力。

第二，中美两国“第一次”将气候变化视为“人类面临的最大威胁”，将气候变化问题的重要性和紧迫性提升到最高层面。在此前的中美气候合作协议中，对气候变化的重要性，都是用“最大的挑战之一”或“一大挑战”来表述，而这次表述的变化蕴藏深意。它充分显示出中美双方同意将应对气候变化置于全球议程上更加优先的位置。

第三，中美两国“第一次”将气候变化与国家安全和国际安全紧密联系在一起，对气候变化问题的性质有了更具体更全面的认识。声明指出：“应对气候变化同时也将增强国家安全和国际安全”。20 世纪 90 年代以来，伴随着国际气候谈判进程的演进，气候变化问题的性质一直处于不断的推断变化之中，从当初的环境和技术问题逐渐演变为当今世界重大的发展问题和重大的国际政治与安全问题。中美两国与时俱进，在气候与安全的关联性问题上达成共识，深化了对气候变化问题的认识，无疑将进一步有力推动两国的气候变化合作。

第四，中美两国“第一次”就“共同但有区别的责任”原则（简称“共区”原则）达成了政治层面的共识。长期以来，中美应对气候变化合作的一个主要障碍就是对国际气候谈判中“共区”原则的严重分歧。美国更多地强调发达国家与发展中国家之间责任的共同性，中方则更多地强调责任的差异性。如果说在2009年举行的哥本哈根国际会议之前，美国对这一“共区”原则还是持形式上肯定、实际上否定之态，那么，在哥本哈根国际会议之后，美国对这一原则的态度则干脆在形式上也予以拒绝了。这与中国坚持“共区”原则的基本主张尖锐对立。因此，中美在过去的国际气候谈判中合作相当有限，中美气候合作一定程度上仅集中在双边领域。

这次联合声明清晰地显示，中美气候变化合作在合作思维与合作政策上都发生了重大变化，其意义不可低估。它将大力推动中美两国国内向绿色经济和节能低碳发展转型的进程，有助于将应对气候变化打造成中美新型大国关系的新亮点，有利于2015年巴黎气候谈判的成功举行和全球气候治理的良性发展，有利于展现中美两国的大国责任和担当以及全球领导力。

三、“最严”排放标准推进煤电节能升级

继2014年6月神华国华舟山电厂4号机组——国内首台“近零排放”燃煤发电机组正式移交生产后，浙能集团(落地机组嘉兴7、8号)、华润电力(落地机组广州热电1号)、神华国能(落地机组大港电厂)、华电集团(落地机组石家庄裕华热电1号)、中国神华能源股份有限公司国华惠州分公司热电厂等陆续投产，它们都有一个共同的参照物：达到燃气轮机排放标准。这是火电减排技术集中突破和爆发的产物。“超低排放”、“超洁净排放”、“趋零排放”、“超净排放”等，虽然概念不同，但内涵相似，它们都是火电减

排技术集中突破和爆发的佐证。

2014 年 7 月 1 日，堪称“史上最严”的《火电厂大气污染排放标准》（GB 13223—2011）正式施行。2014 年 9 月，国家发展改革委、环保部、国家能源局联合印发《煤电节能减排升级与改造行动计划》，对煤电行业全面落实“节约、清洁、安全”的能源战略方针、加快升级与改造、提升高效清洁发展水平等工作作出具体部署。根据计划，全国新建燃煤发电机组平均供电煤耗将低于 300 克 / 千瓦时；到 2020 年，现役燃煤发电机组改造后平均供电煤耗将低于 310 克 / 千瓦时，其中现役 60 万千瓦及以上机组 (除空冷机组外) 改造后平均供电煤耗低于 300 克 / 千瓦时。在执行更严格能效环保标准的前提下，到 2020 年，煤炭占一次能源消费比重力争下降到 62% 以内，电煤占煤炭消费比重提高到 60% 以上等目标。

根据国家能源局公布的 2013 年统计数据（火电装机以 86 238 万千瓦，火电发电机组平均利用小时以 5 000 小时计），煤电机组煤耗下降 10 克，全国煤电机组将节约 400 万吨标准煤。鉴于煤电机组在全国煤炭消耗中占有比重，煤电机组进一步节能降耗对于控制煤炭消费和全社会能耗增长具有决定性意义。

围绕煤电升级改造，国家能源局也“动作”频繁。2014 年 6 月 27 日，国家能源局原局长吴新雄先后赴上海外高桥第一、第三发电厂，实地调研煤电节能减排升级改造工作，并在外三电厂召开现场座谈会。2014 年 12 月 1 日，吴新雄在长三角区域大气污染防治协作小组第二次会议上的发言指出，《煤电节能减排升级改造行动计划（2014—2020 年）》基本目标是实现“三降三提高”，即降低供电煤耗、降低污染物排放、降低煤炭占能源消费比重，提高安全运行质量、提高技术装备水平、提高能源利用效率。此外，还将大力推动煤电节能减排示范基地和示范电站建设。决定将上海外高桥第三电厂作为“国家煤电节能减排示范基地”支持浙江嘉兴电厂建设“国家煤电节能减排示范电站”。此外，国家能源局正会同发改委、工信部制订清洁、高效发电优惠政策。

下篇

能源与环境法律研究文集

能源法治是能源革命题中之义

陈臻[32]

中国当前正面临经济增长、能源需求以及环境污染相互制约的三重困境，必须实现能源生产消费和环境保护和谐统一。为此，中央提出“能源生产消费革命”，希望对过往的能源生产消费方式有实质性改变。国家将继续在调整能源供给结构、使用效率以及节约型消费等方面下功夫，加快开发非化石能源和可再生能源，在推进能源利用技术方面作出更多努力，从而更合理地利用能源资源。

一、健全能源法治的重要意义和重大任务

实现环境法治是环境保护领域一项非常重要的基础性任务。新《环保法》的通过给中国的环境法治带来了新气象。新《环保法》首次将“保障公众健康”写入总则第一条，首次明确规定“保护优先”的原则，专列第五章“信息公开和公众参与”，明确公民依法享有获取环境信息、参与和监督环境保护的权利，环境公益诉讼主体扩大到在设区的市级以上人民政府民政部门登记的

32 陈臻 全国律协环境、资源与能源法专业委员会副主任，阳光时代律师事务所主任，中国法学会能源法研究会常务理事，浙江省能源业联合会副会长，中国长江流域能源专委会副主任，浙江省律协资源与环境保护专业委员会主任。曾被评为中国律师行业最受关注新闻人物、中国十大法治影响力人物、绿色经济管理创新十大领军人物等。其创办的阳光时代律师事务所于2013年被国际知名律所评级机构钱伯斯评为“能源与基础设施最佳中国律师事务所”。

相关社会组织，加大排污惩治力度。从这些变化来分析，中国未来的环境法治工作将着重于以下几个方面：创新立法理念，明确环保责任；创新环保制度，加强其可操作性；强化执法队伍，并加重行政监管的力度与责任；鼓励公众积极参与，努力使环境法治向符合社会主义核心价值观的方向发展。

能源法律体系与其他部门的立法相比较为滞后。现在不仅有繁重的立法研究，还要在执法、司法以及法律普及等方面全面加强。在能源监管体制上，过去政府既管得太多又严重缺位，建立能源领域的市场化体系路还很长，民间资本的进入门槛也太高。此外，成品油价格机制还未完全与市场接轨，天然气和电力价格改革相对滞后，这些都需要通过市场化的改革，构建有效竞争的市场结构和市场体系，形成主要由市场决定能源价格的机制。同时促进政府监管方式的转变，在有法可依的环境下进行有效监管。

健全的能源法治体系是还原能源商品属性的重要依据。转变政府监管方式，必须从过去以项目审批为主，转变为重视战略和规划引导。当务之急是立法跟上，依法行政。尽管在过去的 30 多年里，能源领域立法速度较快，成绩显著，能源法律体系初步构建起来，但是，作为能源法律体系化的基础——《能源法》一直没有出来，《电力法》、《煤炭法》修订十年也未修出正果，一些配套法规的制定与修订也不尽如人意，油气和核能领域的法律十分欠缺。

二、中国应建立怎样的能源法治体系

目前已经实施的《煤炭法》、《电力法》等单行法律，解决不了能源领域的综合性、基础性和战略性问题。《能源法》不出台，能源战略规划、能源国际合作、能源监管等就无法可依。这也是《电力法》等法律难以修订下去的一个重要原因。能源法治必须标本兼治。而治本的一个重要方面是要从制度规范上加以创新，以完善整个法律制度，并建立以《能源法》为核心的能源法治体系。

2014 年 6 月 13 日，习近平主持召开中央财经领导小组第六次会议，研究我国能源安全战略。能源“革命”成为本次会议的关键词，同时强调推进能源体制改革，抓紧制定电力体制改革和石油天然气体制改革总体方案，启动能源领域法律法规立改废工作。这表明，能源体制的弊病已被决策层重视，旧有的格局亟待打破。能源领域法律法规立改废工作需要把握关键和重点，厘清立什么，改什么，废什么。总之，在能源生产与消费革命并举的背景下，完善我国能源法制体系任重道远，在能源领域法律立改废方面应该分轻重缓急和先后。

在立的方面，虽然我国发展核电已有30余年的历史，但一直处于无法可依的“裸奔”状态。我国正在研究起草《原子能法》、《核安全法》，建议国家尽快完成《核电管理条例》的制定工作，明确核电开发资质等准入门槛，解决关于核电投资主体多元化的问题，改变过去核电管理参照火电的做法，对核电站的设计建造、科技研发、装备制造、核安全等方面做出全面的规定。

改的方面，要在立法层面促进能源市场改革，理顺不同能源类别之间的价格关系，要在大能源视角下开展能源体系立法，打破条块分割的局面。在油气领域，增加油气勘探开发合资合作的相关规定，解决国内民营企业参与油气开发的法律问题。在电力领域，现行《电力法》显然不适于当前的发展现状，应尽快修订。另外，要改变能源税制立法位阶较低，缺乏稳定性和权威性的现状，通过修订、补充立法，使能源产品价格真正反映市场供求关系。

废的方面，我国在能源行业监管方面一直是遵循煤、油、气、电各部门管一摊的办法，应该重视多管融合，加快简政放权，进一步加强能源行业标准体系的细化和综合，加快滞后标准的废止、修订，推动能源行业标准与国际标准的全面接轨，使标准更多地被认可和应用。

三、引导公众参与能源项目全过程缓解邻避问题

能源生产消费的排放容易污染环境而广受关注，另一方面，一些为了缓解能源对环境影响的工作也受到了社会公众的质疑和反对。比如垃圾发电、核电等就经常受到当地群众的抵制。需要运用法治思维保障公众参与化解环境能源项目邻避危机。

解决环境能源项目产生邻避效应的根本是调和各方的利益分歧。环境能源项目需要直接面对的问题就是项目上马、建设乃至以后运营后对所在地附近的社区、民众和其他利益相关者有多少好处。如果项目周边地区的民众不能从项目获得利益实惠，哪怕是较少利益的损失，都将引发强烈的反对情绪。对周边社区和民众转移项目的部分利益或进行货币补偿是发达国家解决环境能源项目邻避危机的主要途径。以丹麦哥本哈根的NARA/Noveren垃圾焚烧发电厂为例，焚烧厂副产的暖气和冷气免费供给当地的社区，而其他发达国家在解决环境能源项目民众冲突过程中多是以减少能源使用费而得到周围社区的支持，以达到在一定的利益格局和体系下的相对平衡。

美国、德国、日本、韩国、中国台湾等国家和地区都曾遭遇因存在公众冲突而搁置垃圾发电、核电项目的现象。发达国家正是在经历多次邻避事件中推动了环境知识的宣传和教育，建立起政府与民众互信关系。通过制度化、规范化、程序化的积极阐释，政府公信力的逐步增强，并建构起一个长效机制。

此外，法律意识的自我培养是法治观念的先导和基础，在公众参与的过程中要实现政府负责制定章法，公民进行自我服务、自我教育的良性互动。环境能源项目往往涉及新技术和新工艺，专业知识较复杂，项目业主应组织专家加强对公众参与相关技能的传授和培训，努力培养公众的社会参与能力。

四、经济发展中法律的地位不低于资本和技术

新一届中央政府调整战略部署，提出走绿色发展、循环发展、低碳发展的新型城镇化建设之路。为推进能源生产和消费革命，国家能源局组织各地区编制了新能源示范城市和新能源应用产业园区的发展规划，审核并确定了第一批创建新能源示范城市和产业园区名单。

我们认为当今中国面临严重的环境问题，是以往地方经济发展仅重视技术和资本，轻视法律的作用所造成的恶果。我们提出了“碧水蓝天LTC绿色能源新区整体解决方案”。方案的理念是要发挥法律的先导性作用，根据各地不同的资源禀赋探索新型城镇化整体解决方案，整合土地、空间、水、能源、

文化等自然资源与社会资源要素，切实实现绿色、循环、低碳的目标。

整体解决方案的重点在于搭建一个平台，即“LTC 协同创新平台”，针对新城镇生态文明建设最需要的关键问题，整合战略规划专家、政府公共治理专家、安全治理专家、城乡规划专家、环境设计专家、律师、投行、能源环境产业技术经济专家、高端媒体等，是一个跨界合作、开放、无边界的智库平台。

整体解决方案的主要任务是实现绿色能源循环经济的路径创新、社会安全治理制度的创新、投融资模式的创新、长期收益分享机制的创新、城市品牌增值推广方式的创新等五大创新。避免产业集聚、功能园区短期与长期利益的矛盾，避免环境生态的工业化陷阱，避免项目可能带来的社会稳定风险，避免投资者的短期行为，避免政府的决策安全风险，切实将“新城镇、新能源、新生活”战略目标，经过科学规划论证的技术经济方案，在法律技术的应用下得以落地。

发电行业最好时期难掩“旧疾新伤”

陈宗法[33]

目前，发电行业已进入2002年电改以来形势“最好时期”，也处在一个新的更高的“历史起点”。但是，有人也担心，2014年的经营业绩是否触到了“天花板”？明后年的形势怎么样？发电行业实现新突破、新超越还面临哪些“旧疾新伤”？这客观上促使我们电力人居安思危、未雨绸缪。

一、发电行业进入2002年电改以来“最好时期”

回顾电改12年来的发展历史，按经营业绩来划分，以五大发电集团为代表的发电行业大致可以分为三阶段：

一是2003—2007年低水平盈利增长期。电改后的前五年，尽管发展很快，大量新建电厂投产，机组利用小时上升，国家也推出标杆电价、煤电联动等电价改革举措，但受存量电厂按照“零利润”原则核定上网电价的政策影响以及煤价的不断上扬，发电行业的净资产收益率、总资产报酬率在央企板块中都处于较低水平。由于起步基数低，特别是规模扩张带来的效应，每年的装机、发电量大幅增长；利润水平尽管不高，也呈“平稳增长”态势，2007年形成一个峰值。以五大发电集团为例，2003年实现利润129亿元，2007年317亿元，增长1.46倍。

二是2008—2011年经营业绩困难期。2008年以来，发电企业的外部环

33 中国能源研究会理事、华电集团企管法律部主任。

境发生了根本性改变，燃料市场由买方市场变为卖方市场，表现为电煤供应紧张、煤价持续上涨、煤质下降，发电企业燃料成本高企；电力市场受金融危机的冲击，由过去长时间、大面积持续性短缺变为总体平衡甚至相对过剩，表现为社会用电量与发电机组利用小时下降，而电价机制仍然承袭了“政府定价”模式，导致火电板块连年亏损，整个发电行业效益下降、负债高企、风险增大，可持续发展能力严重削弱，表现为“生存难，发展难，不能实现良性循环”，在央企板块中几乎处于“垫底”。五大发电集团 2008—2011 年合计利润 291 亿元，平均每家每年的利润不到 15 亿元，与巨大的资产规模严重不匹配。2008 年煤电矛盾集中爆发，火电出现全行业亏损，五大发电集团当年亏损 331 亿元，累计亏损 921 亿元。这 4 年主要依靠来自煤炭、金融、科技、环保等非电板块以及水电、风电等清洁能源板块的利润才渡过难关。

三是 2012—2014 年业绩持续改善期。2012 年，煤炭市场出现反转，煤炭价格回落，煤电矛盾缓解，再加结构调整、转型发展、努力建设综合能源集团成效的释放，发电行业在经历长达四年的“苦难岁月”后迎来“重大转机”，成为环境改善、走出谷底、扭亏为盈之年，五大发电集团实现利润 460 亿元；2013 年，发电行业继续改善，火电重回利润中心位置，行业盈利能力首次超过央企平均水平，资产负债率出现连续下降；清洁可再生电源比重增加，煤炭自给率不断提高，科技、环保、工程、金融、物流等非电产业快速发展，境外业务发展方兴未艾，综合能源集团格局初步形成，成为行业地位进一步提升、走上“复兴”之路的一年，五大发电集团实现利润 740 亿元。

2014 年，我国经济进入“新常态”，发电行业进入第三个“好年景”。发电行业抓住电煤市场低迷、水电来水较好、政策环境相对稳定的有利时机，通过改革创新、科学发展、管理提升，各项技术经济指标连续三年创出历史新高，综合实力显著增强。截至 10 月底，五大发电集团无论是利润总额、净利润、EVA 值，还是净资产收益率、销售利润率、保值增值率，均创成立以来历史最好水平。五大发电集团实现利润总额达到 737 亿元，已基本接近 2013 年的利润总额，预计全年有可能突破 1 000 亿元，均能超额完成国资委年度考核指标，有望继续被评为业绩考核 A 级企业，《财富》世界 500 强排名不断提高。

二、发电行业仍有一些“旧疾新伤”，打造“升级版”任重道远

如前所述，随着连续三年的盈利，发电行业综合实力显著增强，多项指标已名列世界第一，目前已进入 2002 年电改以来形势“最好时期”，也处在一个新的更高的“历史起点”。但是，冷静思考，理性分析，发电行业要实现新突破、新超越，仍然面临一些“旧疾新伤”：

一是用电需求快速回落，发电量竞争空前剧烈，通过增发电量增收难度加大。2014 年全社会用电量的增幅，几乎让所有的预测机构“大跌眼镜”。由于经济稳中趋缓、冶金等四大重点用电行业与东中部地区用电增速明显回落，以及气温偏低、上年基数较高等因素影响，2014 年实际用电增长将不到 4%。1—10 月份，全国全社会用电量 45 484 亿千瓦时，同比增长 3.8%，增速比上年同期回落 3.6 个百分点，其中：用电量增长最低的 5 个省份上海、湖南、山西、浙江、江苏分别为 −3.9%、−0.1%、0.2%、0.9%、0.9%。区别于 2013 年“前低后高”的走势，今年一、二、三季度，全社会用电量增速“逐季回落”，分别为 5.4%、5.2% 和 1.4%。8 月份，还出现了 2009 年 6 月份以来首次用电负增长（−1.5%)。10 月 31 日，中电联最新预测，2014 年社会用电量增幅约为 3.5% ～ 4%。这个增幅创出“历史新低”，远低于最高年份 2003 年 15.3% 的增长水平，也低于“十五”、“十一五”、“十二五”（前 3 年）13%、11.1%、8.35% 的年均增长水平，甚至还低于金融危机最严重的 2008 年 5.5% 的增长水平。全年发电设备利用小时将降至 4 300 小时左右，其中：火电 4 800 小时左右，“跌破 5 000 小时”只是时间问题。火电机组利用小时“跌破 5 000 小时”，意味着电力产能过剩，发电量的减少和营业收入的下降，也意味着发电量市场竞争加剧，经营环境的严峻。这种现象很可能成为新常态。

二是火电环保政策日趋严苛，环保改造投入大幅增加。目前，我国环境污染严重，雾霾天气频繁出现。国家对火电行业实行了史上最严厉的环保政

策，将其纳入重点控制产业，执行大气污染物特别排放限值，要求京津冀、长三角、珠三角等区域煤炭消费总量负增长。6月底，国家能源局印发《关于下达2014年煤电机组环保改造示范项目的通知》。近年来，火电企业负社会责任之重，不仅“对达不到节能减排标准的现役机组坚决实施升级改造”，而且自我加压，“超低排放”改造之风正由浙江、广东、江苏、山东、河北等省份迅速向全国蔓延。据报道，国华电力到2017年底完成对现役48台燃煤机组“超低排放”技术改造，投入资金计划超100亿元；浙能集团则计划在2017年年底前，分别完成60万千瓦及以上机组、30万千瓦机组的“超低排放”改造，投入资金近50亿元。五大发电集团对其燃煤电厂的“超低排放”也都提出了改造规划和工作目标。尽管2013年、2014年国家连续提高环保电价、除尘补贴，但以连续两年降低火电上网电价为代价，而且“超低排放”技术改造投入大，其环境的边际贡献有待实践检验。目前火电利润基本依赖低廉的煤价，而煤价随着政府保护措施的加大，明后年“触底反弹”也有一定的概率。今后，环保政策的严苛与环保电价的提高是否匹配，能否用市场的、经济的办法解决环保问题，提高火电企业环保改造的积极性，还有待进一步观察。

三是非电产业盈亏分化，煤炭、煤化工、铝业等板块出现亏损。随着煤炭产业“黄金十年”的终结，铝业市场的急剧变化，再加进入煤炭、煤化工、铝业、多晶硅等领域大多代价高，专业人才短缺，板块协同难，近年来非电产业开始盈亏分化。2014年分化进一步加剧，除金融、环保、科技、工程、物流等产业继续保持利润稳定增长外，煤炭板块持续亏损，铝业亏损不断扩大；“走出去”个别项目出现了巨大风险。一些发电集团的非电板块处于减利或亏损状态，要完成全年的利润预算目标相去甚远，出现了“以电补煤、以电补铝”的现象。2013年五大发电集团煤炭、煤化工板块亏损24.4亿元。2014年1—10月的煤炭产量约2.85亿吨，比去年有所增长，业绩恶化，将成为负面拉动的最大因素。今年各发电集团开始收缩发展战线，加大处置不良资产力度。7月，大唐集团通过重组或股权出售方式剥离煤化工资产，卸下“历史包袱”。因此，继续“转方式、调结构”，确定战略新兴产业，面临很大挑战。

四是高企的负债率，巨额的财务费用，严重制约融资能力和盈利水平。尽管近三年五大发电集团随着盈利的改善、积极开展资本运作，资产负债率稳中有降，但在央企中仍属于高风险板块。2013 年五大集团资产负债率平均 84%，相对 113 家央企 63.3% 的平均水平，已连续 8 年高位运行；财务费用总计 1 851.2 亿元，相当于同期利润总额的 2.5 倍。预计 2014 年资产负债率可下降到 83% 左右，财务费用近 2 000 亿元，相当于同期利润总额的 2 倍。尽管火电板块总体盈利不错，但区域差异很大，目前仍有近 30% 的亏损面，一些老小火电企业还有历史欠账没有消化完，西南三省、黑龙江、新疆等区域火电困难还不小，现金流短缺的矛盾比较严重。另外，大力发展清洁能源，进军 LNG、页岩气、节能环保、分布式能源、油气管网等战略新兴产业，实施“走出去”战略任务很重，企业总投资、资本金需求和债务融资还在增加。11 月下旬，央行降息，意味着将进入新一轮降息通道。这对负债总额达到 3.2 万亿元的五大发电集团来说，虽然有利于减债减息，增加收益，但财务过度“杠杆化”，盈利周期不长，客观上制约了企业融资能力，影响转型发展的资金供应。

五是气电前景不明，风电弃风限电，核电安全质疑，水电偏远造价高，清洁能源发展并非一帆风顺。2013 年年底，我国气电装机达 4 309 万千瓦，占总装机的 3.45%。由于气价上涨、气源不足、电价滞胀、外送电冲击、煤电超低排放、利用小时低等因素影响，燃气发电已完全不同于前些年，出现了优势下降、亏损增加、“夹缝求生”、审慎发展的现象，除了少量大型燃气蒸汽联合循环热电联产项目、分布式燃气发电项目外，前景十分堪忧。同样，风电弃风限电问题依然突出，盈利能力比较脆弱。2011 年、2012 年限电量分别超过 100、200 亿千瓦时。2013 年有所好转，达到 162 亿千瓦时。2014 年 1—9 月，仍有 86 亿千瓦时。由于限电风小、CDM 收益减少、补贴不到位、机组出质保期运维费增加等因素的影响，风电行业整体处于效益下滑状态，在限电严重的“三北”地区已出现亏损，特别是今年三季度以来，全国风电亏损面高达 50% 以上。从未来趋势看，随着优质风电资源减少，电价水平的下调，收益水平将进一步降低。日本福岛核事故已过去三年多，世界核电目前正走出阴影。尽管 2012 年、2013 年我国先后有 7 台新机组开工（事故以前核准），但核电新项目重启尚未真正开始，仍处于疲弱、尴尬状态，而且开发主体多，有无序竞争之嫌，国家核能战略定位不清晰，缺乏集中统一的管控体制，以及坚定不移的核电自主技术路线。水电属于战略资源，前景看好，但受移民、环保因素影响造价暴涨，而且开发重点已转到落后偏远的滇藏川等西部地区，面临电力消纳、配套工程、电价承受力弱、地方政府乱摊派等不确定因素，完全不同于过去东中部区域开发水电时的情形。太阳能发电核心技术正在形成，目前发电成本仍然偏高。清洁能源虽然国家政策支持，但政策摇摆，支持力度减弱。另外，受“优质资源，劣质电”的质疑，清洁能源（水电除外）电价普遍较高，随机性、间歇性特征明显，电网配套接纳积极性并不高。

六是电力体制改革和市场化改革任重而道远。电力行业除发电环节已基本进入市场竞争外，输、配、售三个环节仍融合在一起，总体上市场化程度低、垄断特征明显、价格体系不完善、非公经济地位低、政府干预力度大。虽然随着中央政府简政放权力度加大以及电力体制改革的深化，发电侧政府定价、计划电量、项目审批、直供电试点受阻将有望突破，但与建立“管住中间，放开两头”，将竞争性的发电、售电业务与自然垄断的输配电业务分离，建立“多买多卖”、公平竞争的批发和零售市场，还有很长的路要走。

可见，面对上述“旧疾新伤”以及未来的新形势、新挑战，如何突破“天花板”，加快弥补“短板”，进一步打造以“洁净高效，绿色低碳；价值提升，风险可控；市场化运作，资源配置优化；主营业务突出，产业链价值链完善；国际化经营水平高，可持续发展能力强”为特征的发电行业“升级版”，成为全体电力人目前共同面临的重大课题。

“两个破五”对发电行业意味着什么

陈宗法[34]

2014 年我国经济进入“新常态”，发电行业出现一个罕见的现象：火电机组利用小时“跌破 5 000 小时”，环渤海 5 500 大卡动力煤价“跌破 500 元”。作为电力人，不禁要问：这“两个破五”是如何发生的？对发电行业又意味着什么？

一、火电利用小时“破五”，发电量竞争空前激烈

据中电联统计，2014 年 1—10 月，全国发电设备平均利用小时 3 547 小时，同比降低 199 小时，其中：火电 3 867 小时，同比降低 235 小时。中电联预测，全年发电设备利用小时将降至 4 300 小时左右，其中：火电 4 800 小时左右，全年“跌破 5 000 小时”只是时间问题。

2002 年电改以来，火电利用小时“破五”并不多，2008 年、2009 年、2012 年各一次，今年是第 4 次，但跌至 4 800 小时尚属首次。这个利用小时数，不仅远低于 2004 年 5 991 小时的最高水平，而且也低于前三次“破五”的平均水平（4 905 小时）。可以说，今年处于十二年来的“最低谷”。这是什么原因造成的？

社会用电需求下降是主因。2014 年全社会用电量的增幅，几乎让所有的预测机构“大跌眼镜”。中电联年初预计增长 7.0% 左右。由于经济稳中趋缓、

34 中国能源研究会理事、华电集团企管法律部主任。

冶金等四大重点用电行业与东中部地区用电增速明显回落，以及气温偏低、上年基数较高等因素影响，今年实际用电增长将不到4%。

1—10月份，全国全社会用电量45 484亿千瓦时，同比增长3.8%，增速比上年同期回落3.6%，其中：用电量增长最低的5个省份上海、湖南、山西、浙江、江苏分别为-3.9%、-0.1%、0.2%、0.9%、0.9%。区别于2013年“前低后高”的走势，今年前三季度，全社会用电量增速“逐季回落”，分别为5.4%、5.2%和1.4%。8月份，还出现了2009年6月份以来首次用电负增长（-1.5%)。

10月31日，中电联最新预测，2014年社会用电量增幅约为3.5%～4%。这个增幅创出“历史新低”，远低于最高年份2003年15.3%的增长水平，也低于“十五”、“十一五”、“十二五”（前3年）13%、11.1%、8.35%的年均增长水平，甚至还低于金融危机最严重的2008年5.5%的增长水平。

水电增发是另一个重要原因。火电、水电的利用小时存在此消彼长的关系。由于节能调度，水电处于优先地位。丰水的2006年、2008年、2012年水电利用小时都比较高，都不同程度地挤占了火电利用小时。今年也是如此。1—10月，各类发电设备利用小时均下降，但水电受湖北、广西、贵州等省份来水增加，云南、四川水电装机增加，以及上年基数偏低等因素影响，成为“一枝独秀”，利用小时达到3 103小时，同比增加227小时。全国规模以上水电厂发电量8 127亿千瓦时，同比增长22.3％。其中，贵州增长112.8%、湖北增长67.2％，广西增长97.6%。

火电装机容量的持续增加，也是一个原因。尽管近年来火电占比有所下降，但绝对量仍在不断增加。中电联预估，全年新增火电装机4 000万千瓦左右，到2014年底全国火电发电设备容量将达到8.85亿千瓦，占比66%。当然，火电开展大规模环保升级改造对利用小时也有一定影响。

二、煤价首次“破五”，电煤市场“熊市”特征明显

2012年年初，煤炭市场反转为“买方市场”。环渤海5 500大卡动力煤价格总共出现过“四次”快速下跌。第一次是2012年6月、7月份，第二次

是 2013 年 7—9 月份。前两次煤价快速下跌过后，均出现过不同程度的反弹回升。2013 年第四季度，环渤海 5 500 大卡动力煤价格一度曾快速反弹到 631 元 / 吨。

2014 年，出现了第三次 (1—3 月份)、第四次 (6—7 月) 快速下跌。进入 2014 年 1 季度，两个多月时间煤价快速下跌至 548 元 / 吨，下跌 83 元，累计跌幅达 13.2%。进入 6 月、7 月，再度出现第四次快速下跌。7 月 23 日，环渤海动力煤价近年来首次“跌破 500 元”大关。从 5 月 28 日的 531 元，连续 13 个报告期下跌，跌至 478 元。微涨至 482 元后，连续 4 个报告期持平。进入 9 月份，煤炭价格止跌趋稳。四季度，由于国家遏制煤矿超能力生产、进入传统用煤高峰期、大秦铁路检修、神华等大型煤企人为提价、起征进口煤关税等因素的影响，煤炭价格将出现“翘尾”。10 月 28 日上涨至 497 元。进入 11 月初，重回“500 元大关”，18 日反弹至 513 元，比最低时 478 元上涨了 7.3%。

纵观 2014 全年，煤炭市场需求不旺、产能过剩的矛盾依然突出。煤炭产业除延续前两年“库存居高不下、价格大幅下降、效益持续下滑”等特点外，还出现了近十年首次出现的新现象：“煤炭产量负增长，煤炭净进口负增长，煤炭全国消费负增长”。据统计，前三季度全国煤炭产量 28.5 亿吨、同比下降 1.3%；煤炭净进口 2.2 亿吨、同比下降 6.2%。全国煤炭消费 30.3 亿吨、同比下降 1.2%，其中，发电耗煤 14.7 亿吨、下降 1.8%。9 月底全国重点电厂电煤库存 8 652 万吨、可用 29 天，处于正常偏高水平。

2014 年煤炭市场量价齐跌、“熊市”特征明显，是多种因素综合作用的结果。环境约束，新能源发展迅速，天然气供应增加，去煤化力度加大，再加煤炭需求下滑，电力耗煤下降，进口煤冲击，产能过剩态势延续，都是影响因素。

三、一喜一忧，决定盈亏

“两个破五”对发电行业意味着“一喜一忧”，互相交织，共同影响甚至决定着行业的盈亏格局，可谓“关键因素、举足轻重”。

火电机组利用小时"跌破 5 000 小时"，意味着电力产能过剩，发电量的减少和营业收入的下降，也意味着发电量市场竞争加剧，经营环境的严峻。由于今年新增用电量有限，通过增发电量增加营业收入困难很大。为了减少火电、风电、核电利用小时下降的影响，保证电量、收入的稳定，一些发电企业不得不通过新增装机扩大市场份额，同时跑省经信委、跑电网调度，充分利用火电边际贡献较高的机遇，争抢电量计划，发电量竞争空前激烈。

相反，环渤海 5 500 大卡动力煤价"跌破 500 元"，则意味着煤炭市场持续低迷，对以火电为主的发电行业来讲，属于"重大利好"。燃料采购不同于三年前的"卖方市场"，普遍出现"量足、质好、价低"的特征，特别是 2014 年煤价两轮的快速下跌，致使火电企业燃料成本大幅下降，发电煤耗进一步降低，成为 2014 年发电行业经营业绩创出"历史新高"、进入电改以来"最好时期"的最重要原因。据某发电集团分析，1—10 月份存量火电企业煤折标煤单价同比下降 59 元 / 吨；综合供电煤耗同比下降 2.3 克 / 千瓦时，共计降本增收 53 亿元。截至 10 月底，五大发电集团无论是利润总额、净利润、EVA 值，还是净资产收益率、销售利润率、保值增值率，创成立以来历史最好水平。五大发电集团实现利润总额达到 737 亿元，已基本接近 2013 年的利润总额，预计全年有可能突破 1 000 亿元。

当然，煤价超跌对发电集团的影响也是"双刃剑"：自产煤板块普遍出现亏损，"电盈煤亏"格局，更趋严重。不过，由于自产煤板块在发电行业占比很小，对盈亏总盘子冲击并不大。

"两个破五"是近年来发电行业出现的新情况、新动向，也是决定盈亏格局的两个关键因素，我们必须高度关注，认真应对。

针对火电机组利用小时"跌破 5 000 小时"，各发电企业要有清醒的认识，有可能成为新常态，要通过降本增效、发展大型高效火电机组增强竞争能力。同时，要遵循市场规律，继续由规模扩张型向质量效益型转变，紧紧把握能源行业低碳、清洁发展的主流，重点在调整结构、节能减排、技术创新、提高效益上下功夫，将电源结构调整重点放在提高清洁能源比重和大型高效机组比重上，防止盲目扩张、无序竞争、产能过剩、效益下降现象的出现。

针对环渤海 5 500 大卡动力煤价“跌破 500 元”，各发电企业要密切关注煤炭市场的变化，及时调整煤炭采购策略，围绕外购煤“谁买得值”开展对标，充分利用低价煤的优势，增加火电的边际贡献；围绕自产煤“谁卖得好”建立营销体系，按照市场化和同等优先的原则，实现内部“煤电互保”，减少亏损；调整煤电一体化发展方针，推动新一轮煤矿的兼并重组，由粗放向集约高效精细化发展，既要安全绿色高效开采、建设智慧矿山，又要重视煤炭绿色清洁利用。

“一半是海水，一半是火山”，从发电行业“两个破五”谈起

朱昌明[35]

在《“两个破五”对发电行业意味着什么》一文中，陈宗法主任分析了“两个破五”对发电行业的影响：火电机组利用小时“跌破 5 000 小时”，意味着电力产能过剩，发电量的减少和营业收入的下降，也意味着发电量市场竞争加剧，经营环境的严峻；环渤海 5 500 大卡动力煤价“跌破 500 元”，则意味着煤炭市场持续低迷，直接导致火电企业燃料成本大幅下降，对以火电为主的发电行业来讲，属于“重大利好”。

陈宗法主任认为，“两个破五”“一喜一忧”，是决定发电行业盈亏格局的两个关键因素，发电企业要有应对措施：针对火电机组利用小时“跌破 5 000 小时”，各发电企业要通过降本增效、发展大型高效火电机组增强竞争能力，同时重点在调整结构、节能减排、技术创新、提高效益上下功夫，将电源结构调整重点放在提高清洁能源比重和大型高效机组比重上，防止盲目扩张、无序竞争、产能过剩、效益下降现象的出现；针对环渤海 5 500 大卡动力煤价“跌破 500 元”，各发电企业要密切关注煤炭市场的变化，及时调整煤炭采购策略，充分利用低价煤的优势，增加火电的边际贡献，同时调整煤电一体化发展方针，推动新一轮煤矿的兼并重组，由粗放向集约高效精细化发展，既要安全绿色高效开采、建设智慧矿山，又要重视煤炭绿色清洁利用。

35 朱昌明，阳光时代律师事务所合伙人律师。

笔者完全赞同陈宗法主任的观点，同时，笔者认为“两个破五”都是能源改革和市场调节共同作用的结果，发电企业应顺势而为，在电改、煤改等新一轮能源改革的背景和发展趋势下，还应做好以下两手准备。

一、紧跟“电改”步伐，发力售电业务

《关于进一步深化电力体制改革的若干意见》已经获国务院常务会议原则通过，这意味着电力改革再一次拉开帷幕。在新电改方案中，有序向社会资本开放配售电业务尤其值得关注，包括发电企业在内的五类主体有望获得售电牌照，直接与终端企业用户进行市场化电力交易；而电网企业仅针对所提供的输配电服务，按照国家规定的标准收取过网费，这将促使电网企业无歧视地开放电网，向输配电服务商转变。

因此，针对火电机组利用小时“跌破 5 000 小时”，发电企业紧跟“电改”步伐，积极进入售电市场，大力开展大用户直供电业务，为组建售电公司和全面开展售电业务做好准备工作。

值得发电企业注意的是，发电企业开展售电业务的过程是真正的市场化过程，交易对象不再是电网企业，而是市场化竞争中的用电企业。目前参与大用户直供电交易的用电企业均为各地重点企业，企业信誉优良，又有政府主管部门的主导配对，发电企业回收电费的风险不是很大，但是随着发电企业售电业务的深入开展，发电企业电费回收的风险将大大增加，如何科学合理设计售电业务架构、交易流程，防范交易风险，是发电企业应着手考虑和解决的难题。

二、巧用动力煤期货交易，控制电煤成本

对于火力发电企业，电煤成本占到其总成本的 70%，如何有效控制电煤成本，直接关系到发电企业的效益高低。目前电煤价格已经完全放开，继“取消重点合同和电煤价格双轨制”后， 2013 年 9 月动力煤期货在郑州商品交易所上市是电煤市场化的另一重大举措。在环渤海 5 500 大卡动力煤价“跌破

500 元”的市场环境下，电煤市场价格波动将会加剧，发电企业可以尝试进入动力煤期货交易，开展套期保值（对冲现货价格波动风险）、“点价”贸易（即在期货价格的基础上加入双方协商一致的升贴水，来确定现货交易的价格）、“虚拟库存”等业务，充分利用动力煤期货价格发现、风险规避等功能，有效控制电煤成本并锁定预期利润。

当然，期货有风险、入市需谨慎，发电企业应首先建立健全期货交易的风险管控体系，规范期货交易流程，在确保交易安全的情况下开展动力煤期货交易。

关于 PPP，您不得不知的十个问题

陈国强[36]

一、什么是 PPP?

PPP 是英文 Public-Private-Partnership 的简称，英文直译的意思是公私合作（合营）伙伴关系。国际上，PPP 一般被理解为政府与私营企业长期合作提供公共产品（服务）的各种形式（包括 BOT、BT 以及相应的各种演变形式）的统称（具体公共产品类型和合作形式见下文）。

二、PPP 与 BOT 有何区别?

PPP 和 BOT 都是项目融资（Project Finance）里面的概念。项目融资作为一个专用术语，不是通常理解的“为项目进行融资”，而是“以项目进行融资”的意思。业内通用的标准是：项目融资应是无追索权（Non-recourse）或者有限追索权（Limited Recourse）的，意即将项目风险与项目发起人（投资人）进行隔离，以项目收益作为偿债来源，以项目公司资产和收益作为担保，项目发起人（投资人）除自身投入到项目的资本金外，对项目的债务偿还不承担责任或者仅承担有限责任。

PPP 是从项目融资的合作方的角度来进行定义的，更多体现的是政府为解决基础设施、公用事业、社会事业等各类公共产品（服务）提供所需的融资和运营问题，引入私营资本参与合作。

36 陈国强，阳光时代律师事务所律师。

BOT是英文Build—Operate—Transfer（建造—经营—移交）的简称，是从项目运作流程任务分解的角度进行定义的。目前，项目建设和项目融资领域常用的概念：BOT、BOO（建造—拥有—经营）、BOOT（建造—拥有—经营—移交）、BT（建造—移交）、TOT（转让—经营—转让）、ROT（改造—经营—移交）、OM（运行—维护）、DB（设计—建造）、DBO（设计—建造—运行）乃至EPC（设计—采购—施工）。虽然部分概念分属欧美不同语境，但都是按照项目运作流程任务分解的角度来区分的。

因此，BOT、ROT等都仅属于PPP范畴下政府与私营企业的具体合作形式。

从另一个角度而言，BOT等模式关注点是解决政府资金短缺时基础设施、公用事业项目的投资问题，政府最终想获取的是项目所有权，比如国内20世纪90年代的以广东沙角B厂、温州电厂二期项目为代表的多个发电特许经营项目就是案例；而PPP项目更多关注的政府所采购服务的质量、价格以及效率等因素，比如财政部76号文中就提出“积极借鉴物有所值（Value for Money，VFM）评价”来评估PPP项目。

三、PPP与特许经营有何区别？

特许经营分两大类，政府特许经营（Concession）和商业特许经营（Franchise），项目融资领域所说的特许经营特指政府特许经营。私营企业参与公共产品（服务）的提供，通常是需要政府的授权的。《基础设施和公用事业特许经营法（征求意见稿）》（2014年5月3日稿）中，特许经营是指“各级人民政府依法选择中华人民共和国内外的企业法人或者其他组织，并签订协议，授权企业法人或者其他组织在一定期限和范围内建设运营或者经营特定基础设施和公用事业，提供公共产品或者公共服务的活动。”

政府特许经营项目的要点是私营企业从事提供公共产品（服务）必须是获得的政府授权。PPP的本质是政府向社会购买公共产品（服务），一般可以分为：服务外包（比如：垃圾清运服务）、特许经营（比如：污水处理项目）、私有化（比如：燃煤发电项目）三种类型，并非所有PPP项目都必须获得政府授权。

四、国内目前力推的PPP模式与国际上的PPP模式有何区别？

国际上，PPP指政府与私营企业之间长期合作提供公共产品（服务），分为服务外包、特许经营、私有化三类。

由于我国存在着国有企业、集体企业和私营企业等不同性质的社会资本，因此，PPP在国内指的是政府与社会资本之间长期合作提供公共产品（服务），合作对象不仅限于私营企业。

笔者认为，目前中国政府力推PPP模式有如下四个方面的考虑：①政府财税制度改革的需要，多采用股权而非债权模式从事基础设施、公共事业开发，有效遏制地方政府债务无序增长；②以竞争方式向社会购买服务，提高服务质量和提升服务效率，转变政府职能，加强政府监管；③鼓励、支持和引导非公有制经济发展，进一步鼓励和引导民间投资，给民营资本平等竞争机会；④解决城镇化过程中大量基础设施、公用事业建设的融资需求。

而近期出台的《国务院关于加强地方政府性债务管理的意见》（国发〔2014〕43号）明确："鼓励社会资本通过特许经营等方式，参与城市基础设施等有一定收益的公益性事业投资和运营。政府通过特许经营权、合理定价、财政补贴等事先公开的收益约定规则，使投资者有长期稳定收益。投资者按照市场化原则出资，按约定规则独自或与政府共同成立特别目的公司建设和运营合作项目。投资者或特别目的公司可以通过银行贷款、企业债、项目收益债券、资产证券化等市场化方式举债并承担偿债责任。政府对投资者或特别目的公司按约定规则依法承担特许经营权、合理定价、财政补贴等相关责任，不承担投资者或特别目的公司的偿债责任。"

从43号文来看，中国政府所力推的PPP项目限定为如下模式：政府授权社会资本独自或者与政府共同成立（部分省市的地方规定中要求必须共同成立）项目公司以特许经营模式来投资、运营项目，政府承担合理定价、财政补贴等相关责任，政府不承担项目的偿债责任。该文中PPP模式的要点有：①设立项目公司（股权模式）；②特许经营；③政府不承担债务。

五、PPP属于政府采购吗？

《中华人民共和国政府采购法》第二条规定："本法所称政府采购，是指各级国家机关、事业单位和团体组织，使用财政性资金采购依法制定的集中采购目录以内的或者采购限额标准以上的货物、工程和服务的行为。"

《中华人民共和国政府采购法实施条例（征求意见稿）》（2010年1月21日稿）中规定："政府采购法第二条所称使用财政性资金采购，是指采购人全部使用或部分使用财政性资金进行的采购。……政府采购法第二条所称服务，是指除货物和工程以外的政府采购对象，包括各类专业服务、信息网络开发服务、金融保险服务、运输服务，以及维修与维护服务等。"

从付费模式来看，PPP项目可以分为三类：①使用者付费项目；②使用者付费加一定政府补贴的项目；③政府付费项目。

虽然《关于推广运用政府和社会资本合作模式有关问题的通知》（财金〔2014〕76号）规定："地方各级财政部门要会同行业主管部门，按照《政府采购法》及有关规定，依法选择项目合作伙伴。"但76号文仅是财政部的规范性文件，效力等级过低；依据法律规定，只有前述第②、③类项目才适用政府采购法，属于严格意义上的政府采购。

在《政府采购法》未作修改，或者《基础设施和公用事业特许经营法》的专门立法中未做明确前，国内采用用户付费模式的PPP项目只能算广义的政府购买服务，而不属于法律意义上的政府采购。

六、PPP与混合所有制改革有何关系？

中共十八届三中全会通过的《中共中央关于全面深化改革若干重大问题的决定》提出："国有资本、集体资本、非公有资本等交叉持股、相互融合的混合所有制经济，是基本经济制度的重要实现形式，有利于国有资本放大功能、保值增值、提高竞争力，有利于各种所有制资本取长补短、相互促进、共同发展。允许更多国有经济和其他所有制经济发展成为混合所有制经济。国有资本投资项目允许非国有资本参股。"因此，政府与民营资本共同出资设立项目公司的 PPP 模式，天然地就符合混合所有制的要求。混合所有制改革对国内 PPP 项目合作的快速发展有一定的推动作用；PPP 项目中除单纯股权投资关系外的整套公私合作机制对混合所有制改革中如何促进国有资本与私营资本更好地合作也提供很好的借鉴。

七、PPP 是否必须要采用招标形式?

《安徽省城市基础设施领域 PPP 模式操作指南》（2014 年 9 月）中规定："应按照《招标投标法》规定的公开招投标方式，综合经营业绩、技术和管理水平、资金实力、服务价格、信誉等因素，择优选择合作伙伴。"公开招标模式是所有采购方式中较为复杂、繁琐的模式，而且限制性条件相对较多。那么，该指南中规定的公开招标模式是否是 PPP 项目所必须采用的采购模式呢？答案是否定的。

《中华人民共和国招标投标法》第三条规定："在中华人民共和国境内进行下列工程建设项目包括项目的勘察、设计、施工、监理以及与工程建设有关的重要设备、材料等的采购，必须进行招标：（一）大型基础设施、公用事业等关系社会公共利益、公众安全的项目；（二）全部或者部分使用国有资金投资或者国家融资的项目；（三）使用国际组织或者外国政府贷款、援助资金的项目。前款所列项目的具体范围和规模标准，由国务院发展计划部门会同国务院有关部门制订，报国务院批准。法律或者国务院对必须进行招标的其他项目的范围有规定的，依照其规定。"因此，PPP 项目不属于招标投标法强制要求招标的范围。

对于使用政府预算的 PPP 项目而言，其合作方的选择应符合《政府采购法》的相关规定。《政府采购法》第二十六条规定："政府采购采用以下方式：（一）公开招标；（二）邀请招标；（三）竞争性谈判；（四）单一来源采购；（五）询价；（六）国务院政府采购监督管理部门认定的其他采购方式。公开招标应作为政府采购的主要采购方式。"第二十七条规定："采购人采购货物或者服务应当采用公开招标方式的，其具体数额标准，属于中央预算的政府采购项目，由国务院规定；属于地方预算的政府采购项目，由省、自治区、直辖市人民政府规定；因特殊情况需要采用公开招标以外的采购方式的，应当在采购活动开始前获得设区的市、自治州以上人民政府采购监督管理部门的批准。”只要“设区的市、自治州以上人民政府采购监督管理部门的批准”也可以采用除公开招标之外的其他采购模式。

财政部76号文规定：“地方各级财政部门要会同行业主管部门，按照《政府采购法》及有关规定，依法选择项目合作伙伴。”2014年2月1日起施行的《政府采购非招标采购方式管理办法》（财政部令第74号）对《政府采购法》规定的非招标采购方式中的竞争性谈判、单一来源采购、询价采购做了详细规定。74号令是PPP项目运作的重要参考文件。

在实践操作中，我们也不推荐采用招标方式选择PPP项目合作伙伴。根据《招标投标法》的相关规定，投标人提交投标文件后招标人无权对招标文件进行修改（部分错误修正除外），对招标人编制招标文件水平要求较高；此外，在按照评标办法确定中标人后，招标人应按照招标文件和投标文件规定的内容签署相关协议，双方不得就合作的主要内容、实质性条款再进行协商、谈判。从现实操作来看，PPP项目合作方选择这类较为复杂的采购而言，即使是采用招标模式进行的，采购方也不能满足《招标投标法》的要求。因此，采用公开、公平、公正的方式以竞争性谈判模式开展PPP项目合作伙伴选择更符合实际情况。

八、哪些类型的项目适合采用PPP模式?

适宜采用PPP模式的项目，一般具有价格调整机制相对灵活、市场化程度相对较高、投资规模相对较大、需求长期稳定等特点。从国内外实践来看，PPP模式主要运用于基础设施项目（道路、桥梁、铁路、地铁、隧道、港口、河道疏浚等）、公用事业项目（供电、供水、供气、供热以及污水处理、垃圾处理等环境治理项目）和社会事业项目（学校、医疗、养老院、监狱等）等领域。

九、PPP 项目有哪些主要的投资、建设和收益模式？

广义的 PPP 包括政府长期向社会购买服务，比如由企业向政府提供公用事业的一些特殊服务项目，比如：公路收费、抄表、垃圾收运等服务项目。狭义的 PPP 是基于基础设施、公用事业或者社会事业项目。

（一）投资模式

从项目投资主体而言，可以分为①政府投资、②企业（项目公司）投资、③混合投资（部分资产政府投资和部分资产企业投资）三大类型。

对政府投资项目而言，由政府或者政府控制的企业拥有项目资产并承担项目风险，社会资本可以通过租赁资产或者委托运营（OM）模式参与项目运作，为社会提供公共产品（服务）。此类项目暂不属于我国政府力推的 PPP 项目范畴。

企业投资项目是指社会资本独自或者与政府共同成立项目公司，由该项目公司拥有项目资产并承担项目风险。此种模式下，社会资本可以在项目建设初期通过设立项目公司模式参与项目合作，也可以在后续通过股权受让或增资扩股模式拥有项目公司股权而参与项目合作。

对一些大型项目，单纯靠项目收益无法弥补项目投资运营成本的，为降低项目公司投资成本，满足项目经济可行性要求，则采用部分项目资产由政府投资建设，其余项目资产由项目公司投资建设，最后整体项目资产移交项目公司运营的模式来开展项目合作。比如，北京地铁 4 号线就是典型的混合投资项目。

就社会资本投资介入项目运作的不同时期而言，项目投资模式还可以分为：参与项目初始投资建造（比如 BOT、BOO）、项目建成后受让运营（比如 TOT）、对项目升级改造进行投资后运营（ROT) 等不同类型。

（二）建设管理模式

项目建设管理模式按照业主介入的深入以及项目任务包的划分一般有：业主自行管理、委托进行项目管理（PM）、EPC 总承包、DB（设计 - 施工总包）、工程总承包项目等类型。项目建设所涉的工程、设备和服务的采购应按照《招标投标法》的规定履行招标程序。

（三）收益（付费）模式

PPP 项目可以分为经营性项目和非经营性项目，前者是项目的使用者付费，后者是政府付费。还有一种是介于两者之间，可称为准经营性项目，使用者付费不足以覆盖项目公司的投资运营成本，政府还要给予一定的补贴。Wiki：亚行专家表示，PPP 项目也可以通过价值捕获（Value Capture）等方式获得收益，例如中国香港的地铁项目和美国的轨道站点。

十、国内 PPP 项目应特别注意哪几个问题？

PPP 项目应注意的要点很多，本文仅对笔者认为非常重要，但一般文献中较少提及的几个问题做简要阐述。

（一）重视公共利益的保障

在政府采购服务的过程中，由于政府不是最终用户，政府天然地有降低采购成本的冲动，而企业天然趋利，极有可能出现的情况是：在政府缺乏监管或价格定价不合理的前提下，企业通过降低服务质量或者减少必须的公共利益投入（比如污染控制、员工安全健康保障）来增加收益。这也是国际上早期的 PPP 项目要求政府在项目公司中占有股份的原因。

为了保障公共利益，我们建议政府：①设立合理的风险承担机制，政府和企业共担风险，企业主要承担投融资、建设、运营和技术风险，政府主要承担国家政策、标准调整变化的宏观风险，双方共同承担不可抗力风险；②理顺合作关系，实现利益共享，避免暴利和亏损，保障项目高效、稳定运营；③加强对项目的控制和监管，建议在项目公司设立由政府委派的董事和监事（社会资本单独投资的可以设立外部董事），项目公司完善项目定期监管制度；④建立项目信息公开制度，利用社会力量加强对项目的监督。

（二）理清项目前期工作界面

在新建项目中应清晰梳理项目前期工作的界面，政府应承担项目前期工作的主要风险。为保项目建设不存在实质性障碍，政府应特别重视如下几点：

①项目选址是否与城市规划相符；②项目是否满足环保要求；③项目用地取得是否存在障碍；④项目建设是否存在潜在社会风险。

（三）项目收益保障

政府要想吸引社会资本参与 PPP 项目投资，必须对项目收益予以一定保障。主要应考虑以下方面：①项目收益来源的可靠性，对使用者付费而言，应合理测算产品（服务）的使用量、确立合理的定价 / 调价和政府补偿机制；②采用政府付费模式或者政府补贴的，应确保用于支付项目收益的财政资金已按照《预算法》纳入政府预算；③合理设立项目规模，防止因项目投资建设规模超过合理需求而导致的公共产品（服务）定过高、企业亏损或者政府补贴过重等情形。

守法激励视角下的《环境保护法》修改[37]

巩固[38]

摘要：法律能否得到良好实施取决于守法激励是否充分，主要涉及责任的实现条件、规范的科学性、守法能力和社会基础四大因素。我国环境法守法激励不足，存在“执法不力，司法缺失”、“责任偏软且不科学”、“守法援助缺失”、“社会支持不足”等突出问题，故长期以来得不到良好实施。新《环境保护法》在守法激励方面有很大进步，但也存在一些问题和不足，应采取配套措施，予以补充完善。

关键词：激励；环境法；实施；修改

在新中国立法史上，法案历经四审方才通过的情形并不多见。这一“奇迹”竟然发生在《环境保护法》（以下简称《环保法》）身上，足见该法的重要性和国家的高度期望，同时也反映出问题的复杂和博弈的激烈。在某种意义上，这正是当前整个中国环境法治的缩影。但无论如何，“史上最严环保法”的顺利通过是一个巨大进步，但其能否像学者期待的那样，成为“环境立法史上的又一里程碑”，[39]真正起到扭转环境法治困局、全面推进生态文明建设的作用，还需要全社会的共同努力，并注定是一个更加艰辛的漫长过程。对此，尽可能广泛地从不同视角对该法作出客观评析，全面、清楚地认识到该法的

37　文章原载于《华东政法大学学报》2014 年 03 期。

38　巩固，男，山东新泰人，博士，浙江大学光华法学院副教授，环境资源能源法律研究中心执行主任。

39　汪劲．环境立法史上的又一里程碑．人民日报，2014-04-25(5).

进步和局限，为即将开展的更为严峻的法律实施提供指引和参考，是理论工作者的当然使命。

笔者曾主张，中国环境法的根本问题在于实施不力，症结在于政府激励不足，故《环境保护法》应定位于以规制政府为主要内容的“政府环保激励法”，以推动政府环保履职为目标进行重构，从根本上补强政府规制不足这一环境法治的最短板。[40] 笔者始终认为，这是最能发挥《环境保护法》修改之效益的方案。但从现实来看，《环境保护法》作为一种包罗万象的“综合法”的地位已然确定，其“管制法”的色彩依然浓厚，[41] 对作为主要违法者的企业的直接规制仍然为该法的主要内容。那么，从激励企业守法的角度来看，我国环境法存在哪些主要问题，新通过的《环境保护法》在此方面有何进步，又存在何种不足，应当如何完善？本文在此略抒己见。

一、守法激励与环境法的实施

在环境法体系基本齐备，各主要问题领域已有单行法予以专门调整的背景下，作为“环保事业基础法”[42] 的《环境保护法》即使要规制企业，也不应停留于对具体管理制度的修补，而应把重点放在具有全局性的关键问题的解决上。“在中国特色社会主义法律体系已初具规模的情况下，中国法治国家建设的战略重点应转移到法律实施的广阔领域，法律实施应该成为下一阶段中国法治国家建设的重点”。[43] 在环境法领域，此点尤为迫切。正如已为社会各界所普遍认识到的，既有立法得不到有效实施是当前中国环境法治的最大问题。也因此，提升法律实效，使形式上完备的大量立法真正运转起来，实

40 巩固．政府激励视角下的《环境保护法》修改．法学，2013(1).

41 环保法不应只是管制法．来源：http://jingji.21cbh.com/2014/4-26/1OMDA2NTFfM-TE0OTg1OA.html，2014-04-28.

42 王曦．环保事业基础法：让特殊的环保法特殊起来．绿叶，2011(1).

43 刘作翔．中国法治国家建设战略重点的转移：法律实施及其问题 // 刘作翔．法律实施的理论与实践研究．北京：社会科学文献出版社，2012：35.

现从纸面规定到实践规范的飞跃，也就成为环境法治建设的迫切任务，也是《环境保护法》可以“事半功倍”地发挥其价值的着力点。对此，提高企业的守法激励，增强法律制度本身的“可实施性”是重要方面。

所谓守法激励，是指对法律关系主体遵守法律、依照法律的要求从事相关活动具有刺激作用的因素和机制。传统法学主要研究法的效力，对法的实效关注不多，[44]其潜台词是本身正当的立法必然会得到良好遵守，或者必须被遵守。如果实施不力，那也是执法的问题，甚至是违法者的问题，只能通过“加强执法”或“加大普法”来解决。在这种思想影响下，立法者往往只关注法的价值正当性、规范的逻辑科学性等实体内容，而很少考虑制度运行的现实条件及其对守法者的实际影响，往往导致初衷良好、设计精良的立法得不到有效实施的情况，出现所谓“立法本身良好，只是没有得到遵守”的悖论。而这正是当前中国法治，尤其是环境法治的普遍境遇。从经济学角度来看，人是有着趋利避害本能，追求利益最大化的理性人；而法律，如同其他社会规范一样，不过是对当事人带来不同成本—收益的规则而已。对于现实主体而言，其是否遵守法律、遵守到什么程度，取决于为其所预期的后果：弊大于利，还是反之。如果违法收益大于成本，那么理性主体宁愿付出承担责任的代价来换取相对更大的收益。这意味着，在根本意义上，“法律只能诱导，而不可能强制人们选择社会所希望的行动。”[45]从这一角度来看，法实际上是一种激励机制。法的实效如何，能否获得认真遵守和良好实施，最终取决于其提供的守法激励是否足够——是否创造了依法而为符合当事人的理性选择的制度环境。

法的激励功能主要是通过责任规定来实现的。责任使违法者遭受不利益，属于一种“负激励”，是最普遍、最重要、最一般的法律激励形式。有时候

44 法的效力是指法在规范意义所应当产生的拘束力，是一个应然范畴，是任何正当立法都同等具备的；法的实效是指法在实际上被遵守、执行或适用的状况，是一个实然范畴，不同立法情况不一。

45 张维迎.信息、信任与法律.北京：三联书店出版社，2006：77.

法律也采取奖励等“正激励”形式，但比较少见，只是偶尔地被补充使用。正是通过对责任和奖励的规定，法律得以发挥其“惩恶扬善”功能，形成最基本的守法激励。但要注意的是，法的规定只是一种规范意义上的应然，其激励效果能否真正实现、实现到什么程度，还要受到一系列因素的影响：

一是责任的实现条件。法律责任的实现离不开一系列现实条件的支持，包括明确的主体、科学的程序、合适的手段、可行的技术、充足的费用，以及实施者的水平和能力等。由于环境责任主要是行政责任，故其实现条件如何在很大程度上取决于执法能力，当然，对于环境民事责任和刑事责任的实现来说，司法能力也很重要。责任条件的满足可以基本保证法律责任的落实，但并不意味着必然能产生符合立法者或社会期待的守法激励，其实际效果还要受到下述因素的影响。

二是法律责任规范本身的科学性。包括形式是否合理、内容是否适当、范围是否全面、逻辑是否正确、结构是否科学等，其最终指向惩罚的力度和层次。惩罚力度是决定激励之有无的关键，力度弱于违法收益的责任几乎不可能产生任何守法激励，但力度也并非越高越好，过高的惩罚会导致自身的“合法性”危机，产生不良社会效果而难以实施。惩罚的层次影响激励的效果，缺乏层次的惩罚，不仅有失公平，而且容易产生“反向激励”。[46]责任的科学性意味着，“加强执法”只有在责任规定本身良好的情况下才能产生积极效果，如果责任设置本身不科学，即使“加强执法”也不会收到良好效果，甚至走向反面。

三是守法能力。责任对当事人产生违法威慑，但并不意味着其必然守法。法律主体是否守法还要看其是否具备守法的能力并能够支付相应成本。守法成本包括法律认知成本和达到法律要求的状态的成本，涉及信息、经济、技术等方面的能力。如果当事人不具备守法能力，或无力支付成本，即使有责任的威慑，其也难以认真守法；而对于有守法能力的当事人，守法成本的大

46 正所谓“扯了龙袍也是死，杀了太子也是死”。

小也会对其守法积极性产生重要影响。

四是社会基础。这主要是指其他社会规范的影响，包括道德伦理、风俗习惯、宗教以及各种亚群体的价值观等一切法律以外的、具有规范效力的社会因素，在某种程度上，也可称之为“文化”。社会规范对法的评价具有“放大”或“抵消”效果——那些符合社会基本规范的法律惩罚对当事人产生的实际影响远大于责任本身，而那些缺乏文化支持的法律惩罚的实际效力往往受到削弱，进而使其激励功能大打折扣。[47] 另外，社会规范对于责任的实现也具有推动或阻碍作用，那些与社会基本伦理相悖的违法活动会受到全社会的监控而更易于被发现和证明，而“违反大家感情和愿望的法律很难执行，很可能无效”。[48]

法的实效或者说激励效果是上述因素共同作用的结果。任何立法，要想得到良好实施，就必须充分考虑这些因素并作出妥善处理，以保证充足的守法激励，而不能仅规定实体制度。尤其对于环境法这样一种具有典型公益性、科技性、义务性的新兴法来说，[49] 积极创造实施条件更为必要。

二十世纪六七十年代以来，西方国家在历经环境立法的爆炸式增长之后，也普遍遭遇实施不力的困扰。这既有大量立法在环境社会运动掀起的强大道德氛围推动下匆忙出台，未充分考虑实施因素的原因，也是环境执法任务激增，传统机制无力负担的结果。对此，各国不得不采取多方措施加以弥补，其环境法治建设的重心也由立法向法律实施转移。“进入二十世纪八十年代以来，环境法发展的一个重要特点是各国纷纷加强环境执法、环境法规的有效实施

47 如一般社会中的性犯罪者可能遭到整个社会的排斥，付出改变整个人生的代价，而非仅仅法律所判定的责任，如失去几年自由；而在一个缺乏知识产权观念的社会中，盗版者就很难感受到法律责任以外的社会压力和损失。

48 [美]劳伦斯·M·弗里德曼.法律制度.李琼英、林欣译.北京：中国政法大学出版社，2004：126.

49 公益性意味着更加依赖公共机构的执法，科技性和义务性意味着较高的实施成本，新兴性意味着传统法律实施机制难以自动满足其特点和要求，并且更不容易受到社会机制的帮助。

和遵守，环境法实施能力和执法效率迅速提高。”[50] 其主要举措有：

第一，加强环境执法和司法建设。一是建立健全环境管理体制，包括建立专门的环境监管机构，明确职责，提高级别，理顺不同层级政府及不同机构之间的权责关系等。二是加强执法能力，包括扩大管理权限，加大经费投入，加强管理队伍建设，加强执法教育和人员培训等。三是创新管理方式，探索灵活的执法手段，大量采用“非强制性应对措施”，争取违法者自我改正或配合执法，以降低执法成本，使有限的执法资源发挥最大效益。四是完善环境司法制度，积极受理环境案件，并根据环境案件的特点在诉讼资格、诉讼程序、举证规则、案件执行等方面进行改革与创新，充分发挥司法力量在环境治理中的作用，其典型为环境公益诉讼的普遍推行。

第二，完善法律责任。一是加重处罚力度，增强法律威慑。此方面最直观地体现为刑事责任的广泛运用和不断加强。在行政处罚方面，普遍采取“按日计罚”，根据违法行为的持续时间连续处罚，“上不封顶”，形成强大威慑；以经济效益为基础计算罚款额，确保“违法成本大于违法收益”。二是丰富责任体系，设置了从“非正式警告”直到有期徒刑在内的轻重不一、类型多样的责任体系，根据违法情形加以灵活适用，并有条件地适用“和解”、“宽恕”、“赦免”等，形成金字塔型的惩罚机制，以确保公平和激励。三是利用声誉机制增强处罚效果，通过公布违法企业信息等形式增强法律惩罚的实际影响力。四是创新责任形式，通过推行“生态恢复”、“代治理”等，推动企业直接参与环境治理，落实“污染者负担”。五是加强“正激励”，对长期守法企业给予荣誉表彰、财税优惠或义务减免，使其违法表现可以转化为竞争优势。

第三，积极进行守法援助，降低守法成本。在一些发达国家，对企业提供守法援助已经成为环保部门的法定职责和管理手段之一，有专门的负责机

50　蔡守秋．国外加强环境法实施和执法能力建设的努力．http://www.civillaw.com.cn/article/default.asp?id=20918. 2014-03-01.

构和具体的制度保障，主要举措有：一是进行守法宣传和业务指导，不仅对法律法规、国家政策进行详细解释，而且对如何守法作出具体解答，为企业提供专业指导甚至“量身定做”守法方案。如英国 2001 年成立了向公司提供法规信息及应策略的 NetRegs，到 2011 年已拥有占企业总数 25% 的用户。美国 1998 年成立了以网络为基础的囊括 16 个部门的“守法援助中心”，解释法律要求和解决方案，成效显著——91% 的受援者声称改善了环境管理实践，50% 的人宣布减少了污染。[51] 二是推进“环境管理体系”建设，从源头削减违法风险，并有效降低环境开支。三是提供财政资助，为企业提升守法能力、进行环境创新技术投资或承担额外环境义务提供金融支持。

第四，积极运用社会力量。一方面，推动信息公开，增进公众对环境法的认可以及对环境执法的关注，为环境执法争取社会支持，利用社会舆论排除执法障碍，“逼迫”企业守法。二是加强公众参与，明确居民、环保组织和专家的法律地位，赋予其参与环境决策、执法、诉讼的权利，并提供科学的参与程序。在运用社会力量推进法律实施方面，环保组织发挥了重要作用。“借助民间环保组织和社会团体的力量来打击污染破坏环境的行为是国外环境治理中的一个典型经验和有效做法。”[52]

二、守法激励视角下的中国环境法治困局

实施不力、有法不依已经成为社会各界对环境法的共同观感。为什么形式上近乎完备的立法得不到有效实施？从守法激励的四方面因素来看，当前我国环境法实施低效的原因可谓一目了然，甚至“势在必行”。

（一）执法不力，司法几近缺失

环境执法是环境法实施的主要途径，而执法的效率取决于政府及监管部门的“意愿”和“能力”。在此方面，由于政府激励缺失导致环境执法的动

51　OECD. 环境守法保障体系的国别比较研究 . 北京：中国环境科学出版，2010：49-51.

52　孙瑞灼 . 如何破解环保法庭“无案可审”的尴尬 . 绿色视野，2011(2).

力不足、能力不够是环境法实施的最大问题，需要从管理体制、职责权限、考核机制、财政保障、能力建设等方面多管齐下，予以加强完善。对此，笔者已另文讨论，[53] 在此不赘述。

司法也是环境法实施的重要手段。环境民事案件和刑事案件的处理主要靠司法，对于环境执法，诉讼也能够起到威慑作用。然而，从现实来看，无论从“意愿”还是“能力”角度，利益与地方发展紧密关联、环境专业人员缺失且常常超负荷运转的法院对于与经济发展“唱反调”，案情通常复杂且人数众多、社会关注度高且具有“敏感性”的环境案件具有本能“抗拒”，态度消极。有些地方法院甚至以内部规定的形式对这类“涉及面广、敏感性强、社会关注”或“新类型、敏感、疑难”案件的受理设置障碍。[54] 环境诉讼普遍存在“起诉难、举证难、鉴定评估难、找鉴定单位难、因果关系认证难、胜诉难、执行难”。[55] 尽管近年来，随着《最高人民法院关于为加快经济发展方式转变提供司法保障和服务的若干意见》的颁行，[56] 法院受理环境案件的积极性有所增加，但由于配套制度的缺失，仍无根本性观。法院受理的环境案件依然屈指可数，通过司法途径解决的环境案件仍然凤毛麟角，甚至一些意欲在环境诉讼方面大展拳脚的环保法庭也遭遇“无米下锅”、无案可审的尴尬。[57]

（二）责任疲软且不科学

力度不足、“硬度”不够是我国环境法律责任的最大问题，也是环境法常被视为“板子高高举起，轻轻落下”、“软法”，甚至“没牙的老虎”的

53　巩固．政府激励视角下的《环境保护法》修改．法学，2013(1).

54　参见《山东省高级人民法院新类型、敏感、疑难案件受理意见（试行）》、《北京市高级人民法院关于加强案件审限管理的规定（试行）》。

55　郄建荣．环境维权诸多难题尚待立法破解．法制日报，2005-09-28.

56　该意见要求法院“妥善审理各类环境保护纠纷案件，保障和服务推进节能减排和环境保护”，并提出“依法受理各类因环境污染引起的损害赔偿纠纷案件”、“及时审理环保行政诉讼案件”、“实行环境保护案件专业化审判，提高环境保护司法水平”等具体要求。

57　郄建荣．环境公益诉讼进展缓慢 各省环保法庭均无案可审．http://www.legaldaily.com.cn/index_article/content/2011-06/20/content_2753177.htm，2014-03-01.

主要原因。从责任结构上来说，最具有威慑力的刑事责任实践中适用极少，法律的“最后一道防线”形同虚设。据学者梳理，二十一世纪前十年的环境既判案件总计仅有 37 个，其中 2006—2010 年五年间有 23 个，而这五年间仅国家环境统计资料所公布的“突发环境事件”就有 2 616 起；与之形成鲜明对照的是，我国台湾地区 2007—2011 年五年间“地方法院检察署执行环保刑事案件裁判”的年平均数为 403.3。[58] 而即使判决，刑事责任的惩罚力度也偏轻。目前污染环境罪中“后果特别严重”的最高刑也不过是“三年以上七年以下有期徒刑，并处罚金”，威慑有限，但即便如此，实践中也很少用足。一个典型例子是曾震动中央的 2004 年“沱江水污染案”，其获刑最重者仅 5 年有期徒刑及 4 万元罚金。

补偿性的民事责任也存在同样问题。一方面，由于前已提及的一系列原因，环境诉讼的开展受到严重制约从而大大影响责任的实现。另一方面，即使受害人胜诉，所获赔偿的金额也很少。《环境保护法》、《大气污染防治法》明确规定环境污染者只对“直接受到损害的单位和个人”赔偿损失，《水污染防治法》、《固体废物污染环境防治法》、《环境噪声污染防治法》虽未明文规定，但实践中也限于赔偿直接受害的“单位和个人”的私益损失，至于具体民事主体之外的国家的损失，人身、财产之外的“生态的损害”则被排除在外，[59] 这意味着违法者实际承担的损害赔偿远小于其造成的损失。另外，损害赔偿的作用毕竟有限，“作为事后救济的有效措施，民事责任中也需要有诸如恢复原有生态功能、进行生态修复等适合环境特点的责任形式，

---

58 焦艳鹏 . 我国环境污染刑事判决阙如的成因与反思 . 法学，2013(6).

59 目前只有《海洋环境法》明确规定了海洋部门可对给国家带来重大损失者提出损害赔偿要求，但除 2004 年的“塔斯曼海轮”案之外，似乎并未其他成功案例，这里的损害赔偿是否属于“生态赔偿”也存在疑问。《最高人民法院关于为加快经济发展方式转变提供司法保障和服务的若干意见》规定依法受理环境保护行政部门代表国家提起的环境污染损害赔偿纠纷案件，但实践中受理也很少，这种赔偿的性质是否属于“生态损害赔偿”也不甚明确。

而这些责任形式在目前的法律中难以找到。”[60]

行政责任是最主要的环境法律责任，但情形同样不容乐观。多数环境立法虽然都规定了“责令停产停业或关闭”的严厉处罚，但决定权在政府而非环保部门手中，还要受行政级别的层层限制，[61]很少真正实施。实践中这一责任往往只适用于那些造成特别严重的危害后果和社会影响的个案，或风暴式的专项行动，难以形成常规威慑。罚款是当前环境行政处罚中唯一的财产罚，也是适用最普遍、几乎可被视为唯一常规手段的责任形式，但数额过低，远小于“违法成本”，难以形成有效威慑。由于法律没有对罚款额的计算标准作出具体规定，罚款额的确定属于监管部门的自由裁量范围，而监管部门在浓厚的“地方发展主义”氛围下，往往采取相对宽松的标准，惩罚效果不明显。实践中适用最多的是按“应缴排污费”的一定倍数征收，数额较低；而即使地方欲有所作为，把“违法所得”、“危害后果”等因素考虑进去，也因法定最高限额的制约而难以施展。当前各环境单行法普遍设定了最高罚款限额，其中大气污染为 50 万元，水污染、固体废物、海洋为 100 万元，其数额之低，无论是与其所造成的实际损害相比，与其违法收益相比，还是与其经济活动的规模相比，都极不相称，起不到惩罚效果。2005 年震惊中外的松花江污染事故之后，造成巨大损害、年产值以 10 亿计的吉林石化分公司所受的罚款仅为区区 100 万元，出现“罚款顶破天仍便宜了当事人”的法律尴尬。[62]该年国家环保部门掀起的“环评风暴”中，数家严重违反环评制度的大型水电站，作为投资额达数十亿元的超大型企业，收到的最高罚单竟然仅为20万元。另外，困扰实务多年的环境违法“次数”的认定问题一直未得到妥善解决。实践中

60　丁敏．“环境违法成本低”问题之应对——从当前环境法律责任立法缺失谈起．法学评论，2009(4).

61　结合《环境保护法》第 29、39 条的规定，市、县及以下人民政府管辖的企业事业单位的停业、关闭由市、县人民政府决定，省、自治区、直辖市人民政府直接管辖的企业事业单位的停业、关闭由省、自治区、直辖市人民政府决定，中央直接管辖的企业事业单位的停业、关闭，须报国务院批准。

62　竺效．反思松花江水污染事故行政罚款的法律尴尬．法学，2007(3).

普遍采取按“月”认定的方式，即一次处罚针对一个月内的行为，相当于一年顶多罚 12 次，从而进一步限定了罚款总额。无怪乎，有些企业在经营计划中把罚款列入预算，早早安排好资金等待执法人员收取，有的甚至一次性缴足全年的。在声誉罚方面，虽然许多立法都有关于“警告”的规定，但该处罚基本不向社会公开，难以真正起到声誉贬损效果。

责任力度不足还只是减少了责任的威慑性，责任结构不合理导致的“逆向激励”危害更大。现行责任的种类太少，内容粗略，没有充分考虑违法者的不同状态和表现，也没有为“分化”和“鼓励”违法者悬崖勒马、亡羊补牢提供机会。在民事责任方面，环境侵权普遍适用无过错责任原则，不区分排污是否“达标”，也不考虑主观过错，固然体现出一定的“严厉性”，但这种“不问青红皂白”的“一刀切”式处理显然也在一定程度上牺牲了公平性和激励性，降低了企业应有的谨慎度。在罚款方面，普遍采取依“次”计罚的方式，违法者被查处前的违法持续对处罚结果基本无影响，这意味着在被查处之前排放越多越有利，其必然会刺激违法者拼命偷排。还有些责任的设置“轻重失当”、“抓芝麻，漏西瓜”，导致“违法越重有利”。例如，在水资源保护领域，目前法律控制的重点仅在于向水体排污，而对于改变河道、实质性改变水量等更加严重的环境破坏行为，则缺乏规制。在水污染罚款中，作为罚款基数的“应缴排污费”被解释为“违法行为实施前”最近的“月度排污费数额”或“月平均应缴排污费数额”，[63] 貌似公平合理，但由于没有考虑基数差异而实际上造成“企业越小越有利”的情况——“月应缴排污费”高的大企业只要超标或多排一点就面临至少 2 倍的罚款；小企业即使超标或多排很多，其罚款额最高也仅为原本数额就很小的“月应缴排污费”的 5 倍，而小企业通常更加难以监管。在环评领域，问题更加突出。环评法主要针对“未依法报批环评文件擅自开工建设”和“环评文件未经批准擅自开工建设的”

63 参见《关于执行〈水污染防治法〉第 73 条和第 74 条“应缴纳排污费数额”规定有关问题的通知》（环发〔2008〕52 号）.

两类情形作出了责任规定，比较而言，前者完全绕过环评制度，危害性更大，但其责任仅为“停止建设”和“限期补办”，连后者可能遭受的罚款都没有，典型的轻重失当。在环评启动时间越晚对企业越有利的客观情景下，[64]这种可任意“补办”的“责任”规定对于企业守法产生何种激励，可想而知。而对于项目未经环评但已建成投产这一情节更加恶劣、后果更加严重的违法情形，法律竟然没有明确的责任规定。在这样的责任体系之下，难怪看似严密的环评制度被视为“不得不走的过场”，屡经“风暴”而难有改观。[65]

执行罚规定的不足也使得诸多环境规制缺乏实质保障，失去了应有的威慑效果，严重影响法律的威信。据学者统计，《水污染防治法》中出现的“责令”有 30 次之多，这些“责令”对违法者提出了各种必须履行的义务和处罚（如责令改正、停止违法）等，但除第 72、74、76 条之规定外，其他均无责任保障。[66]一些地方的“限期治理”在实践中甚至异化为“限期排污”，被“责令”的企业利用治理期限到来之前的“免检”待遇“不受打扰地”加紧生产、公开排污。[67]

最后，守法的“正激励”不足。尽管几乎所有环境单行法都有关于奖励的规定，但这些规定不仅原则、笼统，很少适用，而且都是针对“作出显著成绩的单位和个人”，与企业的守法表现无直接关系。在《环境行政处罚办法》所确定的行使环境行政处罚自由裁量权所参考的几种情节之中也没有把企业的守法表现纳入其中。只有《环境信息公开办法（试行）》对自愿公开环境

---

64 环评的启动和报批时间越早，审批部门的决策就可以越充分，而项目计划被修改或驳回的可能性越大；反之，如果项目已经破土动工，付出巨大成本，对环境产生实质影响，审批决策的空间就很小，往往为减少总成本不得不屈从于现状。所以，在环评中，企业具有“不评先建”造成既成事实来倒逼环评通过的内在冲动，而且投资额和环境影响越大、正常环评通过率越低的企业，其违法冲动越强。

65 巩固 . 环境风暴的制度困境解析 . 法商研究，2009(6).

66 汪劲 . 环境法治的中国路径：反思与探索 . 中国环境科学出版社，2011：161–162.

67 张魁兴 .“限改令”缘何成了“护身符”. 中国工商时报，2007–07–02.

信息的企业提供了一定的声誉及资金支持，[68]具有很好的“正激励”效果，可惜适用范围较窄，规定也较笼统，实践中常常落空。

（三）守法援助不足

环境法对企业施加了许多强制要求和作为义务，要想达到环境法要求的合法状态，如减少排污或降低能耗，往往需要经营者改造技术设施、改进生产工艺、改善经营管理，这都需要支付相应成本。那些复杂的环境制度（如环评）更对企业的知法、用法能力提出了较高要求。通过各种途径帮助企业降低守法成本，对于激励守法至关重要。从我国产业结构层次整体偏低，污染能耗型企业占比过重，中小企业利润微薄的现实来看，守法援助更为必要。而我国此方面还相当薄弱，守法援助没有被纳入环境监管部门的法定职责之列，没有专门机构和相应机制，法律规定几乎缺失。

在信息援助方面，通过宣传和指导，使企业更加方便地获得环境法知识，清楚自己承担的法律义务和具体任务，获知达到守法要求的最佳实践方案，是守法援助的首要内容。当前我国环保部门虽然普遍设立有宣教机构，但其职能还停留于一般性的环保宣传，以普通公众为主要对象，以国家政策、环境常识和环境基本伦理为主要内容，对于企业如何守法，涉及不多，专业性不强，更没有对企业进行具体指导的机制。在技术方面，针对不同行业确定并推广兼具环保与经济双重效益的“最佳可得技术”，对企业改善环境作为有很大帮助，我国在此方面也无立法保障。环境管理体系能够有效提高企业环境能力，从源头减少环境风险、实现全过程控制、及时发现问题并进行整改，已成为发达国家环境管理的发展方向，但其推广离不开国家支持和法律引导。[69]

---

68 《环境信息公开办法（试行）》第二十三条 对自愿公开企业环境行为信息且模范遵守环保法律法规的企业，环保部门可以给予下列奖励：（一）在当地主要媒体公开表彰；（二）依照国家有关规定优先安排环保专项资金项目；（三）依照国家有关规定优先推荐清洁生产示范项目或者其他国家提供资金补助的示范项目；（四）国家规定的其他奖励措施。

69 例如，美国环保署为了推广环境管理体系采取了许多举措，比如把建立环境管理体系作为对违法企业“整改”的内容之一；鼓励违法者通过实施环境管理体系自查违法，并给予一定的责任减免等。参见 OECD 主编：《环境守法保障体系的国别比较研究》，中国环我国早在 1996 年即启动了第一批环境管理体系认证试点，但后续开展不甚理想，原因之一在于制度激励的缺乏。在经济援助方面，对企业提升环境能力的行为给予信贷、财税方面的支持对于降低守法成本、提高守法激励具有最直接的现实意义，尤其对于那些经济力量薄弱、利润微薄的中小企业。我国近年来虽有一些“绿色金融”实践，但性质上仍偏重于把环保达标作为约束手段的“负激励”，缺乏以帮助企业守法为目标的“正激励”，且总体还处于探索阶段，以部门规章和政策为主要依据，层次较低，制度不全，有待立法加强。

（四）社会支持不够

当前我国公众对环保的认同不可谓不高，“环境保护”、“生态文明”、“科学发展”、早已为普通公众所耳熟能详，环境议题也早已成为政治议程中最引人瞩目的内容之一。最新调查显示，“环境治理”以高于第二名 3 倍的优势稳居“民意热点”榜首。[70] 然而，从法律实践角度来看，公众的环保热情还停留在抽象的、口头的层面，远未转化成推动法律实施的现实力量。实践中，环境违法很少受到如传统违法（如强奸、盗窃等）那样强烈的社会压力，违法者“理直气壮”甚至“叫冤叫屈”的并不鲜见，在环境法的实施过程中也很少看到公众的身影。[71] 高度的社会认同、高涨的环保热情游离于至少形式上完备的庞大立法之外，不能不说是社会资源的巨大浪费。对此，除环境伦理的“真正提升”尚需时日之外，在法制角度，至少存在以下不足：

第一，环境信息公开不够。知情是理解和支持的前提。没有对企业环境影响及其现实危害的了解，公众就难以真正关注企业活动，并对其违法形成

境科学出版社 2010 年版，第 168 页。

70 环境治理超过反腐成第一民意热点 . http://news.xinhuanet.com/politics/2014-02/27/c_119520979.htm，2014 年 3 月 8 日访问。

71 当然，在重大环境事件中的公众相当活跃，尤其近年来各地频发的环境群体性事件。但这种参与不仅在数量上与环境案件的绝对量相比凤毛麟角，而且在性质上偏离“法律渠道”，不是本文所指的协助法律实施意义上的参与；在某种程度上，这甚至可认为是公众被长期排除在法律实施过程之外的反弹。

足够的负面评价；没有对环境法制及其实施过程的了解，公众就很难对这些活动进行有效支持。我国近年来虽然在环境信息公开立法方面有很大进步，但距离激发公众普遍参与的要求，还存在很大差距。在企业信息方面，法定强制披露的仅限于排污超标或超量的污染严重企业的名单及基本排污信息，这些干巴巴的数据并不能使普通公众对违法行为的危害性产生真切的认知。更重要的是，这里的披露以违法行为已被查明为前提，公众处于“被告知”的角色，也就无从发挥协助执法、揭露潜在违法这一公众参与本应具有的重要功能。在政府信息方面，《环境信息公开办法（试行）》把“环境行政处罚、行政复议、行政诉讼和实施行政强制措施的情况”纳入法定公开信息之列，具有积极意义，但缺乏操作细则，实践中往往变成简单的情况通报，难以使公众对执法过程有深入了解，而且这种公开也具有“事后性”。

第二，公众参与的制度化不足。尽管早在1979年《环境保护法（试行）》中就规定了“依靠群众，大家动手”的方针，各环境单行法也大都有关于单位和个人对环境违法行为进行检举、控告的一般规定，但都因缺乏可操作性而沦为“中看不中用”的花瓶条款，长期处于“休眠”状态。目前真正进入制度层面的主要是“环评”领域的公众参与，包括规划环评和项目环评，涉及环评文件的制作和审批等环节，对此《环境影响评价法》及《规划环境影响评价条例》《环境影响评价公众参与暂行办法》等下位法都有比较详细的规定。但现行规定存在一个根本缺陷，即对公众参与的要求流于形式，只关注“有没有参与行为”而忽略“参与质量”，没有确立相应的审查机制以确保“参与”的真实、有效，也没有规定相应责任予以保障，故实践中极易被规避，沦为“走过场”。现实生活中，诸多手续合法齐全的环境项目在实际建设中引起公众抗议甚至演变成群体性事件，原因之一就在于环评中的公众参与被规避，公众直到项目开工建设才真正知情。另外，环评只是环境法治的环节之一，在环境立法、环境决策、环境执法等重要领域，公众都应该拥有相应权利和制度管道，能够“主动”参与其中，表达意见和建议；[72]赋予公众以公益诉权，通过诉讼形成社会压力来监督环境违法和执法更成为各国公众参与环境法实施的有效手段。在这些方面，我国立法均付之阙如。

第三，环保组织力量受限。环保社会力量的发挥需要组织的凝聚。由于环境问题的公益性、复杂性及高成本性，自发的个体性参与作用有限，难有太大作为，而环保组织在价值理念、专业技能、经济实力等方面都具有独特优势，能够有效弥补个体参与之不足，是公众参与的主要力量。没有开放、有活力的环保组织，不可能实现有效的环保参与。故许多国家的环境法都体现出对环保组织的“倾斜支持”，包括明确法律地位，赋予参与权利，建立参与管道等。但在我国，受制于严格的社团管制，环保组织数量少、规模小、力量弱，环境法没有任何支持性规定，甚至未有任何明确提及，从而极大限制了环保社会力量的发挥。

综合以上可知，在现行法下，一个企业在作出是否遵守环境法的“理性”选择时面临的基本情境是：认真守法没有明显好处，但要付出较高成本而且基本上得不到援助；执法者本身并没有足够的动力和能力来严格执法，因而逃脱惩罚的概率很高；而即便“不幸”被查获，依法承担责任，也往往“利大于弊”；社会对环境违法也没有强烈压力，甚至很少理会。在这样的制度环境下，作为“理性人”的企业会作出何种选择，可想而知。尤其在我国当前许多企业产业结构层次较低、利润微薄、竞争残酷、“低价”几乎为唯一制胜法宝而守法会明显抬高成本的现实背景下。

三、守法激励视角下《环境保护法》的进步与不足

由前述可知，我国环境法尽管形式完备，但实则动力缺失，其实施不力，有着深刻的内在根源。如果不能从根本上提升守法激励，再多立法也难以收

72 我国在环境立法、决策和执法方面也有一些公众参与的规定和实践，但没有对公众的参与地位、参与权利、参与程序及法律后果作出明确规定，尤其重要的是，公众的参与具有很强的“被动性”，常沦为花瓶式的点缀。

到良好实效。这意味着，在我国，环境法实效的提升在很大程度上就是一个如何加强守法激励的问题。对此，《环境保护法》责无旁贷。当然，守法激励的提升是一个全方位的问题，不全是立法的问题，更非《环境保护法》一部法所能独力承担。但《环境保护法》作为我国环境领域的核心法、基础法，无疑能够也应该在此方面发挥重要作用。

鉴于《环境保护法》的性质及其在整个环境法律体系中的地位，结合我国环境法实施的现状来看，笔者认为，《环境保护法》在提升守法激励方面应侧重三方面内容：

一是确定基本原则，奠定制度框架。对于那些需要复杂制度和较多条件才能解决的根本性问题，可通过原则性规定发挥引领作用，为未来具体制度的确立和完善提供法律依据，为条件成熟的地方进行创新实践探索提供合法支持。二是总结成功经验，提升下位法中的先进制度。近年来，环保部门和包括公检法在内的其他相关部门在加强环境执法、提升环保激励方面有许多探索性实践，取得不少成功经验，但多停留于政策文件或规章层面，《环境保护法》可将其中的成熟经验固定下来，上升为法律制度，提供更高层面的支持。三是解决迫切问题。对于实践中急需解决的、对提升环境守法激励具有重大意义的一般性问题，《环境保护法》应当集中力量加以解决，直接推动实践进步，也给广大人民的热切期望一个交代。那么，新法在此方面做得如何，有哪些进步和不足？

（一）政府激励

1. 政府环境责任

对政府环境责任的加强，是本次修法的一大亮点，主要分为三个层次：第一，对政府环保履职的原则性要求。在此方面，除新法第 6 条第 2 款“地方各级人民政府应当对本行政区域的环境质量负责”基本重复原有规定之外；第 4 条第 1 款“保护环境是国家的基本国策”更有重大意义，其使环保这一确立已久的基本国策终于有了明确的法律依据；该条第 2 款“国家采取有利于节约和循环利用资源、保护和改善环境、促进人与自然和谐的经济、技术政策和措施，使经济社会发展与环境保护相协调”特别突出环境保护的优先地位，摆正了经济社会发展与环境保护之间的关系，也具有积极意义。这些规定非常清楚地表明了国家在环保方面的基本态度和任务范围，为政府积极环保履职指出了道路，明确了方向，并创造出良好氛围。当然，这些目标不会因法律的规定而自动实现，其能否实现、实现到什么程度，主要还是要看具体制度，也即另外两个层次的规定。

第二，环保履职的负激励。新法确立了政府环保履职的追究考核机制并规定了严格的责任保障，这无疑是一个巨大进步，也是最具里程碑意义的内容。在此方面，第26条和27条规定的“环境保护目标责任制和考核评价制度”和“政府向人大环境报告制度”为政府及环保相关部门的环境作为确立了来自“上级政府”和“本级人大”的双重监督，使环保履职不再是一句空话，将有效改变以往“只不出大事就没事”的消极状况。尤其值得赞赏的是，考评不仅针对政府和部门，而且明文规定同时针对负责人个人，从而进一步避免了以单位名义推卸责任的可能。不过，第27条第2句规定的重大环境事件向人大常委会报告制度中，原草案规定的“专项报告”被改为“报告”，在一定程度上降低了报告的充分性。另外，这两个制度都涉及非常复杂的技术问题，需要地方政府积极配合，建立具体制度才能真正落实，而新法本身并未就制度的实施提出明确时间表，实践中容易被规避。建议国务院或国家环保部门尽快出台相关指导性文件，就这一制度的具体建立提供指引和参照，并确立时间表。第28条第2款规定“未达到国家环境质量标准的重点区域、流域的有关地方人民政府，应当制定限期达标规划，并采取措施按期达标”也有重大督促作用。在环境问责方面，新法第68条明确规定了追究政府、环保部门及其他负有环境监管职责的部门的主管人员和直接责任人员责任的9种情形，基本涵盖了日常环境行政违法的主要情形，并规定了从记过、记大过或者降级处分、撤职或者开除，直至“引咎辞职”在内的严厉责任，具有积极意义。不过，该条第（五）项把“违反本法规定，查封、扣押企业事业单位和其他生产经营者的设施、设备的”纳入问责范围，虽有利于对企业合法权益保护，规范环境监察权行使，但其实施必须慎重，尤其考虑到技术误差、证据取得难、保存难等环境案件的常见情形，过于宽松的认定将严重不利于环保查处的积极性，未来如出台实施细则或司法解释，应明确以明知、故意为限。另外，“引咎辞职”是一种政治责任的表述，从字面意义来看是当事人主动辞职的意思，如其厚着脸皮就是不辞职，该如何处理？作为一种法律责任，对此或应作“免职”理解，也需要配套法规加以补充规定。在问责方面，新法还具有里程碑意义的一点是把“地方政府”本身也作为了督促和问责的对象，其突出表现在第 44 条第 2 款：“对超过国家重点污染物排放总量控制指标或者未完成国家确定的环境质量目标的地区，省级以上人民政府环境保护主管部门应当暂停审批其新增重点污染物排放总量的建设项目环境影响评价文件。”相当于对环保不力的地方施加了经济制裁，具有重要意义。该条使实践中收效甚佳的“区域限批”获得了“环境基本法”层面的法律依据，体现了对成功实践经验的吸收和下位法先进制度的提升。

第三，环保履职的正激励。资金不足是长期以来影响环境监管能力建设，制约环保履职的重要因素，这在中西部及基层地区表现尤为明显。新法意识到资金的重要性，并作出一定规定。第 8 条“各级人民政府应当加大保护和改善环境、防治污染和其他公害的财政投入，提高财政资金的使用效益”对于提高政府对于环保投入的重视，增加环保经费，提升环保能力具有一定意义。第 31 条第 2 款“国家加大对生态保护地区的财政转移支付力度。有关地方人民政府应当落实生态保护补偿资金，确保其用于生态保护补偿”对于生态脆弱地区的环保投入也有积极意义。第 50 条“各级人民政府应当在财政预算中安排资金，支持农村饮用水水源地保护、生活污水和其他废弃物处理、畜禽养殖和屠宰污染防治、土壤污染防治和农村工矿污染治理等环境保护工作”也为农村环保这一“费钱”职责的履行提供了一定保证。不过，这些条款都过于笼统，也没有明确规定最低投入比例，实践中还是容易落空，应在配套规定对资金来源、最低投入比例等作出细化补充。

2. 执法与司法

在执法方面，环保部门执法权得到一定程度的加强。首先，第 24 条“县级以上人民政府环境保护主管部门及其委托的环境监察机构和其他负有环境保护监督管理职责的部门，有权对排放污染物的企业事业单位和其他生产经营者进行现场检查。”不仅重申了现场检查权，更重要的是确认了“环境监察机构”根据环保部门的委托进行环保执法的合法身份，解决了这一环保实践中的重要执法力量却因缺乏明确法律依据而长期遭受合法性质疑的问题。不过，现场检查的内容和程序还缺乏细致规定。

其次，新法第 25 条赋予环保及相关部门以“查封、扣押造成污染物排放的设施、设备”的权力，扩大了环保执法的强制措施范围，对环保部门权威有明显增强作用。不过，作为查封、扣押条件的“造成或可能造成严重污染”规定较粗，缺乏相关技术性指引，实践中不易操作。再加上查封、扣押设施对企业生产经营具有较大影响，第 68 条第 5 项又对执法人员的不当查封、扣押规定了严厉责任，如果没有实施细则，无论对企业还是执法人员都很不利，将严重影响该条的良好实施，故急需立法或相关部门的细化解释。

再次，第 60 条规定对超标或超量排污的企业，“县级以上人民政府环境保护主管部门可以责令其采取限制生产、停产整治等措施；情节严重的，报经有批准权的人民政府批准，责令停业、关闭”赋予了环保部门以限制生产、停产整治的强制措施权，以及“报请停业、关闭”权，进一步加强了环保部门权威，符合铁腕治理的需要。而且该条废除了我国环保实践中饱受诟病的有“中国特色的环境死缓”之称的“限期治理”制度，扫除了以往对国有企业只能按级别由相应政府处理的计划时代的残留阴影，不能不说是又一大历史性进步。[73]不过，当前各主要单行污染防治法中几乎都规定了限期治理制度，

73　根据 1989 年《环境保护法》第 29、39 条的规定，对造成环境严重污染的企业事业单位，只能先进行限期治理，限期治理逾期未完成治理任务的，才能根据危害后果进行罚款或者责令停业、关闭。其中，中央或者省、自治区、直辖市人民政府直接管辖的企业事业单位的限期治理，由省、自治区、直辖市人民政府决定。市、县或者市、县以下人民政府管辖

作为新的一般法的《环境保护法》的规定与这些旧的特别法之规定之间的关系如何处理，有待明确。该条所谓对停业、关闭“有批准权的人民政府”也有待明确。

另外，第42条第2款要求排污单位建立“环境保护责任制度”明确负责人员，第3款要求重点排污单位安装和使用监测设备。这两个规定看似微小，实则意义重大，将极大便利环境检查和执法的顺利进行，有效降低执法成本。

在跨区环境管理体制方面，新法第20条规定第二十条第1款规定“国家建立跨行政区域的重点区域、流域环境污染和生态破坏联合防治协调机制，实行统一规划、统一标准、统一监测、统一的防治措施”，虽有一定积极意义，但必须国家采取相应措施，才能切实建立，而该条并没有明确规定具体负责部门。第2款规定的地方层面的跨区问题的解决，非常笼统抽象，完全看地方政府意愿。

不过，在环境司法方面，新法似乎未有触及，没有明确的保障措施。旧法第41条第2款曾经规定的有关环境损害赔偿责任和金额的环保部门“行政处理”制度在新法中不见踪影。[74]其实，环保行政处理在实践中虽然存在一些问题，但作为连接当事人与法院之间的桥梁以及更具专业性的主管部门，其对环境诉讼（哪怕是纯粹私益的）的介入还是有积极意义的，尤其在一定程度上起到对原告的支持作用。如果该制度废止，那未来还应建立专业的环境诉讼援助制度加以补充。

（二）法律责任

此次修法，环境违法的行政责任得到明显增强，其最大亮点就是第59条

的企业事业单位的限期治理，由市、县人民政府决定。被限期治理的企业事业单位必须如期完成治理任务。责令停业、关闭，由作出限期治理决定的人民政府决定；责令中央直接管辖的企业事业单位停业、关闭，须报国务院批准。

74　1989年《环境保护法》第41条第2款：“赔偿责任和赔偿金额的纠纷，可以根据当事人的请求，由环境保护行政主管部门或者其他依照法律规定行使环境监督管理权的部门处理；当事人对处理决定不服的，可以向人民法院起诉。当事人也可以直接向人民法院起诉。”

规定的上不封顶的“按日计罚”。依该条之规定，我国的“按日计罚”是一种“执行罚”，即针对“被责令改正，拒不改正的”，而这里的“日”虽然没有明确标准，但从该条意图可推知应为“自责令改正之日的次日”起直到“按要求完成改正之日”止。该条第2款“前款规定的罚款处罚，依照有关法律法规按照防治污染设施的运行成本、违法行为造成的直接损失或者违法所得等因素确定的规定执行”就罚款额的确定标准作出了原则性指导，具有积极意义，但虽然几乎呼之欲出，但还是没有明确规定“违法成本大于守法成本和实际损失”的原则，略显遗憾。该条第3款并授予地方“根据环境保护的实际需要，增加第一款规定的按日连续处罚的违法行为的种类”的自由，对于地方环保力度的加强，也具有积极意义。第60条废止“限期治理”，对排污超标或超量的直接适用限制生产、停产整治，并对情节严重的直接适用责令停业和关闭，大大降低了责任的实施条件。第61条在对“未评先建”和“评而未决先建”的处分中增加了“责令恢复原状”这一强有力的责任形式，将极大增强环评的威慑力。第62条对违反法定信息公开义务的重点排污单位处以“责令公开，处以罚款，并予以公告”的责任，对于信息公开制度的实施，也有很大帮助。第63条对一些情节恶劣但尚不构成犯罪的单位主管和直接责任人员规定了行政拘留责任，大大提高了单位的违法成本。

在民事责任方面，新法第64条删掉了纠纷有关环境损害赔偿的复杂规定，而把这部分内容交给已有专节规定的《侵权责任法》，既节约了立法成本，又避免了因规定不一可能带来的适用冲突，是非常正确的明智之举。第65条对有弄虚作假行为的环评、环境监测和环境服务机构规定了“与造成环境污染和生态破坏的其他责任者承担连带责任”的规定，很有必要，也是对《侵权责任法》的有益补充。

另外，“名誉罚”也在新法中得到一定适用。如第54条规定“将企业事业单位和其他生产经营者的环境违法信息记入社会诚信档案，及时向社会公布违法者名单。”

（三）守法援助

重视经济手段和正激励的运用，对积极守法者提供帮助与奖励，也是新法的一大特色。在此方面，除第 11 条重申了旧法的奖励环保显著成绩者的规定之外，还有多处条款涉及这一主题。如第 21 条规定“国家采取财政、税收、价格、政府采购等方面的政策和措施，鼓励和支持环境保护技术装备、资源综合利用和环境服务等环境保护产业的发展”；第 22 条对自愿承担超过法定要求的减排义务者，“人民政府应当依法采取财政、税收、价格、政府采购等方面的政策和措施予以鼓励和支持”；第 23 条对“为改善环境，依照有关规定转产、搬迁、关闭的”给予支持；第 31 条就生态补偿制度作出了规定；第 36 条第 2 款“国家机关和使用财政资金的其他组织应当优先采购和使用节能、节水、节材等有利于保护环境的产品、设备和设施”；第 52 条“国家鼓励投保环境污染责任保险”等。不过，这些目标都需要复杂的制度体系，而现有规定过于抽象，只相当于提出了目标和给予原则性支持，其具体落实还有待时日，其中每一项内容至少需要 1 部以上的配套法规。其中，《生态补偿条例》的制定多年来一直在紧锣密鼓进行中，预计将较早面世。

（四）社会支持

新法非常重视对社会力量的支持和运用。第 5 条明确把“公众参与”作为环保的基本原则之一；第 53 条明确“公民、法人和其他组织依法享有获取环境信息、参与和监督环境保护的权利”，确立了程序性的公民环境权；第五章更是专设“信息公开和公众参与”一章，对一些重点制度作出了比较详细的规定或有益补充。

在信息公开方面，新法的亮点是增加了违反信息公开的法律责任。其中，第 62 条是针对企业的，“违反本法规定，重点排污单位不公开或者不如实公开环境信息的，由县级以上地方人民政府环境保护主管部门责令公开，处以罚款，并予以公告”；第 68 条第 6、7 项是针对公务人员的，即把“篡改、伪造或者指使篡改、伪造监测数据的；应当依法公开环境信息而未公开的”列入“记过、记大过或者降级处分、引咎辞职”的范畴之列。第 56 条第 2 款明确要求建设项目环评审批部门的在收到环境影响报告书后“应当全文公开”，进一步保障了公众的知情权。

在公众参与方面，除第 56 条第 2 款规定的环评中的公众意见表达、第 57 规定的对环境违法的检举举报之外，最引人瞩目的莫过于第 58 条有关环保组织可提起环境公益诉讼的规定——又一个历史性突破。相比于修法之初的羞羞答答以及修法过程中的一波三折，最终通过的新法还是体现出相当的，即授予允许依法在设区的市级以上人民政府民政部门登记，专门从事环境保护公益活动连续五年以上且无违法记录的社会组织以原告资格。据学者估计，符合此条件的社会组织全国大约有 300 多家，这不能不说是一个利好消息。不过仔细推敲发现，该规定也还过于笼统，存在诸多有待进一步明确的问题，例如，这里的在设区的市以上民政部门对于直辖市的规定不明。我国许多著名 NGO 集中在北京、上海等直辖市，许多都是在城区（相当于地市级）民政部门登记，例如著名的“自然之友”。这些组织是否具有资格，颇有疑问。又如，“专门从事环保公益活动”是看章程还是行动？受各种原因影响，我国许多环保组织都是以公司法人名义注册，但多年来一直从事环保实践，是否符合资格？而这里的“连续 5 年以上”是否意味着 5 年来一直从事环保公益活动不能有任何间断？对此，怎么判断，又如何证明。在诉讼管辖方面，是在原告所在地，还是被告所在地、案件发生地、实际受害地？最重要的一点是，对环境公益诉讼来说，类似于美国的“公民诉讼”性质的行政诉讼最有其价值必要，但从目前第 58 条所规定的作为起诉条件的“对污染环境、破坏生态，损害社会公共利益的行为”来看，似乎并不包括渎职、不作为、乱作为、监管不力等行政行为。这不能不说是一个遗憾。

另外，新法第 6 条第 4 款对公民环境义务的规定，第 36 条对国家鼓励和引导公民、法人和其他组织进行环境友好活动的规定，第 9 条有关加强环保宣传普及、环境教育和舆论监督的规定，以及第 12 条有关设立环境日的规定，对于提高全社会的环境意识，营造保护环境的良好风气，形成支持环保、崇尚法治的环保社会氛围从而在根本上改良环境法实施的社会基础，具有积极意义。

总之，从守法激励角度来看，新《环境保护法》的进步还是非常明显的。20年磨一剑的《环境保护法》修改过程虽然波折，但结果大致还算理想。中国的环境法治，已经选择了正确的方向，步入了正确的轨道。但从内容上看，该法还是带有浓厚的政策法甚至促进法色彩，笼统的原则性规定过多，马上管用的操作性规定过少，薄弱之处也非常明显。这注定了其未来的实施之路不会一帆风顺。在某种程度上可以说，《环境保护法》还只是搭起了理想环境法制的框架，其内容还有待充实。

碳排放权网络现货交易法律制度研究

李辉[75]

一、碳交易市场发展概述

1997 年，《京都议定书》签订后，国际碳交易市场开始发展，承诺履行强制减排责任的国家将其配额分配给国内不同企业，同时通过清洁发展机制 (CDM)、联合履约机制 (JI) 和国际排放贸易机制 (ET) 等三种减排机制完成温室气体排放控制目标。在 6 种被要求排减的温室气体中，二氧化碳（CO_2）为最大宗，所以这种交易以每吨二氧化碳当量（tCO_2e）为计算单位，所以统称为“碳交易”。其交易市场称为碳市（Carbon Market）。

目前，全球已建成欧盟碳排放交易体系 (EU-ETS)、美国区域温室气体减排行动 (RGGI)、日本东京都总量控制与交易体系 (TMG) 等多个碳排放权交易市场。其中，欧盟碳交易市场建设最为成功，它不仅推动了欧盟内各国企业之间通过交易欧盟统一发放的碳排放配额实现减排目标，同时也鼓励各国通过购买项目核证减排量 (CER) 抵消配额。

国外碳交易市场建设的先行实践表明，碳交易是利用市场机制促进温室气体减排的有效手段之一，不仅推动了企业加强节能低碳技术创新，客观上也促进了金融产品创新，带动了相关产业发展

2005 年《京都议定书》正式生效后，全球碳交易市场出现了爆炸式的增长。2007 年全球碳交易市场价值达 400 亿欧元，比 2006 年的 220 亿欧元上升

75　李辉，天津中国金属交易所。

了 81.8%，2008 年上半年全球碳交易市场总值甚至就与 2007 年全年持平。联合国和世界银行曾预测， 2012 年全球碳交易市场容量为 1 500 亿美元，有望超过石油市场成为世界第一大市场。

经过多年的发展，碳交易市场渐趋成熟，碳交易成为世界最大宗商品势不可挡，而碳交易标的的标价货币绑定权以及由此衍生出来的货币职能将对打破单边美元霸权促使国际货币格局多元化产生影响。

根据《联合国气候变化框架公约》规定，至少在 2020 年以前，我国作为发展中国家，不承担有法律约束力的温室气体绝对总量的减排，但我国早在 2009 年就已主动提出到 2020 年单位国内生产总值二氧化碳排放比 2005 年下降 40% ～ 45% 的目标。根据国家控制温室气体排放综合性工作方案，“十二五”时期国家发展改革委启动了国内碳交易市场建设。逐步开展碳排放权交易，“十二五”期间由北京、天津、上海、重庆、广东、湖北、深圳 7 个省市先行试点，力争“十三五”期间建成全国统一的碳排放权市场。

我国亟待建立统一的强制减排交易市场已成业界共识，有较大的发展空间。一些机构已开始研究碳排放权现货、期货等交易模式，以期能创新发展、活跃市场。由于期货规定有较为严格的法律规定，本文拟从法律角度对碳排放权的网络现货交易法律制度提出构想。

二、交易场所法律制度

（一）强制进场交易

在碳市场起步阶段，国家应要求碳排放权必须在依法设立的交易所进行交易，这样可以利用交易所专业优势并充分发挥其规范作用。随着碳市场日趋成熟，交易渠道可逐渐扩展。

对于碳排放权强制进场交易，《北京市碳排放权交易管理办法 (试行)》第十六条规定，“市人民政府确定承担碳排放权交易的场所，交易场所应当制定碳排放权交易规则，明确交易参与方的权利义务和交易程序，披露交易信息，处理异常情况”。该规定明确了进场交易的强制性，同时对交易所提出要求，确保碳市场自开始就应在有序的环境中培育和发展。同时，希望随着碳交易的发展，政府更多地在总量控制、数据质量监管、法律规定和执行方面进行把控，交易场所自身能不断完善，独立承担更多的市场功能。

（二）交易所设立

适应交易电子化、自动化和网络化的发展，碳排放权交易场所应采取的公司制组织形式。

传统的交易所基本采取会员制组织形式，即会员共同出资成立交易所，会员可以在其中进行交易，交易所的出资者、交易所运营的控制者以及交易所设施的使用者均为交易所会员。而公司制交易所更通知应时代发展，其具备公司一般特征，股东是开放的，股权可以自由转让，公司以盈利为目的、追求股东利益最大化。

公司制交易所也有其特殊性，与一般的商业公司并不完全相同。除了追求股东利益最大化以外，还须承担一定的市场职能和监管职能。这样就会导致交易所商业性与社会性的冲突，为将这一矛盾控制在适当范围内，国家必然要对交易所进行监管，其中 38 号文规定，“凡使用‘交易所’字样的交易场所，除经国务院或国务院金融管理部门批准的外，必须报省级人民政府批准”，即是国家对交易所设立的监管要求。

目前，我国有七个省市试点都有各自的交易所，名称各异，分别称“环境交易所”、“碳排放权交易所”等。2014 年 8 月 31 日，国家发改委应对气候变化司副司长孙翠华在 2014 年中国低碳发展战略高级别研讨会上透露，全国统一碳排放权交易市场计划于 2016 年试运行。全国统一碳市建立后，仍然需要有效的交易平台，而已有的平台是否会全部保留，还不确定。

（三）网络现货交易平台

网络现货交易平台是交易所提供给交易所交易参与者使用的碳排放权现货电子交易系统。《商品现货市场交易特别规定（试行）》（以下简称《特别规定》）规定，本规定所称商品现货市场，是指依法设立的，由买卖双方进行公开的、经常性的或定期性的商品现货交易活动，具有信息、物流等配套服务功能的场所或互联网交易平台。

国家发展改革委办公厅《关于开展碳排放权交易试点的通知》明确要求各试点发改委“培育和建设交易平台”。《特别规定》鼓励商品现货市场创新流通方式，降低交易成本；建设节能环保、绿色低碳市场。鼓励商品现货市场采用现代信息化技术，建立互联网交易平台，开展电子商务。碳排放权交易更应当积极响应，积极建立网络现货碳交易平台。

除上述特点外，网络化的碳交易平台还应当具备金融属性，否则与传统贸易市场就没有太大区别。碳市场应在现货交易的基础上，进行金融创新，才能增加市场的流动性。碳排放权的金融作用主要体现在配额的价格是市场化的。从某种意义上说，碳交易是一种金融手段，也是一种金融工具，它能够为企业提供一种新的融资手段。有了碳市场之后，可以把富余的碳排放权在交易所转让从而获得新的融资来源。碳市场还可以激励新能源产业和节能环保产业发展。

三、网络现货交法律制度

（一）网络现货交易标的

在网络现货交易平台进行交易的品种是碳排放配额。国家应建立统一的碳配额确权制度，形成标准的交易品种，才能便于交易。

目前来看，各试点地区规定还不统一，如广东省规定，省发展改革委建立广东省碳排放配额登记系统，对配额的分配、变更、清缴、注销实行统一电子信息化登记。据称，全国统一碳排放权交易市场计划试运行后，碳排放配额由国家统一分配。

可以借鉴 CDM 执行理事会（EB）进行相应的机构设置。EB 负责监管 CDM 的实施，由其授权指定经营实体（DOE）对 CDM 注册前进行项目合格性审定，以及对 CDM 项目签发前进行项目减排量监测的核查和核证。EB 进行 CDM 活动的注册登记，包括签发新产生的 CER（核证减排量）、建立资金管理账户、为参与方注册 CER 账户并予以定期管理。

针对碳排放权的法律性质，我国《物权法》第2条第3款规定："本法所称物权，是指权利人依法对物定的物享有直接支配和排他的权利。"第117条规定："用益物权人对他人所有的不动产或动产，依法享有占有、使用和收益的权利。"碳排放权具有物权特征，其在本质上是一种使用环境资源的权利，是政府作为资源所有者的代表通过某种形式的给特定的用户，这样就可以排除其他用户对环境资源的免费使用权。所以，从法律性质上，碳排放权是一种用益物权，具有可转让性。

根据《特别规定》第七条规定，商品现货市场交易对象包括：（一）实物商品；（二）以实物商品为标的的仓单、可转让提单等提货凭证；（三）省级人民政府依法规定的其他交易对象。作为碳排放交易的标的，只能依据"省级人民政府依法规定的其他交易对象"进行确定。也就是说，在碳排放配额进行场内交易前，省级人民政府必须明确规定碳排放配额可以在商品现货市场进行交易。

（二）交易主体

碳排放权交易主体应包括公司、其他经济组织及自然人。交易主体包括出让方和受让方，出让方是依法所有碳配额产品并在交易所申请交易的参与者；受让方是指在交易所申请受让碳配额产品的参与者。出让方与受让方通过交易所会员进场交易。

市场初级阶段，参与者应具备碳排放权交易的条件，作为出让方应持有现货碳配额产品，禁止卖空行为；受让应具备相应的经济能力。交易所应制订相应的市场参与人资格审查办法，进场交易前，交易所应进行审核。如北京环境交易所制订了《碳排放权交易参与人管理办法》。

针对个人是否能参与碳交易，不同交易所规定不同。北京环境交易所不允许个人参与交易；天津排放权交易所规定，个人与机构客户均可以参与天津碳排放权交易。为增强市场流动性，发挥碳排放权交易的金融功能，建议允许符合条件下的个人投资者参与交易。

避免交易参与人过于分散，交易所应采取会员制。交易参与人通过会员公司进场交易。客户与会员之间构成委托关系，客户对其交易指令及交易结果承担相应的法律责任。

（三）交易模式

采用现货挂牌交易模式，即在交易所组织下，挂牌方通过交易所现货挂牌电子交易系统，将符合交易所要求的产品的主要产品信息和交收信息等予以发布，由符合资格的摘牌方选择进行摘牌并按约定进行实物交收。

挂牌是指本交易所的所有市场参与者在满足交易所规定条件的情况下，在交易所现货挂牌电子交易系统上市场上发布拟出售或采购的上市产品的交易信息及交收信息的行为。摘牌是指本交易所的所有市场参与者在满足交易所规定条件的情况下，选择市场上购买或出售某一挂牌上市产品信息、表明接受该挂牌信息中相应要约的行为。

借鉴证券交易所、大宗商品交易所电子交易模式，碳排放权交易所采用现货挂牌交易模式，可以发挥电子交易便捷、高效的优势。当然，初期阶段也会存在其他交易模式，如比拍卖、协议交易等。

根据《特别规定》第九条规定，商品现货市场交易可以采用下列方式：（一）协议交易；（二）单向竞价交易；（三）省级人民政府依法规定的其他交易方式。其中提及的“省级人民政府依法规定的其他交易方式”是开展碳排放权现货挂牌交易模式的依据，即应得到省级人民政府批准。但“38 号文”中指出，除国家层面批准的经营场所外，其他场所开展含有“集中竞价、电子撮合、匿名交易”等形式的交易都属于“非法期货”，所以省级人民政府批准的碳排放权交易方式也不能违背“38 号文”的要求。如“38 号文”规定，“除依法经国务院或国务院期货监管机构批准设立从事期货交易的交易场所外，任何单位一律不得以集中竞价、电子撮合、匿名交易、做市商等集中交易方式进行标准化合约交易”。而部分交易所采取的“价格优先、时间优先”的交易方式则有违反前述规定之嫌。而现货挂牌交易模式能较好地满足“38 号文”的要求。

四、风险控制法律制度

（一）全额交易资金制度

交易方进行全额资金交易，不允许以少量保证金进行交易，且交收完成后才可转让。为保证交易安全性，应要求交易方在交易前预付一定比例的履约保证金。

交收指交收双方按照约定完成碳排放权的变更登记和货款支付转移交付的行为。摘牌后双方应根据交易规则进行交收，进行碳配额变更登记。碳市场发展初期，应规定交易方只能在合法持有碳配额的前提下才能挂卖牌，且买方应全额付款，随着碳市场不断成熟，应允许交易方在未持有碳配额的情况下持卖牌，并适当引入保证金杠杆交易，充分赋于交易平台金融功能。

（二）限额制度

客户每次交易的最大摘牌量和持牌总量均不得超过交易所规定的限额。

现阶段，有交易所规定如果交易双方是具有关联关系的或是大宗交易，须选择场外协商方式进行交易，并经电子交易平台完成交割，这样可以使得大宗交易的价格在交易系统的报价中不体现，从而规避竞价格剧烈波动。

（三）强行了结交易制度

当客户出现超出持牌限额、未按照规定及时追加履约保证金等违规行为或者交易所规定的其他情形的，交易所有权对客户采取强行了结交易措施。

（四）交易所实行风险警示制度

交易所认为必要的，可以单独或者同时采取要求相关会员或 / 和客户报告情形、谈话提醒、书面警示和发布风险警示公告等措施，以警示和化解风险。

当前开展环境污染第三方治理的政策环境及法律风险防范

陆利忠[76]

中国经济此前的高速发展不可避免地沿袭了西方国家“先发展后治理”的路径，以新《环境保护法》的出台为契机，无论是从产业结构调整的角度还是从维护公众健康安全的角度，大力发展环境服务业被提上了前所未有的高度。2013 年 8 月，国务院下发《关于加快发展节能环保产业的意见》（国发〔2013〕30 号），赋予节能环保产业打造中国经济升级版的重要使命。而在环保产业中，基于当前国内的环保服务市场的容量，环保服务产业则又是发展环保产业的重要细分产业。

为推动环保服务产业的发展，就商业模式而言，财政部力推公私合作 PPP 模式，发改委则从 B2B（Business to Business）的角度提出大力发展环境污染第三方治理，由专业环保公司为排污企业提供污染治理服务。本文将对第三方治理这一环保服务业典型商业模式做一些探讨。

一、开展第三方治理的政策环境

第三方治理是国际上工业减排普遍采用的模式，即排污企业以合同的形

76 陆利忠，阳光时代律师事务所合伙人律师，上海分所负责人，上海公司与投融资业务部主任 / 业务总监。现任中国法学会能源法研究会理事。2012 年荣获“浙江省省直优秀专业律师（公司并购）”的称号，2014 年被《亚洲法律杂志》(ALB) 评选为“客户最青睐的 20 位中国顶级律师”。

式通过付费将生产中产生的环境污染交由专业化环保公司治理。第三方治理在国际上的运用已比较成熟，中国企业长期以来基于“大而全”的实践路径使得排污企业内部环境污染治理这部分市场未充分开放，由此第三方治理在国内的发展相对缓慢。随着环保产业近年来的迅猛发展，环保理念也由“谁污染谁治理”逐渐在向“谁污染谁付费”转变，更强调环境治理交由专业环保公司，使得排污者的责任承担主要体现为付费。

政策层面上，第三方治理在十八大《中共中央关于全面深化改革若干重大问题的决定》中已有所体现，“建立吸引社会资本投入生态环境保护的市场化机制，推行环境污染第三方治理”。随后，在《国家发展和改革委员会、财政部、国土资源部、水利部、农业部、国家林业局关于印发国家生态文明先行示范区建设方案（试行）的通知》（发改环资〔2013〕2420 号）、《国家新型城镇化规划（2014—2020 年）》、《国务院关于加快发展生产性服务业促进产业结构调整升级的指导意见》（国发〔2014〕26 号）中均提到了推行环境污染第三方治理。上述文件提供了宏观层面的政策指导。根据发改委官员在 2014 年环保产业高峰论坛上透露的信息，发改委正在牵头研究制定环境第三方治理的改革措施，预计年内将完成该项工作。

2014 年 3 月，环保部下发《关于改革环境污染治理设施运行许可工作的通知》（环办〔2014〕31 号），该通知明确由环保部负责实施的行政许可事项——环境保护（污染治理）设施运营单位甲级资质认定以及由各省（区、市）环保部门负责的环境污染治理设施运营乙级、临时级资质许可根据国务院文件均已废止。业内人士认为，该等简政放权将极大促进环保第三方治理的发展，可以预见，今后环境治理行业“以业绩为导向”而不是“以资质为导向”的市场竞争将更趋激烈。

对于中央层面的政策引导，地方政府也正在积极推进落实。在近期召开的上海市政府常务会议上，审议并通过了《关于加快推进本市环境污染第三方治理工作的指导意见》及试点工作方案。会议指出，要将推进环境污染第三方治理作为提升环境治理水平和推动环保产业发展的结合点。上海市的这一指导意见优先于发改委改革意见的出台，预计将会对中央及全国其他地区的政策出台产生正面的影响，上海地区的环保专业公司应抓住政策先机在环境污染第三方治理领域先行先试、积累经验、有所作为。

二、第三方治理国内发展现状

在政策积极鼓励之前，环保企业已经开始了环境污染第三方治理的实践。

法国两大水务集团苏伊士和威立雅介入国内第三方治理相对较早。苏伊士是最早进入中国水务市场的外资企业，2001 年，上海化学工业区经过公开招投标遴选苏伊士下属子公司中法水务作为合作伙伴，为园区内企业提供工业废水处理服务。中法水务与园区的合资公司上海化学工业区中法水务发展有限公司目前为园区内英国石油公司、德国拜耳、巴斯夫等企业提供专业水务服务。2007 年，威立雅与中石化下属公司签订了重要合作协议，根据该协议，威立雅水务将与北京燕山石化设立合资公司以负责燕山石化炼油厂及六个化工厂所产生的工业废水及生活区生活污水处理，协议期限为 25 年。

火电行业烟气脱硫特许经营可谓国内企业对于第三方治理的典型实践。2007 年，国家发改委和环保部下发《关于开展火电烟气脱硫特许经营试点工作的通知》，即为非常典型的第三方治理，其中作为民营企业的国电清新（002573）是比较有代表性的企业，其作为专业烟气治理公司区别于发电集团下属治理公司，更多地依靠专业能力而非关联关系去承揽烟气治理项目，从这个角度而言，国电清新是真正的第三方独立治理公司。

对于工业废水处理市场，此前环保企业较多承担环保设施 EPC 工程，目前向提供综合治理服务转型的趋势日显，这方面的代表企业包括专业煤化工污水处理企业万邦达（300025）、拟上市公司博天环境等。此外，固废处理行业的第三方治理代表企业包括瀚蓝环境（600323）、东江环保（002672）、维尔利（300190）等。

业内人士普遍认为，随着未来更为严格的监管环境以及更高的环境标准，第三方治理市场将迎来新一轮快速发展的机遇。

三、全面推广第三方治理的两大关键

（一）监管环境

以新《环境保护法》为契机，排污企业将面临更大的环保压力，环境成本内部化将成为必然的趋势。正如上海市政府8月11日的常务会议上所强调，“一方面要通过严格环保执法加大排污单位合规治理的外部压力；另一方面要以更严格的环保标准、更高的治污要求和排污成本，倒逼排污单位提高污染治理设施建设运行水平，增强其委托第三方专业治理的内生动力”。当排污企业的违法成本高于其违法收益，环保设施的自身运行绩效低于专业第三方绩效时，排污企业方有动力将内部环境治理事务委托给外部第三方。

监管环境的严苛包括制度层面上的严格以及执法层面的严格。制度层面上的严格，以新《环境保护法》的出台以及陆续的环保立法为保障。执法层面的严格将促使排污企业切实考虑环保成本。当执法存在弹性，则企业内部环境治理行为必然也存在弹性，企业基于灵活调控成本的诉求，则无动力将该部分业务委托第三方予以实施。2014年6月12日，环保部发布《关于对2013年脱硫设施存在突出问题企业予以处罚的公告》，对包括中石化、国电、武钢、华润等在内的旗下热电厂、化工厂等烟气脱硫设施存在的不正常运行脱硫装置，或不正常使用自动监控系统、监测数据造假、二氧化硫超标排放等行为予以处罚。因此，环境第三方治理的市场开拓有赖于严苛立法，更有赖于严格执法。

（二）融资环境

第三方治理的模式主要包括两种，由第三方治理主体负责投资建设及运营的BOT模式，以及对于排污企业现有环境治理设施的委托运营模式，相比之下，BOT模式需要第三方治理企业具备一定的资金实力及融资能力。

在第三方治理项目中，由于治理项目位于排污企业内部，且通常附着于排污企业拥有产权的土地或固定设施之上，从银行融资角度，第三方治理企业常常由于缺乏合适的抵押担保物而造成融资困境。第三方治理的发展有赖于金融创新，以排污主体未来治理费用的支付保障到第三方治理主体的多渠道融资，涉及对排污主体的风险评估，比如支付信用、排污主体稳定的治理服务需求以及环境治理服务协议的安排等。

四、第三方治理模式下需关注的法律风险

（一）环境治理效果的考核

排污者对于第三方环境治理效果的考核，目前阶段主要以外部环保排放标准作为考核标准，以保障排污者排污行为符合环保监管要求。

随着企业环保理念的加强，不排除部分排污企业出于企业社会责任、建立绿色企业形象，从而对环境治理效果提出高于合规标准的要求。此外，随着排污权交易市场的完善和成熟，企业的环境治理行为能切实转化为企业的经济利益时，排污企业亦有动力提高环境治理考核标准。可以想见，这个进程也必将伴随着环保产业的重新洗牌，推动环保产业内部新一轮的结构调整与升级。从这个角度而言，环保产业应未雨绸缪，提升技术研发的实力。

（二）付费机制

对于第三方治理而言，区别于市政环境治理行业系信用相对良好的政府方作为付费主体，在第三方环境治理中，排污者系该等环境治理服务的付费主体，后者能否按时足额付费对于第三方主体至为关键。

基于环境治理设施停运或者不正常运行对环境造成的负面影响，我们不建议在排污者不履行付费义务情形下，第三方治理主体将设施停运作为优选救济机制。第三方治理主体应对排污者实施一定的付费信用风险评估，基于此配合以排污企业相应的付费担保机制。

从长远角度看，全国企业信用信息公示系统的不断完善有助于企业进一步判断交易风险，此外，从产权交易市场的角度，排污者排污权交易市场的发展有助于排污者将该等行为转化为商业利益，从而有助于其作为第三方治理委托主体更好地履约。

（三）环保责任的分配

环境治理第三方模式的逻辑初衷，是排污者不具备专业治污技术，从而

将该事项委托给专业公司予以实施，随之而来的问题是环保责任的分配，这也是第三方治理模式中最为核心的问题。就环保责任分配，2007 年发改委和环保部联合下发的《关于开展火电烟气脱硫特许经营试点工作的通知》作出了界定，区分脱硫设施运行达不到环保要求的原因归责于发电企业还是专业化脱硫公司，若归责于前者，则扣减的脱硫电价和经济处罚由发电企业承担；若归责于后者，则扣减的脱硫电价和经济处罚由专业化脱硫公司承担。

那么在烟气脱硫领域之外的环境第三方治理中，环保责任如何分配？我们认为，排污者与治理者之间通过法律协议建立的委托治理关系不能对抗外部的行政管理，即排污者仍系作为环保监管机制的行政相对方，而不因委托第三方治理将外部的环保责任一并转移给第三方，否则治污者承担超出其能力范围的风险，不利于防范排污者的道德风险亦不利于第三方治理行业的发展。鉴于排污者与治污者作为两个独立的主体，至于内部的环保责任考核、相互追责等，应在双方签署的服务协议中清晰界定因果关系，确立责任承担主体。

（四）技术改造

对于环境污染第三方治理，随着环境排放标准的提高需实施一定的技术改造，以保证治理效果符合该等提升标准要求。此外，区别于污染物相对稳定的市政环境治理，对于工业第三方环境治理而言，排污主体生产工艺的更新或者产品线的调整等因素，都有可能影响排放污染物的种类及浓度，从而对环境治理的工艺提出了适应性要求，包括涉及资本性支出的技术改造。因此，第三方环境治理涉及的技术改造的频率可能较传统市政环境治理而言要高，技术改造成为第三方治理协议的重要条款。

技术改造的资本性支出由排污者承担还是由治理者承担，从财务的角度本质是一样的。考虑到外部环保监管，以及环境治理设施“三同时”的要求，协议中对于提标改造实施的对接及管理需要有明确的约定，以及确定根据提标改造的资本性支出以及后续运营成本的变化对于环境治理服务价格的调整机制。

（五）排污主体经营风险

对于任何一个 B2B 模式而言，不可避免的经营风险是交易对方的可持续性，尤其是对于第三方治理模式而言，而其中又以第三方治理中的 BOT 模式而言更为突出。对于传统市政环境服务而言，因其交易相对方系政府而不存在类似风险，第三方治理中的相对方为企业，尤其是中国当前商业社会的成熟度而言，企业的平均寿命周期相对较短。我们认为，对于第三方治理主体而言，从项目的可持续性角度而言，当然可以就其未收回部分投资收益由排污企业母公司或者实际控制人提供担保。然而，在当下的环境服务市场中，在服务需求采购方及提供方目前的市场地位而言，买方的接受程度有待商榷。从这个角度而言，我们建议对于第三方治理主体而言，实施项目以谨慎的项目尽职调查为前提，事实上，对于第三方而言，投资的不仅仅是排污主体内部的环境治理项目，间接的也包括排污主体本身在内，排污主体的经济可持续发展保障到第三方的环境治理市场。

最后，对于当前所处的中国经济转型阶段，以及随着中国市场的进一步商业化成熟，对于风险的判断与控制，将成为每一个商业主体基业常青的最重要因素，在这其中，法律风险、协议风险是任何一个立足长远的企业所不能忽略的。

"外三"类燃气排放是怎样炼成的

彭源长[77] 徐秋玲[78]

这是"雾霾"成为时代标签的时代。"向污染宣战"成为刚刚过去的"6·5"世界环境日中国主题词。

严峻的环境形势催生最严环保制度。记者发稿时，距离所谓"史上最严"大气标准正式实施已不到一周时间。根据 2011 年 7 月 29 日发布的国家标准《火电厂大气污染物排放标准》（GB 13223—2011），2014 年 7 月 1 日起，现有燃煤发电锅炉及燃气轮机组执行更严格的大气污染物排放浓度限值，北京、上海等重点地区（key region）则须执行尤其严格的大气污染物特别排放限值。燃煤锅炉排放限值为：SO_2 排放标准由原来的 200mg/m^3 降低至 50mg/m^3；NO_x 排放标准由原来的 450mg/m^3 降低至 100mg/m^3；烟尘排放标准由原来 50mg/m^3 降低至 20mg/m^3。燃气轮机组排放限值为：SO_2，35mg/m^3；NO_x，50mg/m^3；烟尘，5mg/m^3。

最新标准一发布，整个电力行业为之震动，因为火电行业现有的环保设施，大部分都不能满足这一标准，必须进行大规模改造。特别是 NO_x 指标，不可能通过锅炉低氮燃烧来满足新标准，所有锅炉必须加装 SCR 脱硝装置。即使装了脱硝装置，对于许多锅炉而言，要满足 100mg/m^3 的新标准仍是困难重重。行业叫苦之声不绝于媒体。通常情况下，越高的环保排放标准，或者说越低

77 彭源长，《中国电力报》采访部主任。

78 徐秋玲，《中国电力报》、中电新闻网记者。

的污染物排放控制值，就意味着越高的投资、越高的能耗和越高的成本。这是一个传统环保技术的困局。因此，许多电厂为降低能耗及成本，往往会降低排放标准，甚至将环保设施退出。近日，环保部开出史上最大罚单，19 家企业因脱硫设施存在突出问题，被罚脱硫电价款或追缴排污费合计 4.1 亿元。上榜企业中，火电企业正是重灾区。

但不是所有火电企业都在恐惧和哀叹。比如“外三”。

一、减排：同时节能

2014 年 5 月 29 日，记者来到上海，空气貌似还行，比起北京不差，但也说不上多好。上午 10 时许，记者来到“外三”，看到满负荷工作的“外三”8 号 100 万超超临界机组今年以来的累计平均排放水平为：二氧化硫 32.96mg/m^3，氮氧化物 16.61mg/m^3，烟尘 9.92mg/m^3。

也就是说，“外三”三大大气污染物排放水平相当于最新国家标准规定限值的 65.9%、16.6%、49.6%。除烟尘排放外，“外三”的排放水平甚至优于燃气电厂的排放限值。其中，被认为对 $PM_{2.5}$ 贡献最大，也是最关键的氮氧化物排放水平，更是只有燃气电厂排放限值的 1/3 左右。据说，有环境科学专家在看了“外三”在线排放数据曲线后感慨，“要不是亲眼所见，无论如何也无法想象。”这是全国燃煤电厂最好的水平，也是世界最好水平的表现。“外三”作为一个燃煤电厂，在效率创世界纪录的同时，其类同燃气轮机的排放水平是怎样炼成的呢？答案还是创新。并且，是绝对让人很难想象得到的创新。“外三”的减排技术创新，是建立在节能基础上的。用冯伟忠的话说，“外三”的环保是“可持续”的环保。

冯伟忠介绍，在“外三”两台机组投产的前后几年里，我国的电力装机新增容量每年达 8 000 万到 1 亿千瓦，其中约 70% 是燃煤机组，这在世界电力发展史上是前所未有的。而我国当时的环保标准与国际先进水平相比还较低。他意识到，如此多的燃煤机组在短短几年里的集中投产，必然会对环境产生严重影响，今后环保管理趋严是必然趋势。在“外三”两台机组投产后，他觉得必须未雨绸缪，于是，他将重点关注的目光转向了环保领域。

而如果要提高机组的环保水平，就会直面传统环保技术的困局。在“外三”刚投产时，恰逢煤价暴涨，企业的经营压力极大。

虽然抓好环保是企业的社会责任，但是，以不断牺牲企业的效益为代价，则这样的环保也是不可持续的。因此，他将创新的重点聚焦在了研发节能型、低成本环保技术上。

从 2009 年起，“外三”“零能耗脱硫系列技术”，“节能型高效电除尘系列技术”，“节能型全天候脱硝技术”等相继投入运行，能耗逐年下降，到 2011 年，年平均供电煤耗达 276 克 / 千瓦时，这相当于在投产时 287 克 / 千瓦时的世界领先水平基础上，又将机组的整体能效水平向前推进了一代。与此同时，机组的环保性能也大幅提升，主要排放指标历史性地超越了燃机，运行成本显著下降，机组安全性提高，也使企业的经济效益显著提升。至此，传统环保困局被彻底打破，“外三”走出了传统能源绿色革命的关键一步。

就在 2011 年，由于煤价的高企，包括上海在内的全国煤电企业出现了高比例的亏损，而“外三”作为新投产的企业，还要负担每年 3 亿元的财务费用，但当年还有 2.9 亿元的税后利润。

这些到底是怎样的技术创新？

二、脱销：全天候节能

“外三”是名副其实的创新“万花筒”，名目繁多的创新让人眼花缭乱。记者仍然请冯伟忠总经理就减排技术挑最重要的一两条向记者介绍。冯伟忠第一个提到的就是：节能型全天候脱硝技术。

为缓解环境压力，我国继“十一五”在全国发电行业强制推行脱硫后，“十二五”期间，又全面强制推行脱硝。但是，目前火电行业普遍采用的选择性催化还原法（SCR）脱硝技术存在着一个致命缺陷，就是在机组低负荷下（我国煤电参与调峰不可避免，上海的调峰范围宽达 40% ～ 100%），该装置必须退出运行，而此时恰是锅炉的氮氧化物的高排放阶段。这是一个世界性难题。

为解决这一问题，国际上通常的做法是装有 SCR 装置的大型火电机组维持在较高负荷运行，对于确实需较低负荷运行且又必须维持低 NO_x 排放的机组，则在锅炉省煤器前直接引一部分烟气至 SCR 装置，从而提高其入口烟气温度以维持其低负荷工况下的运行，但这种方法的代价是显著降低锅炉的运行效率，这显然与节能减排的初衷背道而驰。最近，又出现了另一种思路，就是将锅炉的省煤器分段并分置设计，以使 SCR 可布置于烟气温度较高的区域，从而解决低负荷烟温过低无法运行的问题，但由于偏离了催化剂的最佳反应温度范围，脱硝效率会明显下降，且催化剂高温烧结并失效的风险急剧上升。并且，该方法仅适用于新建机组。

“外三”两台机组原设计的第二台安装有脱硝（SCR）装置，这是国内百万千瓦级机组安装SCR的第一台，其投用和运行情况良好，能满足设计要求。但由于机组必须参与 40% ～ 100% 负荷的调峰运行，机组投产后连续三年的年平均运行负荷率在 74% ～ 75%，通过运行发现，在 SCR 必须退出工作的低负荷阶段，锅炉的 NO_x 产生浓度高达额定负荷时的 2 倍有余。这意味着在更需要脱硝的情况下，SCR 反而不能作为了，这使 SCR 的环保效用打了很大的折扣，相当于投资 SCR 的减排收益显著下降。为能充分发挥 SCR 的减排作用，针对其低负荷退运这一难题及特征，冯伟忠通过多年的深入研究，结合锅炉、汽轮机和热力系统低负荷运行的特点，从热力学研究入手，研发出了世界首创的“弹性回热技术”。此技术也是对热能动力理论研究的一次突破，其基本思路是增加汽轮机低负荷抽汽以提高此时的锅炉给水温度，从而能确保低负荷下 SCR 的进口烟温高于限值。它一揽子解决了机组低负荷运行时脱硝系统必须退出，环保水平下降以及机组频繁参与电网调频，加剧疲劳损伤，降低运行可靠性等问题，同时还缓解了机组低负荷时煤耗显著上升、锅炉水动力变差以及锅炉热风温度降低导致的制粉干燥出力下降、燃烧效率变差等一系列问题。该技术在 2010 年年底“外三”机组检修期间安装到位并完成了调试，成功投运，使这台机组的脱硝系统在 2011 年至 2013 年的投运率上升至近100%，大幅降低了 NO_x 的排放量，在节能的前提下（该技术的节能特征是：负荷越低，节能量相对越高），彻底攻克了低负荷必须退出脱硝装置这一世界性难题。经上海市环保局统计，“外三”一台机组的 NO_x 减排量竟超过了上海同类两台机组；根据华东电力试验研究院提供的试验报告，按平均负荷75%测算，机组热耗可下降35千焦/千瓦时，单台机组每年可节约标准煤8 250吨。

根据上海市的统一部署，“外三”另一台机组的脱硝改造已于2013年的6月19日完成。由于该机组的弹性回热系统已于2012年改造完成，因此，该套脱硝系统自投产时就具备了全天候脱硝的能力。而该套装置一投产，恰逢上海市由于外来电的大量输入，本地的机组出现了持续的低负荷情况，在晚间和周末，各电厂的脱硝装置经常处于退出状态，而“外三”的两台脱硝装置始终高效运行，为上海的环保作出了重要贡献。

“外三”另一涉及脱硝的重要的节能减排技术名为“安全节能型催化剂延寿技术”。

SCR所用催化剂，价格昂贵且使用寿命较短，其运行效率会逐年下降，一般2～3年后就必须每年进行逐层更换，一台1 000兆瓦机组更换一层催化剂的费用高达1 000多万元，且换下的催化剂后期无害化处理非常棘手。此外，要维持机组 NO_x 的低排放，SCR的催化剂就必须维持高效率，这不符合制造厂提供的催化剂效率下降曲线。

冯伟忠遇事喜欢逆向思考，他觉得，就SCR所用催化剂的物理和化学性质而言，不应出现如此快的老化速率，因此，其效率的下降应有其他的原因。经过对催化剂特性及运行机理的深入研究，他发现催化剂寿命折损最严重的是锅炉的启动阶段，特别是冷态启动。在此阶段，燃油点火初期的烟气中的不完全燃烧油性烟灰极易粘附在催化剂表面。此外，烟气中的二氧化硫一旦在其表面凝结，投煤后碱性的烟灰会迅速与其结合，呈水泥状粘附。这些都造成催化剂有效反应接触面减少，从而降低了SCR的脱硝效率。而在机组的高负荷阶段，催化剂粘附的烟灰中的碳分易自燃，这使得催化剂表面温度会迅速超过 42℃，从而造成催化剂发生不可逆的烧结而使其活性大幅下降。

冯伟忠发明的“蒸汽加热启动技术”以及“点火前催化剂热风预烘干技术”，颠覆了传统的锅炉启动方式，不但提高了启动安全性，用油量下降一个数量等级，还彻底杜绝了启动阶段，特别是冷态启动阶段燃油的不完全燃烧，尾部受热面以及 SCR 催化剂表面凝结硫酸露，烟灰粘结等一系列问题，彻底杜绝了含碳烟灰自燃导致的催化剂烧结问题。此外，“基于超低含碳烟灰的催化剂堵灰后的防烧结技术”以及“降烟速防磨损”等技术的配套应用，使催化剂能长期维持高效率运行，不但大大延长了 SCR 的使用寿命，且能长期确保低 NO_x 排放。

“外三”的首套 SCR 装置投运至今，累计运行小时已近设计寿命的三倍，至今尚未发现效率下降的迹象。得益于前述全天候脱硝技术及本技术的作用，以及自主开发的高效低 NO_x 燃烧技术的应用，2013 年，该套 SCR 的平均 NO_x 排放仅为 24.23mg/m^3，今年以来的平均 NO_x 排放更低至 16.61mg/m^3，不但远远低于新版国标，甚至远低于燃气轮机的标准。

此外，安装 SCR 后，因氨逃逸并与 SO_3 生成的硫酸氰胺，极易导致锅炉空预器堵塞，这也是世界性难题，但冯伟忠提出的广义回热理论并据此研发的系列技术，在提高机组效率的同时，彻底解决了这一难题。

2013 年 4 月，“外三”另一台锅炉进行加装 SCR 的改造，没有按常规的将碳钢换热片更换成搪瓷换热片，运行一年后检查，未发现任何结露、腐蚀及堵灰迹象。

三、脱硫：余热节能

“零能耗脱硫技术”，这是“外三”十项世界首创技术中，能排得比较靠前的技术。

“外三”的脱硫系统为“石灰石湿法脱硫”，这种脱硫系统就是典型的“耗能减排”，其耗电量要达到发电量的 1%甚至更多。

为了大幅降低脱硫系统的能耗，使脱硫系统兼顾“减排”和“节能”，冯伟忠大胆提出了“零能耗脱硫”理念，并领衔研究出了能显著降低脱硫运行成本、实现脱硫综合能耗平衡的新技术，即所谓“零能耗”脱硫的系列技术。其基本思路是在烟气脱硫之前将其中的热能通过一种特殊装置加以回收，并送回热力系统再发电，以弥补脱硫系统的电耗，再辅以相应的节电技术，最终使脱硫系统的节能量与耗能量达到平衡甚至结余，实现“零能耗”脱硫的目标。

长期以来，锅炉排烟低温热能的回收一直是国际电力学术界研究的难题，我国电力行业在20世纪80年代也兴起了一阵“低温省煤器”热，但不久就趋于沉寂。这里最主要的问题是机组在低负荷工况下，特别是在低温季节，烟气余热回收装置的外表面极易凝结硫酸露，继而迅速出现酸腐蚀及积灰堵塞，在短期内就会导致换热装置的报废并危及机组的运行安全。

20世纪90年代后，德国和日本在这方面的研究取得了一定的进展。德国的烟气余热回收装置采用了耐腐蚀特种塑料及覆塑管，不过，由于塑料的传热效率很低，余热回收装置占地庞大且造价极其昂贵；日本的烟气余热回收装置采用常规钢材，但为避免酸腐蚀，其锅炉只能燃用（进口）低硫煤，且日本的燃煤机组通常都运行在高负荷工况，一般不易出现低温结露及酸腐蚀；美国在这方面的研究一直没有实质性的进展，烟气余热回收装置至今未能走出实验室。

冯伟忠认为，从中国的国情及煤种来看，德国方式及日本方式均不可行。首先是我国的动力煤是以中、高含硫煤种为主且不可控；其次是从控制造价和占地以及尽可能提高换热效率的角度，余热回收装置的材料只能以普通钢材为主；三是基于我国煤电在发电总装机容量中占比高于70%，机组必须适应宽范围调峰及低达40%负荷的连续运行工况。冯伟忠及其团队通过深入研究并采用逆向思维的解题方法，这一难题最终被攻克，零能耗脱硫系列技术得以在“外三”诞生，包括脱硫烟气（含引风机和增压风机做功热能）余热回收利用技术；传热管的低温酸腐蚀和堵灰控制技术；传热管的壁温自动控制技术；风机综合降耗及引风机和增压风机联合优化运行技术等。

除风机节能优化运行技术（额定工况的脱硫系统耗电率降至 0.8% 以内）早在 2008 年就成功投运外，该创新项目中的最关键部分——脱硫烟气热能回收装置已分别于 2009 年 6 月和 10 月在“外三”两台机组上安装完毕并成功投运，到目前为止酸腐蚀情况甚微，节能效果显著，供电煤耗下降达 2.71 克 / 千瓦时。两台机组每年可节约标准煤 3 万吨以上，节约喷淋用水 75.6 万吨，节电 845 万千瓦时，这使得脱硫系统竟成了电厂重要的经济增长点，从而把原先视脱硫为负担的“要我脱硫”的被动环保观念彻底转变为“我要脱硫”。

在此基础上，为进一步降低 SO_2 的排放，2013 年，在两台机组检修期间，“外三”又采用自主创新的技术对脱硫系统进行了增效改造。改造后的脱硫效率显著提升，目前的 SO_2 的排放可控制在 $20mg/m^3$ 以下。

四、除尘：仍然节能

按目前新版《火电厂大气污染物排放标准》规定，燃煤电厂在重点区域特别排放限值的烟尘排放浓度为 $20mg/m^3$。

对于环保新标准如此严格的排放控制值，许多业内人士不看好电除尘，一些人倾向布袋或电袋式除尘，而另有许多人青睐加装湿式电除尘，但仅配有三室四电场静电除尘装置的“外三”，再次让人大跌眼镜。

通过一系列的节能综合优化和科技创新技术，包括空预器密封综合优化和低氧燃烧技术等措施，“外三”有效减少了机组烟气量达 18.4%，而烟气流速的降低，其携带烟尘的动量减小，极大地有利于烟尘在电场内的沉降和降低电除尘出口的二次携带，也延长了烟气在电场中的滞留时间。同时，也使得静电除尘器比集尘面积相对增大，从而显著提高电除尘的效率。

在此基础上，为进一步降低排放，2010 年上半年，“外三”对两台锅炉的四电场除尘器进行了节能增效改造——即将原先的工频电源改造为高频电源，这是国内百万级机组首次采用该技术。该项目改造周期仅需 15 天，并且大部分施工可以在机组运行期间实施。改造后，高频电源运行稳定、可靠，除尘效率大幅提升，电除尘器出口烟尘浓度由改造前的 35 ～ $50mg/m^3$ 降低到

10～23mg/m^3。根据在线监测系统统计，2011 年烟囱口的烟尘排放浓度的全年平均值为 11.93mg/m^3，2012～2013 年为 11mg/m^3。远远优于 2014 年执行的重点区域特别排放限值。同时电除尘器的高压电源总功耗由改造前的 871 千瓦降低到 266 千瓦，节能 69.5%。

据记者了解，“外三”目前仍有节能型低成本环保创新技术正在实施。冯伟忠告诉记者，明年“外三”的排放指标一定还会降低。

至于将低到什么程度，冯伟忠向记者承诺，将第一时间通报本报记者。

记者手记：

在“外三”重新发现煤炭

中国电力报 中电新闻网记者 彭源长

冯伟忠身上有很多标签：党委书记、总经理、专家、创新狂人。但记者认为，他首先是一个商人，一个企业家。

他的所有创新，都一定会落到经济效益上。

节能的经济效益很好理解。但也涉及可变成本（减少！）和固定成本（大增？）之间的微妙关系。“外三”会不会一味追求世界纪录，在改造的投入上不计成本，极大推高固定成本和平均总成本，从而得不偿失？记者从“外三”母公司申能了解到的情况是，“由于技术改造不但节能效果显著，还简化了系统，提高了安全性，显著降低了投资，故项目的总投资并没因为这些技术改造的实施而增加。”减排的经济账就更复杂了。人类需要新鲜的空气，也需要工业和能源消费利用。如何平衡经济和环保的关系，从来是人类社会的主要难题之一。在排污价值和市场仍远未成形的当下，企业减排动力主要来自于政府管制，尚属不得已而为之。“外三”却再次让人大跌眼镜，其众多的、另类的“节能减排”（减排的同时节能）技术，越减排越节能越有经济效益，让主动减排的梦想照进了现实！这就是为何很多经济学家把企业家精神列为第四大生产要素的原因吧！在记者看来，冯伟忠作为企业家，不但很好地忠实了“在商言商”；而且，作为行业先锋，他甚至也改变了煤炭这个大生意的经济账。

史无前例的雾霾正将我国的能源支柱煤炭抛向时代的风口浪尖。刚刚，在习近平总书记主持召开的中央财经领导小组会议上，“煤炭清洁高效利用”和“着力发展非煤能源”的多轮驱动战略成为能源革命的重要内涵，足证煤炭清洁高效利用在我国能源安全战略中的重要地位。“外三”的实践证明，通过技术创新，煤电甚至可以比燃气轮机发电更清洁，更环保，与环境更友好。与此同时，企业也能获得更好的经济效益。因此，运用“外三”的绿色煤电技术，完全可以放心地在大城市建设煤电。

常变常新。“外三”，一如经济学诺贝尔奖获得者熊彼特石破天惊的“破坏性创新”理论，正破坏性颠覆和创新我们对传统能源（煤炭、煤电）的传统观念——煤炭，仍可能成为新能源！

公众参与环境执法机制研究
——以嘉兴市实践为锲点[79]

钱水苗[80]

摘要： 浙江省嘉兴市以保障公众环境知情权、公众环境参与权和监督权为出发点，构建了环保联合会、环保市民检查团、市民评审团、专家服务团等“一会三团”的公众参与环境执法新模式。但环境执法公众参与仍面临着法律保障制度不完善、公众参与形式单一、信息公开力度不足等问题，应尽快出台公众参与配套法规，明确公众参与法律效力，扩大环境信息公开范围，以实现公众参与从末端参与到环境执法全过程参与的转变。

关键词： 公众参与；环境执法；信息公开；环保意识

公众参与环境执法是贯彻环境法公众参与环境保护原则的重要内容之一，目前已成为各级环保部门创新环境行政执法机制的重要举措。公众参与环境执法有利于保障公众的环境环境保护参与权和监督权；有利于加强对环保部门的监督，保障环境行政执法的合法性和合理性；有利于强化环境监管、提高环境执法效率、维护公众环境权益和环境质量的改善。浙江省嘉兴市在公众参与环境执法方面进行了积极探索和实践，并取得了可喜的成效。

79　文章原载于《环境保护》2014 年 14 期。

80　钱水苗，浙江大学光华法学院教授。

一、嘉兴市公众参与环境执法实践与成效

近年来，浙江省环保部门坚持把建立健全公众参与环境保护机制为环境监督管理创新的重要内容，以保障公众环境知情权、公众环境参与权和监督权为出发点，以公开性、参与性、监督性为核心，不断畅通公众诉求渠道，动员公众有序参与环境保护活动，健全公众参与环境保护机制。其中在公众参与环境执法方面，嘉兴市环保部门进行了积极的探索和实践，构建了环保联合会、环保市民检查团、市民评审团、专家服务团等“一会三团”的公众参与环境执法的模式，并取得了明显的成效。

加强公众环保组织建设，构建公众参与环境执法机制。

2009 年 2 月，通过公开招聘、组织推荐和邀请，成立了具有较高环保技术水平的专家组服务团，开展环保技术指导服务，并为企业提供环保技术支撑。2011 年以来，嘉兴市积极推动各地发展基层环保社团组织，并成立了市环保联合会，组建了建设项目环保准入专家库。在制度建设方面，嘉兴市先后出台了《鼓励发展环保基层组织指导意见》、《嘉兴市环境保护公众参与管理办法》、《市民参与环保专项行动办法》、《关于进一步加强公众参与工作的若干意见》等规范性文件，为公众参与环境执法提供了制度保障。

二、创新公众参与形式，提高环境执法有效性

嘉兴市环保部门不断探索公众参与环境执法的途径和手段，创新公众参与形式，鼓励和引导公众参与环境执法监督。主要做法有：第一，公众通过投诉、举报，向环保部门提供线索，参与查处环境违法行为。第二，环保市民检查团采取“点单式”环境执法方法，全程参与环保部门的“飞行监测”执法行动，截至 2012 年 9 月，市民检查团共有 680 余人次参与了近百次环保检查。第三，通过举办听证会，环保部门将污染企业的“摘帽”决定权交由环保市民检查团。第四，环保专家服务团和市民代表以听证、评审的方式，参与监督建设项目环保行政许可和验收工作，通过了“811”新三年污染整治规划方案，完成了 45 个较复杂的建设项目评审，如 2010 年 4 月，一个计划投资 100 亿元的橡胶

项目打算落户嘉兴市，环保专家服务团和环保市民检查团经过详细调研提交了一份报告，认为该项目选址的地域窄小，环境容量有限，不宜引进该环境污染风险大的项目。调研报告受到市政府的高度重视，经有关部门研究最终否决了该项目。第五，创新环境行政处罚及公众参与机制，引入公众评审制度。2009 年，以南湖区为试点，制定出台《南湖区公众参与环境行政处罚实施办法》，将公众评审制度引入环境行政处罚案件的审议过程。在此试点的基础上，嘉兴市环保部门制定了有关环境行政处罚案件公众参与工作规则和公众评审员管理办法等文件，聘请 17 位市民担任评审员，成立公众评审团。环保部门以召开环境案件公众评审会的形式对环境行政处罚案件进行公示和评审，接受公众评审团对案件的相关询问，并将公众评审员形成的集体评审决议作为环境行政处罚决定的重要参考依据。公众评审制度使环境行政处罚程序更加公开、公正，有效保证了环境执法行为的合法性和合理性。

三、公众参与环境执法的不足及原因

虽然各地环保部门在公众参与环境执法方面进行了积极的探索，创设公众参与环境执法机制，并取得了明显的效果，但从整体上看，目前我国公众参与环境执法实践中暴露出诸多问题，主要表现如下：

（一）公众参与环境执法的法律依据不足

我国关于公众参与环境保护的立法目前已经有所发展，在一定程度上为公众参与环境执法提供了法律依据。1989 年实施的《环境保护法》规定，一切单位和个人都有保护环境的义务，并有权对污染环境者进行检举和控告。《大气污染防治法》、《水污染防治法》等环境污染防治单行法律中都作了类似的规定。2002 年《环境影响评价法》规定，对可能造成不良环境影响并直接涉及公众环境权益的发展规划和对环境可能造成重大影响的建设项目，应当在该规划草案和建设项目环评报告书报批前，举行论证会、听证会等形式征求有关单位、专家和公众的意见。2005 年国务院发布了《关于落实科学发展观加强环境保护的决定》，规定对涉及公众环境权益的发展规划和建设项目，应当通过听证会、论证会等多种形式，听取公众意见，加强社会监督。同时规定发挥社会团体的作用，鼓励检举和揭发各种环境违法行为。2006年《环境影响评价公众参与暂行办法》发布实施，这是我国首部明确规定公众参与环境保护方面的规范性文件，它对公众参与环境影响评价作了较为明确的规定。虽然，环境法律法规对公众参与环境保护作了一些原则性的规定，但这些规定对公众参与环境执法的保障显然不足。公众参与环境保护的法律缺乏，难以保障公众参与环境执法的有效性和环境利益的实现。

（二）公众环境意识不强，参与环境执法能力不足

虽然我国政府对环境保护工作高度重视，通过开展各种形式的环境宣传教育，公众的环境保护意识已有显著提高，但距公众积极主动地参与环境执法的意识、能力要求还相差甚远。据调查显示，目前公众参与常常只是参加有关环境保护的公益活动，对日常环境污染问题进行投诉、举报，真正接触和参与环境执法活动甚少，而且大多公众参与环境执法不是公众的自觉行动，而是在政府和环保部门鼓励、引导下进行的。公众参与环境执法一般包括监督性参与和协助性参与两个方面。所谓监督性参与，是指公众依照法定程序和方法对环境执法机关的执法行为合法性和合理性进行监督，以促进其依法进行环境执法，保障环境执法权的合法行使；所谓协助性参与，是指公众对环境行政执法机关的执法行为提供协助和支持，如公众向环境执法机关投诉、举报环境污染问题，直接参与和协助环境行政执法机关的执法活动。嘉兴市创建的“一会三团”的公众参与环境执法模式主要是协助性参与，监督性参与明显不足，影响了公众参与环境执法的广度和力度。

（三）公众参与阶段、形式不尽合理，影响参与环境执法的有效性

依照现行环境法律法规有关公众参与环境保护的规定，公众参与环境执法阶段主要体现在末端参与，在实践中，往往是针对环境污染和破坏发生后的公众投诉、举报或者直接参与环境执法机关的执法活动。这种末端环境执法参与与实现环境法确立的“预防为主”原则和环境保护的目标相差甚远。公众参与环境执法应当体现在环境保护的全过程。对于公众参与环境执法的

形式，现行环境法律法规规定了听证会、论证会、举报和控告等参与方式。公众参与环境执法方式的相对单一，不足以保障公众广泛、有效地参与环境执法。实践中，公众参与环境保护的途径大致为问卷调查、专家咨询、举行座谈会和论证会、召开听证会五种形式，这些公众参与方式主要是征求公众意见，而对于公众表达的意见并没有规定相应的回应制度，这既会严重挫伤公众参与环境执法的积极性，也会影响公众参与环境执法的实效性。

（四）环境信息公开不足，信息支持力度不强

公众依法享有获取环境信息的权利。政府和企业公开环境信息是公众参与环境执法的基础和前提。只有公众了解和掌握有关环境危害或污染的原因、特点、环境责任主体、环境执法依据和执法措施等环境信息，才能真正有效地参与环境执法活动，并保证公众参与环境执法的实际效果。国务院颁布的《政府信息公开条例》和原环保总局制定的《环境信息公开办法（试行）》已于2008年5月正式实施，表明我国已建立了环境信息公开制度。然而，目前在政府和企业的环境信息公开方面还存在诸多问题，如环境信息保密范围过宽，自由度太小；获取环境信息的途径有限，渠道不畅通；环境信息公开主体随意性较大，责任制缺失；环境信息包含过多专业技术性术语，不为公众所掌握；特别是企业环境信息公开制度的缺失等。由于政府环境信息公开制度的不完善，企业环境信息公开制度的缺失使公众不能及时、全面和准确地获取环境信息，导致公众参与环境保护的热情不高，参与环境执法的广度和力度有限。

四、公众参与环境执法机制的完善

（一）健全环境信息公开制度，依法保障公众环境知情权

环境信息公开是保障公众获取环境知情权的重要内容，环境知情权是公众参与环境执法的前提。第一，拓宽环境信息公开范围，借鉴国外立法实践经验，按照“以公开为原则，不公开为例外”的原则，除涉及公共机密和国家利益的特殊情况外，全面、及时、准确地公开环境信息。第二，健全环境信息公开机制，明确环境信息公开内容，细化公开条目，采用门户网站、政

务微博等信息发布平台和新闻发布会、通报会及其他媒体及时公开环境信息，畅通信息渠道。第三，建立企业环境信息公开机制，如实公开排污企业（尤其是重点排污企业）主要污染物的名称、排污方式、排放浓度和总量、超标排污情况，以及污染防治设施建设和运行情况，定期公布重点污染源环境信用评价结果和排污超标超总量的污染严重企业名单，接受社会监督。第四，及时如实公布环境行政执法机关的环境执法监管情况，并畅通公众获悉环境执法信息的渠道，保障公众对环境执法行为的合法性和合理性监督。第五，建立政府、企业主动公开环境信息与公众申请获取环境信息相结合的双向机制。

（二）加大环境宣传教育力度，提升公众参与意识和技能

保障公众参与环境执法有效性的关键之一，是要提高公众参与环境保护的意识和提升公众参与环境执法的技能。切实加大环境宣传教育是提高公众环境意识，提升参与环境执法技能的重要手段。国家立法机关应当积极推进环境教育立法，通过立法明确相关主体的权利、义务和责任，并确立相关保障机制，依法保障环境宣传教育的实施。各级政府应当加大环境宣传教育的投入，保障必要的环境教育经费。各级环保部门、教育部门应当通过环境保护专题培训、绿色系列创建、环境教育基地建设等多种形式，普及环境科学和环境法律知识；新闻媒体应当对环境违法行为进行舆论监督。通过加大环境宣传教育力度，提升公众参与环境保护的意识和公众参与环境执法的水平和能力，营造全社会关注、共同参与环境执法的良好氛围。

（三）完善环境立法，建立公众参与环境执法机制

针对公众参与环境执法的法律保障缺失，应当进一步健全环境立法，建立科学合理的公众参与环境执法机制。第一，应当明确公众享有参与环境执法的权利及其法律效力，包括监督性参与和协助性参与。唯有这样，才能保障公众参与环境执法的积极性和有效性。第二，应当明确公众参与环境执法的程序，以保证公众有权依一定的程序或途径参与一切与环境执法相关的活动。参与的内容包括：规划和建设项目的环境影响评价；建设项目竣工环境

保护设施验收；重点工业污染防治及生态恢复治理；环境执法和案件审议等。第三，应当明确公众参与环境执法监督的方式，在现行听证会、论证会等参与方式基础上，进一步拓展和健全包括投诉、举报、公益诉讼、问卷调查、现场调查取证、社会公示、座谈会、圆桌对话等参与方式，并进一步完善听证会制度。

可喜的是，2014 年 4 月 24 日修订通过的《环境保护法》专门设立了“信息公开和公众参与”专章，对公众依法享有环境信息知情权、环境保护参与权和监督权、公众对环境污染和破坏生态行为的举报权及符合一定条件的社会组织向人民法院提起公益诉讼权等做了原则性规定，这无疑为公众参与环境执法提供了有力的法律依据。但要真正落到实处，使新《环境保护法》得以有效实施，还应当尽快出台公众参与环境保护的配套法规或规章。对公众参与环境保护的渠道、方式和程序进一步细化，进一步健全公众参与环境保护制度，为公众参与环境保护提供制度保障。

主要参考文献

[1] 黄政 . 略论推进公众参与环境执法的法律保障 [J]. 理论导刊，2011，(09): 90-92.

[2] 潘世钦 ，石维斌 . 我国公众参与环境执法机制的缺失与完善 [J]. 贵州师范大学学报（社会科学版），2006，(01): 22-26.

维护企业合法权益　促进能源法规落实[81]

石少华[82]

我国是世界最大的能源生产国和消费国，形成了煤炭、电力、石油、天然气、核能、新能源及可再生能源全面发展的能源供给体系，为国家经济社会的可持续发展提供了能源保障。在我国能源发展取得巨大成就的同时，当前仍然面临着能源需求压力巨大、能源供给制约较多、能源生产和消费对生态环境损害严重、能源技术水平总体落后等挑战。我们必须从国家发展和能源安全的战略高度，审时度势，借势而为，找到顺应能源发展大势之道。

习近平总书记在第六次中央财经领导小组会议上强调：要积极推动我国能源生产和消费革命，加快实施能源领域重点任务、重大举措。要抓紧制定2030年能源生产和消费革命战略，研究“十三五”能源规划。抓紧修订一批能效标准，只要是落后的都要加快修订，定期更新并真正执行。继续建设以电力外送为主的千万千瓦级大型煤电基地，提高煤电机组准入标准，对达不到节能减排标准的现役机组限期实施改造升级，继续发展远距离大容量输电技术。在采取国际最高安全标准、确保安全的前提下，抓紧启动东部沿海地区新的核电项目建设。务实推进“一带一路”能源合作，加大中亚、中东、美洲、非洲等油气的合作力度。加大油气资源勘探开发力度，加强油气管线、油气储备设施建设，完善能源应急体系和能力建设，完善能源统计制度。积

81　本文是作者在第二届中国能源企业法务高峰论坛上的致辞。

82　石少华，中国能源法研究会会长。

极推进能源体制改革，抓紧制定电力体制改革和石油天然气体制改革总体方案，启动能源领域法律法规立改废工作。能源消费革命、供给革命、技术革命、体制革命及国际合作，这四个方面的革命和国际合作大格局将带来错综复杂的法律关系变化，也就是能源企业的法务将面临的新常态。在总结这些年能源大发展中法务工作基础上，我们即将开始新的征程，新的起点！

在全面推进法治中国建设的大背景下，随着“一带一路”规划的制定和实施，为中国能源企业走出去提供了新的机遇，也对能源企业法律实务提出了新的要求。我们要抓住历史机遇，为实现能源转型和可持续发展提供有效的法律保障。这次大家齐聚一堂，围绕着“一带一路”建设中能源企业法务实践的主题，分享、交流的相关经验和体会，机会难得。作为能源企业的法务人员，我认为需要重点做好以下三方面的工作：

（1）构建企业安全运营的核心规章制度。要保障能源企业的安全运营，必须要从能源的生产、运输、消费三个环节可能对企业安全造成的危害入手，认真分析相应的风险，建立健全规章制度，以确保能源企业的生产安全，预防和减少生产安全事故。如建立完善能源企业安全生产责任制及安全管理制度、能源环境影响评价制度、能源节约制度等。

（2）采取各种法律措施，切实维护能源企业合法权益。能源企业法务人员应当全面参与企业的发展、生产、经营等重大决策，及时进行法律风险评估，做好企业的合规工作，完善各项制度，加强法务监督，防控法律风险，为防控和降低能源企业的法律风险把好关、服好务。

（3）促进能源法律法规的贯彻落实。国家现已出台了多部能源法律法规，依法生产经营是能源企业的法定义务和责任，只有学法、知法、懂法，才能守法。能源企业法务人员具有较高的法律素养，有责任、有能力当好能源企业贯彻实施能源法律法规的推手和助手，协助企业宣传学习能源法律法规，促进从业人员法律意识的提升，推动依法治企、依法管理，坚持节约发展、清洁发展、安全发展，确保能源企业在法治轨道上健康发展。

我国污染物总量控制制度探讨[83]

田其云　黄彪[84]

摘要：污染物总量控制是污染防治的重要手段，这在各国的实践以及各学科理论研究的过程中都能得到体现。文章指出在环境污染问题日益严重的今天，随着目标总量控制不断取得成效，污染物目标总量控制需要逐步向容量总量控制过渡，污染物总量控制在向容量总量控制过渡的同时也需要建立起配套保障制度，特别是完善目标责任追究机制以保障污染物总量控制制度功效的实现。

关键词：污染物总量控制；目标总量；环境容量；污染防治

一、污染物总量控制制度的发展

污染物总量控制是指“以环境质量目标为依据，对区域内各污染源的排放总量实施控制的管理制度。在实施总量控制时，污染物的排放总量应小于或等于允许排放总量。区域的允许排放总量应当等于该区域环境允许的纳污量。环境允许的纳污量则由环境允许负荷量和环境自净容量确定”。从环境科学的出发点看污染物总量控制的基础就是环境允许负荷量和环境自净容量，而这两者就是构成环境容量的重要内容，在环境科学中污染物总量控制的本质就是对环境容量的保全。

83　文章原载于《环境保护》2014 年 20 期。

84　田其云，中国海洋大学法政学院教授、博士生导师；黄彪，中国海洋大学法政学院。

1986 年，原国家环境保护委员会颁布了《关于防治水污染技术政策的规定》，该规定明确指出："对流域、区域、城市、地区以及工厂企业污染物的排放要实行总量控制。"这是我国关于污染物总量控制制度第一次出现在国家层面的规范性文件中。我国真正意义上的污染物总量控制制度的建立是在"九五"之后，1996 年国务院批准实施《"九五"期间全国主要污染物排放总量控制计划》，在随后实施的"十五"，"十一五"以及"十二五"计划中都出台了有关污染物总量控制制度的计划。

污染物总量控制制度作为一种环境管理措施引起了各个学科的注意，随着对污染物总量控制制度研究对象的深入分析，污染物总量控制制度在实践中的运用日益广泛，这也推动了总量控制制度的进一步细化，即目标总量控制和容量总量控制分类的出现。与容量总量控制相比较，目标总量控制以排放限制为控制基点，从污染源可控性研究入手，进行总量控制负荷分配。目标总量控制从污染源的可控性入手实际上就是在目标制定上适当兼顾经济社会发展和环境科学技术水平，《"九五"期间全国主要污染物排放总量控制》《国家环境保护"十五"计划》以及《"十一五"期间全国主要污染物排放总量控制计划》都是实行的目标总量控制。

二、我国污染物总量控制制度实践中的问题

在污染物总量控制制度实施方面，继 1996 年批准实施《"九五"期间全国主要污染物排放总量控制计划》之后，我国先后实施了《国家环境保护"十五"规划》《国务院关于"十一五"期间全国主要污染物排放总量控制计划的批复》以及《国家环境保护"十二五"规划》，基本上涵盖了我国污染物总量控制制度建设的主要阶段，其实施效果如表 1 所示。

对表 1 所示数据进行分析，不难发现我国污染物总量控制制度实施在短期内起到了缓解污染的作用，但从整体上看这种缓解的趋势并不明显，其中还存在着污染物排放回升的现象，可以说实践中的污染物总量控制制度还是存在较多问题。

第一，污染物总量控制制度的控制对象相对较少且缺乏持续性。我国污染物总量控制的种类主要包括粉尘、二氧化硫、化学需氧量、石油类、汞、镉、六价铬、铅、砷、氰化物、工业固体废物、氨氮以及氮氧化物等，其中化学需氧量和二氧化硫是主要的控制对象。从我国实施污染物总量控制制度以来，对于总量控制的控制对象从最初的 12 种减少到现在的 4 种，这难以反映我国环境污染与破坏的现状，也难以在最大程度上改善我国环境状况。我国目前污染物总量控制制度的控制对象的安排主要是为了解决大气污染和水污染的问题，特别是在"十一五"期间，总量控制的对象只有化学需氧量和二氧化硫，这对于日益严重的土地或者土壤污染而言，难以实现有效的控制。从各国发展趋势来看，越来越严格、越来越苛刻的总量排放标准是发展的趋势，而我国每个"五年计划"的总量控制种类减少的背后，排污量并未得到很好的控制。

第二，统计总量的数据变化较大，没有呈现逐年递减的趋势。从表 1 中我们就可以发现不管是二氧化硫排放量还是化学需氧量排放量的统计总量都出现了一定反复，总量在总体上并没有出现递减的趋势。特别是化学需氧量的排放总量，"九五"确定的总量为 2 460 万吨，"十五"确定的总量为 1 800 万吨，而"十一五"和"十二五"确定的总量分别又上升到了 2 294.4 万吨和 2 347.6 万吨。这其中虽然存在着"十二五"在统计总量时考虑到了面源污染的因素，但是从整体上看，每个五年计划的污染物排放总量的确定之间没有过多的承继等联系，影响到了污染物总量控制制度实施的效果。

表1　我国总量控制制度实施效果简表　（单位：万吨）

期间	控制对象	二氧化硫		化学需氧量		减幅
		统计总量	目标总量	统计总量	目标总量	
九五	12种，包括粉尘、二氧化硫、化学需氧量、石油类、汞、镉、六价铬、铅、砷、氰化物及工业固体废物	2 370	2 460	2 233	2 200	计划二氧化硫增幅为3.82%，化学需氧量减幅为1.49%
十五	6种，包括二氧化硫、烟尘、工业粉尘、化学需氧量、氨氮、工业固体废物	1 995.5	2 800	1 444.4	1 300	10%
十一五	2 种，包括化学需氧量和二氧化硫	2 549.3	2 294.4	1 414.2	1 272.8	10%
十二五	4种，化学需氧量、氨氮、二氧化硫、氮氧化物	2 267.8	2 086.4	2 551.7	2 347.6	8%

注：表中数据来源于《“九五”期间全国主要污染物排放总量控制计划》，《国家环境保护十五规划》，《国务院关于“十一五”期间全国主要污染物排放总量控制计划的批复》以及《国家环境保护“十二五”规划》。

第三，目标总量波动较大，反复现象严重。目标总量出现严重的反复现象与统计总量的波动存在着密切的联系，可以说统计总量的波动直接导致了目标总量的反复。目标总量的反复既反映了我国污染物总量控制制度在目标总量确定上的科学性依据不足，也反映了实践中的污染物总量控制制度执行的效果不理想。

三、从污染物目标总量控制逐步走向容量总量控制

污染物目标总量控制在一定程度上减缓环境污染给人类生存环境带来的压力，但是无法从根本上解决排污给有限的环境容量所带来的危害。同时，我国在全国范围内实行相对统一的污染物目标总量控制，这与我国地域面积较大，各地区经济社会发展水平以及环境状况不一的国情相违背，与各个自然环境要素所发挥的生态功能不同的特点相违背。对于部分地区应当给予特

殊处理。

当我们从污染物目标总量控制走向容量总量控制过程中，建议在划定重点污染物的同时，再由国务院在全国范围内划出部分重点防控区，在重点控制区范围内实行容量总量控制，以保证重要环境要素生态功能的实现和环境容量的保全。重点控制区可以包括对达到环境质量标准起关键性作用的重点区域和流域，易于发生重大污染问题的区域以及超过国家重点污染物排放总量控制约束性指标的地区，对于重点防控区因保护生态环境导致的经济社会发展受限而出现的利益受损问题，可以通过建立生态补偿等其他配套制度加以弥补。《国务院关于环境保护若干问题》以及《国家环境保护"九五"计划和 2010 年远景目标》中所确定的酸雨控制区以及二氧化硫控制区就具有重点防控区的雏形。2011 年出台的《太湖流域管理条例》中所实行的重点水污染物排放总量控制制度就明确将容量总量控制运用于重点控制区的污染防治上，该条例明确规定太湖流域管理机构根据水功能区对水质的要求和水体的自然净化能力，核定太湖流域湖泊和河道的纳污能力。从近两年所公布的《太湖流域省界水体水资源质量状况通报》来看，太湖流域的水质明显好转。

囿于环境科学技术水平及经济社会发展因素，现阶段对于一般区域都实行容量总量控制的操作性较小，但有必要在目标总量控制的目标总量制定上加强对环境容量依据的考量。

四、健全污染物总量控制目标责任追究机制

健全我国污染物总量控制制度的考核和责任追究机制的前提是我国污染物总量控制制度本身的完善，即需要建立常态化的污染物总量管理方式。一般意义上，制度的建设就是一种常态化管理的表现方式，而我国现阶段实施的污染物总量控制制度显然没有达到常态化管理的要求。污染物总量控制制度的实施程序主要包括监控对象的确定、目标总量的制定、总量的分配、配额的执行以及执行考核 5 个步骤。对于监控对象的确定，目前我国实践中的监控对象变化较大，且数量不多，在现阶段污染种类多样的情况下，总量控

制防治领域需要从目前的大气污染和水污染扩展到土壤污染等方面，监控对象也需要相应的增加。对于目标总量的制定，当前主要按照某水平年排放总量确定，这种总量的确定，一方面没有对面源污染等其他因素进行考虑，另一方面没有区别重点区域的污染防治。所以在总量制定的过程中，要考虑到面源污染的问题，在重点区域应当按照区域环境容量进行控制。对于总量分配，现阶段总量分配的单位都是地方各省市，是以各行政区域作为总量划分的单位，这一划分依据与环境要素的整体性存在着冲突，如我国河流流域污染总量控制，由于其跨越几个省市，单个省市的总量控制难以起到对整个流域污染防治的作用，所以将流域等不可分割的具有整体性的重要环境要素作为总量分配的重点区域也显得尤为必要。对于配额的执行，现阶段我国主要以环境执法机关的监控为主，缺乏灵活性，需要市场机制的引入，近期出台的《关于进一步推进排污权有偿使用和交易试点工作的指导意见》是推动排污权交易制度完善的契机。

目前，直接规范我国有关污染物总量控制制度的考核和相关责任追究的规范性文件较少，可见的有 2007 年国务院颁布的《国务院批转节能减排统计监测及考核实施方案和办法的通知》，该通知对污染物总量控制制度考核和责任追究有了一个原则性的规定："考核结果在报经国务院审定后，交由干部主管部门，依照《体现科学发展观要求的地方党政领导班子和领导干部综合考核评价试行办法》的规定，作为对各省、自治区、直辖市人民政府领导班子和领导干部综合考核评价的重要依据，实行问责制和'一票否决'制。"这一责任追究的规定给责任追究机制的建立提供了一定的思路，但是没有建立相关的后续程序保障措施，这使得这一责任追究形式的可操作性大幅降低。2011 年国务院颁布《"十二五"节能减排综合性工作方案》在这一思路的基础上强调"把地区目标考核与行业目标评价相结合，把落实五年目标与完成年度目标相结合，把年度目标考核与进度跟踪相结合。"2013 年国务院颁布的《国务院办公厅关于转发环境保护部"十二五"主要污染物总量控制减排考核办法的通知》中再次提及"一票否决"并规定了在未达标地区实行环评区域限批制度。2014 年新修订的《环境保护法》也有关于环境保护目标责任制和考核评估制度的规定。

通过对我国关于目标责任追究机制规定的梳理，当前目标责任追究机制呈现以下两个特点：第一，目标责任所针对的主体多为政府及其负责人；第二，目标责任追究的方式往往是要求承担行政责任，即往往由行政机关根据层级关系和上下级关系来追究下级机关或负责人责任。

目标责任追究机制中的责任承担形式应当是多种类别责任的竞合，即应当包涵行政责任、法律责任以及政治责任。当前减排考核中所实行的“一票否决权”在本质上属于行政责任的追究，这一问责形式是行政机关内部问责的体现，这种内部问责存在着程序不透明、依据不规范、问责对象权利救济不够这样的缺陷，而外部问责则恰恰可以弥补内部问责的这一系列缺陷。新修订的《环境保护法》规定的考核结果需向社会公开以及向人大报告为外部问责提供了法律依据和可能性，特别是行政机关在污染物减排中作为或不作为而导致的私人主体利益或社会公共利益损害的行为，可以通过行政诉讼或公益诉讼的途径去主张行政机关为或不为一定行为。对涉及单位犯罪或相关人员出现渎职情形的，应当严格按照刑事途径追究相关责任人的刑事责任。对于政府目标责任的追究上，应当内部问责与外部问责相结合，采取多种责任形式，确保目标总量的实现。

在增加责任形式的同时，增加责任所针对的主体也是完善目标责任追究机制的重要手段，特别是对无法完成目标总量指标的企业，也需要追究相应的责任，对企业环境责任追究是保障实现目标总量的重要途径。当前，对因企业环境污染而导致的民事责任、刑事责任以及行政责任的责任追究路径较为成熟，只有社会公共利益受损的救济路径相对薄弱。但在新修订的《环境保护法》通过以及最高法院环保法庭设立的背景下，公益诉讼救济路径将会不断完善，会对目标总量的实现产生重大的影响。

主要参考文献

[1]《环境科学大辞典》编委会．环境科学大辞典 [M]. 北京：中国环境科学出版社，2008: 7-12.

[2] 中国环境科学研究院．总量控制技术手册 [M]. 北京：中国环境科学出版社， 1990.

[3] 赵绘宇．污染物总量控制的法律演进及趋势 [J]. 上海交通大学大学学报， 2009，(01): 28-34.

[4] 吕忠梅．环境法案例辨析 [M]. 北京：高等教育出版社， 2006: 14.

[5] 祝兴祥，等．中国的排污权许可证制度 [M]. 北京：中国环境科学出版社， 1991.

都在谈PPP：可您知道VFM（物有所值）吗？

王碧波[85]

我的观点物有所值（Value For Money，VFM）最先出现于英国，已经广泛地应用于国外PPP项目实践（如英国、澳大利亚、加拿大、美国等政府机构相继颁布了完整的VFM评价程序和评价指南），但目前在我国尚未完整建立。近年来，物有所值的理念在我国的一些PPP项目评价中得到应用，因此受到关注。2014年9月23日我国财政部发布的《关于推广运用政府和社会资本合作模式有关问题的通知》（财金[2014]76号）也提到"要求积极借鉴物有所值的评价理念和方法"。

对于VFM，英国政府对其定义为"用全寿命周期成本和质量的最佳组合来满足用户的需求"。具体的，VFM是指项目采用PPP模式的全寿命周期成本与传统模式下公共部门建设、运营下的总成本相比较后可以得到的价值增值。VFM评价的引入是为了避免在促进基础设施领域民间资本参与的政策背景下盲目推进PPP项目，因为并非所有公共项目都适合采用PPP模式。VFM评价的最终目的是：通过对项目采用PPP模式与传统模式的比较，判断项目在采用PPP模式下是否实现"物有所值"，即是否实现资源的最大化利用，更好地实现公共项目建设运营的经济性、效率及效果。

对于VFM评价，国际实践中通常以定量评价方法为主，定性评价方法为辅的评价机制。

85　王碧波，阳光时代律师事务所律师。

一、定性评价方法

VFM 的定性评价就是通过对某些推动“物有所值”的定性因素进行具体分析，来判断项目的自身能力。侧重于考察项目的可行性、合理性和可完成性，一般通过问卷调查和专家咨询的方式进行。定性评价分析考虑的因素主要包括：风险分配、全寿命周期成本、资产利用率、创新空间、经济规模及市场竞争等方面，由专家主观验证项目能否为政府提供“物有所值”。通常，根据定性评价分析结果判断项目采用 PPP 模式能否产生很好的价值，如果不能，则项目不适合采用 PPP 模式；如果能，并不能直接判定项目适合采用 PPP 模式，而需要转入项目的定量评价分析。

二、定量评价方法

国际上常用的定量评价方法有两种，一种是成本效益分析法；另一种是公共部门参照标准法（Public Sector Comparator，以下称“PSC”）。值得注意的是：定量分析法基于其量化因素的不确定性及改变，计算出来的 VFM 都会有一定的偏差，实践中需要结合定性评价法适用，同时通过敏感性因素分析进行调整。

（一）成本效益分析法

1. 概念与原理

成本效益分析法是一种通过比较项目的全部成本和效益来评价项目价值的方法，用以寻求在投资决策上以最小的成本获得最大的效益，常用于评价需要量化的公共事业项目的价值。

该方法的基本原理是：针对某项目的若干方案，运用一定的技术方法，计算出每种方案的成本和效益，依据一定的原则，通过比较选出最优的决策方案。目前比较多的做法是：将所有收益现值与成本现值之差所产生的净现值作为项目“物有所值”的评价指标。

2. 实践应用

选择成本效益分析法时应当注意：①慎重选择折现率，因为不同的折现率下的折现总成本和总收益会产生较大的差额。②需要对各方案进行全面考虑，如要对传统模式下以及 PPP 模式下的方案分别进行评价，同时每个方案下的每项成本及每项效益收入都要列出，并且引起每项支出或收入的各种行为也要综合考虑。③某些成本或效益不能以货币量化，需要参照经验数据或工程师经验，定价可能不准确。

基于成本效益评价法需要大量的数据支持，且假定条件较多，计算工作量较大，在数据来源、定价准确性方面存在一定的弊端，因此目前国家上采用该方法进行项目评价的国家和地区不多。

（二）公共部门参照标准法（PSC）

1. 概念与计算

公共部门参照标准法方法是对项目采用传统模式下的预计全寿命周期成本，即“公共部门参考标准”（“PSC”），与采用 PPP 模式下的预计全寿命周期成本（Life-cycle cost，以下称“LLC”）进行对比衡量，两者的差额部分体现的就是“物有所值”（VFM），即 VFM=PSC-LLC。其中 PSC 是一个标杆价格，它综合考虑了服务质量、价格、时间、风险分担等因素，主要由四部分构成：初始 PSC、竞争性中立调整、可转移风险和保留风险。PPP 模式下的预计全寿命周期成本，由公共部门根据私人部门的投标方案中的合同价及保留风险等因素进行量化确定。目前，英国、澳大利亚、加拿大、日本、荷兰等国都采用 PSC 来进行 VFM 评价。

2. PSC 构成

初始 PSC，指项目的基础费用（资本投入及运营投入），包括建设、运营、维护成本及资本减值等，但不包括风险成本。初始 PSC 的计算需要假定项目与拟采取 PPP 模式的项目相同，且在同等的工程标准、要求及期限下。

竞争性中立调整是指将公共部门主体凭借其公有体制获得的净竞争优势移除，以实现 PSC 和私人部门投标方案之间进行公平、公正的评价比较。如果不进行竞争性中立调整，那么 PSC 很有可能人为的低于私人部门投标方案的成本。公共部门的公有体制会产生的潜在竞争优势包括对覆盖资本性支出没有要求、土地税豁免、地方政府税豁免、其他税收豁免等因素；潜在竞争劣势则包括会计责任成本、公众监管及报告要求等因素。

可转移风险及保留风险。可转移风险是指所有转移给私人部门的风险总价值，保留风险是指所有未能转移给私人部门的风险价值。风险控制的最优原则是将风险分配给能够以最小成本管理它的一方，因此公众部门投资建没项目的风险成本应该反映在 PSC 中。通过风险识别、风险结果评价、风险概率评价，偶然因素评价等步骤量化风险价值，并对 PSC 进行风险调整。其中风险概率评价主要以类似项目的历史数据及实践经验为基础，并因技术等因素的不同而不同。

理论上，只有 PPP 模式下的价值优于 PSC，即 PPP 下的净现值成本 LCC 低于 PSC，政府才会选择采用 PPP 模式。

综上，VFM 评价是对传统模式下及 PPP 模式下的项目价值进行比较分析评价的方法。但值得注意的是，并非所有 PPP 项目都有必要采取 VFM 评价方法，正如并非所有项目都适合采用 PPP 模式。而只有在那些既可以由公共部门投资、建设、运营，也可以引入私人部门的公共项目，采用 PPP 模式时，采用 VFM 评价来选择项目的经营模式，才有利于提高项目的效率和经济性。

引入"零增长"思路　规划规制能源发展

吴钟瑚[86]

现在已经步入了"十二五"收官的最后决战阶段，行将进入2020年全面实现小康社会目标最后的一个五年计划——"十三五"关键时期。这之前，长达十几年经济的超高速增长，通过转方式、增效益、调结构，多措并举、多方施策，使得经济呈现了发展向好的势头，紧绷绷的能源供需关系，在"十二五"期间出现了缓解，渐显宽松。但是工业化、城镇化和生态环境建设，对于能源需求和供应的压力依然存在，严重的雾霾频频出现，由北及南侵袭了半个中国，绿色低碳已是未来经济社会发展必然的选择。"面对能源供需格局新变化、国际能源发展新趋势，保障国家能源安全，必须推动能源生产和消费革命。推动能源生产和消费革命是长期战略，必须从当前做起。"为此，习近平主席在2014年6月13日中央财经小组第六次会议上，提出了4个涉能"革命"和全面加强国际能源合作等五点要求。

86　吴钟瑚，国家发展改革委能源研究所研究员。现任中国能源研究会常务理事，能源经济专业委员会副主任兼秘书长，《能源政策研究》主编，中国法学会能源法研究会副会长，中国电机工程学会动力经济专委会理事。曾任国家发改委能源研究所能源经济与发展战略研究中心主任。长期从事能源经济、战略与规划，能源政策与能源法的研究工作。先后被国家能源办、全国人大聘为《能源法》、《可再生能源法》、《节能法（修订）》专家组专家，参与上述法律体系的起草和编制以及研究工作，获"国家能源法专家"证书。

一、能源消费革命内涵和长远目标

历史数据表明，经济社会的发展总是伴随着能源消费的增长；但是进入21世纪以来，由于全球可持续发展战略的实施，人类社会应对气候变化的努力，持续地提高能源利用效率和可再生能源大踏步地进入能源消费领域，一些工业化国家的能源消费没有增长反而出现了下降。美国2005年以后一次能源消费逐步下降，2012年与2005年相比已下降6.05%；日本2005年以后一次能源消费也开始下降，2012年比2005年能源消费下降了10.0%。我国近12年8.93%的能源消费增速远远高于同期世界2.44%的增长速度。BP世界能源统计数据显示，2013年，全球包括核能、水电、太阳能、风能、地热能等在内的新能源和可再生能源消费量合计为19.78亿吨油当量，2010—2013年，年均复合增长率为4.2%，与2000—2010年相比，提高1.1个百分点，占全球一次能源消费总量的比重由2010年的14.6%提高至15.5%。但是2013年，全球油、气、煤三大化石能源消费总量107.53亿吨油当量，2010—2013年年均复合增长率仅为1.7%，与200—2010年相比，下降0.7个百分点。在全球化石能源消费增长放缓的同时，近年来，北美洲、欧洲及欧亚大陆化石能源消费量甚至出现了绝对量下降。一些致力于发展风电、太阳能的北欧国家，信心十足地创建零能耗建筑物和能源消费零增长的未来。

能源消费革命的提出具有重要的战略意义和鲜明的时代特色，是在国内外能源消费激变情势下的战略性决策。“革命”二字有哲学和政治、社会领域的多种释义，可以概括为一种强制性的破旧立新，是对旧的社会形态、制度的更替、全新的变革。对于延伸引用的能源消费“革命”，笔者解读为：能源消费理念、消费模式，包括消费结构、消费制度，能源利用技术的一种创新性的根本变革，是伴随着量变的发生必然导致的质变过程。一百多年来人类经历的文明进步史，由于工业革命导致能源消费增量发生巨变，通过能源技术革命促进了从柴草木炭低热值燃料到煤炭、石油高碳高热值能源利用的质的转变；而当我们步入到绿色低碳发展的后工业时代，化石能源消费的减量化过程，必然引发高碳热值能源转向低碳清洁能源利用的再一次质的转变。可再生能源的可利用的等值热能低，除由于其时间性和季节性变化等资源特性可利用小时数低外，很重要的原因是现在掌握的开发技术对风能、太阳能的开发利用的转换效率低，并且缺少大容量的储能设施。它在某种程度上说并不是一种低能级的能源，而是需要创新的技术大力提高其开发利用的效率和低成本利用。

"十二五计划"中提出了控制能源消费总量的政策，设定了能源消费的"天花板"，这是能源消费革命的前奏，其目标必定是实现能源消费可控到零增长并走向负增长，实现能源清洁和高效利用，这是能源消费革命的终极目标。如果仍沿袭过去的理念及其制度设计是无法实现的。推动能源消费的革命，必须建立新的制度，形成新的路径，才能到达希望的彼岸。

二、战略与规划的研究制定引入"零增长"思路

据多家机构多种方法的能源需求预测，我国能源消费在今后一个相当长的时期，仍将处于持续增长的过程，这是未来极可能出现的情景，测算的依据和方法的选择似无可非议。在这种情况下能源消费零增长的理念的提出，是很容易引起歧义的命题。但是，对中国而言，能源消费革命成果的积累，经济发展的缓行常态化和产业升级，不合理使用能源得到抑制，能源效率的提高，以及替代能源大幅增加，使我们有理由相信能源消费的零增长（也可以理解为进入持续的低速增长，如在 1% ～ 2%），是迟早要发生的一种情景，不会遥遥无期。

迄今，我国已经成为了世界第二大经济体，经济实力的增强，不仅惠及民生，也是对世界贡献的能力和水平的提升。与此同时，我们也"荣升"为头号的能源消费和能源生产、碳排放的大国。由于我国人口多，地区发展不平衡，如果按人口平均计算的各项指标来评价，我国仍然是低水平的。但是压力依然存在，我国的 GDP 仅占世界 1/10 强，能源消费却占世界的 1/5（IEA.2010；BP.2011 统计数据）。"光荣"与"责任（压力）"并存。现在我国每年能源消费量的净增量为 2 亿吨左右的标准煤，增加的消费量冲减了

节能减排所付出的巨大努力，在一定程度上填补了世界其他国家的减少量。“光荣与责任”需要我国在能源消费量的减量化上作出贡献，同时，对我国也是一个“减负”和瘦身的过程。

那么能源消费的零增长是否会出现？何时出现？这是非常值得研究的问题。纵观几十年来，我国的经济—能源的发展路线，是大量地增加能源消费，满足经济快速发展的需要。循此思路，大都是节约优先、低碳发展情景下，实现能源消费增量平衡的能源战略和能源发展规划。世界银行的数据表明，2013 年按购买力评价的我国人均国民总收入（DNI）已经达到 11 850 国际元（现价），已经超过 11 000 国际元的门槛。权威研究报告指出，越过了“中等收入陷阱”，即将步入中等高收入国家行列，今后经济增速将进入中速缓行发展阶段。近 2 年的经济增长确实跌进 7% ～ 8% 区间，但是产业升级加快，今年上半年，出现了第三产业增速快于工业增加值的增长速度，节能减排效果明显，与此同时，能源消费的速度也有较多的回落。在可预见的能源经济情势下，研判未来走向，适时启动能源消费零增长的规划研究是必要的。

在电力领域，有些研究机构已经在一些城市，甚至区域电网也超前地进行了电力负荷饱和及其特性的研究。他们采用了国外的先进的科学研究方法，以电力负荷上升到 S 曲线的最高时间段，年增长率小于 2% 的情况下，定义为电力负荷饱和时间点的预测及其特性研究。能源需求也将随着经济社会、人口、资源、环境条件、结构变化和技术发展，出现类似的能源需求（总量或者人均指标）的饱和点，也就是能源消费的零增长时期的到来。当然许多的研究都说明，饱和负荷出现都是在一个国家或地区按照钱纳里对工业化阶段的划分，是在工业化的第六阶段，亦即后工业社会。

需要把零增长的理念引入到能源战略与规划的研究中，利用反向思维的研究方法，解析低碳发展的路径，谋划未来能源发展之策，探索合理的结构和布局。首先应确立一个能源消费零增长的情景：通过大量的数据采集和分析，运用模型方法预测出能源消费零增长出现的经济社会发展的阶段及其特点，如产业结构、经济总量、人口状况、生活质量、资源和环境约束等。成果的应用将为规划、战略选择和政策、制度的制定提供新的思路和实现的路线图。减量化研究的主要方法与增量研究没有太大的本质区别，但需要构建新的分析框架和数学模型的选择与开发，作为超前和探索性研究可选择地域范围较小、经济发达地区，先行规划研究，在取得成果的基础上扩大研究范围，并且尽早应用到战略和规划的制定中。

三、推动能源革命规制我国能源发展

推动能源消费革命和能源生产革命需要加快市场化改革，还原能源的商品属性，去除非市场化因素，明确市场主体的地位，构建有效的竞争市场结构和市场体系。作为推进能源革命的顶层设计的重要组成部分，需要发挥能源法律规范的引领和保障作用。

完善能源市场功能，重要的是还原能源商品属性的同时，能源消费者的市场主体归位和法定，消费者具有公平、无歧视的选择权，辅以能源消费端的用能、用电智能化，自由选取用电时间、时段，实现用电量的实时计量和价格可选，能源供应市场将受到真实的需求驱动。政府运用的价格、税费、奖惩政策，要较少地使用在能源供应测，激励更多的消费者合理使用能源和选用清洁的可替代能源。

消费者是能源消费革命重要的实施主体和责任主体，其用能的习惯与偏好，除了法律应予权益的保障，还应该通过能源法律和政策来规范和引导纠正其不合理性，使之达到全社会都去节约使用能源。

伴随生活水平提高和生活质量的提升，过度用能、奢侈用能现象比较严重，却缺少合理用能的可行的考量标准和规范。为展现经济的繁荣塑造城市形象，五彩斑斓的广场和建筑物灯光照明，彻夜开放；为了尽显豪华的居家环境，采用高耗能灯具；近几年在住房市场中，待售住房和规模不小的度假休闲房，空房率高，连片供热不能单户热控制和计量，在无人居住的情况下，仍然在耗能供暖。以上种种无不造成能源的过度使用和奢华消费，与建设节约型社会要求相距甚远。但是在现行能源消费制度下，只要能够支付得起能源费用，用多少都是合理合法的，有些时候还被作为促进消费的措施和手段。提高人们的节能意识，虽然采取了经济政策激励和宣传教育的方式，但是由于缺少法律调整的手段，效果有限。通过制定新的法规制度引导能源消费群体的消费观和理念的改变，规范消费者合理用能行为，是能源消费革命，抑制不合理能源消费新的能源立法诉求。

能源生产和供应在市场需求驱动和变动下，调整生产供应量和品种以达平衡。但是一些计划性的指标分配和政府对市场的干预，仍在能源市场的供需平衡中起作用，反映能源真实成本的价格机制尚未成就，导致市场的需求往往失真。比如国家对可再生能源供应端的补贴政策，为生产商带来利好，但受补贴资金量的限制，需通过项目审批核准，其结果有的地方蜂拥而上，电网消纳不了；有的地方则受补贴额的局限，欲建不能，弃风弃光与装机不足分别在不同地区出现。这样就产生了两种声音：有的说产能过剩，有的说不足。能源项目的无序建设和规划目标的朝令夕改，无不反射出能源发展没有得到规制。其很重要的一个方面是市场的信号失灵，失灵的原因是市场化不足和机制缺欠，市场主体的需求受到非市场因素的影响被抑制或者放大。只有通过能源体制的深化改革，消除政府对市场的控制，建立公平、有效竞争的能源市场结构和运行机制，释放出需求的真实信息，使能源供应侧作出及时反应和调整，能源的规制发展才能进入轨道。

无论是能源消费革命还是能源生产革命，必须建立在相应的体制、机制和制度的保障基础上。深化能源体制改革首当其冲，建立和发挥市场配置资源的基础作用的机制，必须加快能源的市场化改革。消费者、投资者和能源生产供应企业，都是市场的主体，其标志是投资和消费行为以及权益的实现，遵循市场规则和法律规范，靠市场发挥作用。能源领域是市场化程度不高的产业部门，究其原因是长期以来制定政策和改革决策的基点，是把能源作为国民经济的重要的战略产业，国有经济成分较高，是国家经济安全的支撑，担心改革伤筋断骨，改革难以深化，从而延滞了改革进程。国家对国企的控制与依赖，加剧了国企的市场垄断。能源规划的法律地位缺失，能源项目往往与规划计划脱节，企业市场准入和项目审核制，人为操作空间太大，其结果是无序建设乱象横生、腐败漫延和骗补频发，环境生态破坏未得到根本治理。能源产品市场价格机制没有形成，政府的价格制定，违背市场经济原则造成上下游企业的利益差不合理。煤电联动的机理是对的，但不是通过市场机制，而是政府人为调控，按着葫芦起了瓢。如果采用企业市场定价，政府监管其成本和利润率，将起到对企业投资和资本运作的利益保障和投资的导向作用。

现行的财政补贴制度，主要是补给项目的建设和运营方，对于消费者缺乏激励。中国的可再生能源资源分布与能源的主要消费地呈逆向分布，西北部大规模的可再生能源基地向东部地区输送，输送成本高成了消纳风电的经济性障碍，实施在消费端财政补贴及消费者自愿认购的政策，一方面可以冲减用户负担的高成本，另一方面对用户产生激励作用，促进自愿认购，从而利于拓宽新能源市场。同时为培育新能源产业的竞争能力，加快商业化和产业化的步伐，财税扶持政策要建立逐渐弱化和适时退出机制。

以能源革命为主导，深化能源改革，规范消费行为、规制能源发展。加快能源法律法规的立改废，构建中国特色的能源法律体系。废除计划经济不适合能源市场化的法规、规章制度，修改不适用的法条和规范，创新制度完善法律规范，使我国的能源发展步入快车道，建成现代能源产业，是我们面临的十分紧迫的任务。

能源革命需健全法律体系保障

叶荣泗[87]

党的十八届三中全会审议通过的《中共中央关于全面深化改革若干重大问题的决定》指出，到2020年，在重要领域和关键环节改革上取得决定性成果，形成系统完备、科学规范、运行有效的制度体系。这个“系统完备、科学规范、运行有效的制度体系”，必然包括法律制度体系或者法治的制度体系。

2014年6月13日，习近平总书记在中央财经领导小组第六次会议上强调，“积极推进能源体制改革，抓紧制定电力体制改革和石油天然气体制改革总体方案，启动能源领域法律法规立改废工作。”在此之前，我国《能源法》立法工作已延宕多年。习近平总书记的讲话使我深受鼓舞，对我国的能源法律制度体系逐步完善充满了期待和希望。有理由相信在“十二五”后期和“十三五”期间，我国在完善能源法律制度体系工作上必将取得突破性的进展。

87 叶荣泗，中国法学会能源法学研究会名誉会长、亚洲太平洋法律协会(LAWASIA)能源法部执行委员。中国电力企业联合会顾问（原副理事长）。教授级高级工程师。2002年获得国务院颁发的发展自然科学事业突出贡献的政府特殊津贴。长期从事能源（电力）政策研究、法律法规以及有关的管理工作，组织和参加了《电力法》早期的研究和起草工作。2006年3月被国家能源领导小组办公室聘为《能源法》起草专家组副组长，并作为常驻专家深度参与《能源法》研究起草工作，2008年3月被授予“国家能源法专家”称号。

一、能源立法要体现“可持续发展”和“法治能源”理念

纵观全球和我国的能源立法，“可持续发展”和“法治能源”的理念给我印象深刻。自 1980 年 3 月联合国大会首次提出“可持续发展”概念到 1992 年 6 月联合国“环境与发展大会”（UNCED）通过《21 世纪议程》系统阐述可持续发展的问题以来，随着全球资源环境不断恶化，气候变暖明显的实际状况，可持续发展的理念逐步深入人心。

各国在能源立法方面，纷纷制定《节能法》、《可再生能源法》、《清洁空气法》、修订相关的环境保护法律等，适应能源变革大趋势，推行能源法治化取得了显著进展。结合我国的实际，自进入 21 世纪以来，我国立法理念也有了重大转变。体现时代的特征的先进理念在法律制度中得到了越来越多的体现。可持续发展成为构建中国特色能源法律体系的落脚点。比如，针对我国结构过分依赖煤炭等化石能源、可再生能源等清洁能源发展不快的状况，为了促进可再生能源快速、健康发展，推进节能降耗，应对气候变暖的挑战，我国于 2005 年颁布了《可再生能源法》，2009 年 12 月经第十一届人大常委会第 12 次会议进行了修订。

1997 年我国制定颁布了《节能法》，2007 年 10 月又经全国人大常委会第 30 次会议进行修订。这两部能源法律可以说是适应能源变革、与时俱进的典范。在 2006—2008 年起草我国《能源法》的过程中，也始终贯穿“保障能源安全、提高能源效率、注重能源环保”的核心理念。这些都说明，新世纪的能源立法在体现以人为本、科学发展和可持续发展等理念上有了重大飞跃。

二、尽快制定综合性、基础性《能源法》势在必行

生产力的发展和能源革命必然引起法律关系的变化，能源法律作为上层建筑必须及时跟进。法律有两个功能，一个是引导功能，另一个是强制功能。推进能源生产和消费革命，需要良法良制做保障，由于有国家强制力保障，人们觉得才靠得住些。

目前的严重雾霾问题尽管众说纷纭，但与我国不合理的能源生产和消费

结构肯定有紧密关系。应当在《能源法》中设定几个闸口性的量化指标，比如单位 GDP 能耗和单位 GDP 碳排放强度降低幅度、清洁能源比重和农村电气化水平提升幅度等。至于相关部门如何调控，《能源法》不应去规定。如果最后没有达到目标，相关部门就应当向全国人大说明理由，对重大的问题应当实行问责。

在过去的六七年里，我国的能源立法虽然成绩不小，但进展确实不太彰显，甚至可以说陷入某种程度的困境。我国整个能源法律制度体系还很不完善，离能源领域的各种行为和各种关系的调整都能做到“有法可依”的要求还有相当的距离。综合性、基础性《能源法》自 2005 年 9 月前任总理赞成立即研究起草之后，历时 9 年，自送审稿报送国务院也已经 6 年了，虽然年年列入国务院的立法计划（2009 年、2010 年为一档计划，即当年国务院常务会议审议并报送全国人大常委会的项目；2011—2014 年一直列入二档计划，即需要抓紧工作、适时提出的项目），但至今仍未能走出国务院提交全国人大或人大常委会审议。

要不要立综合性、基础性法律《能源法》，是个长期争论，时起时伏，见仁见智的问题。我个人的看法，靠已有的能源单行法律，解决不了能源领域的一些综合性问题，比如战略规划、结构调整、能源监管、能源储备、能源应急、农村能源等，尽快制定综合性、基础性《能源法》仍然势在必行。

我国拟制定的《能源法》是在几部能源单行法律和有关资源法律体系、环境保护法律体系比较完备的基础上根据现实需要决定起草的。定位是能源领域的基础性法律。单行法的制定和修改应当遵循《能源法》的基本精神和基本规定，如果出现一些冲突，《能源法》应当作为一个基础性的依据。《能源法》要突出解决能源领域的重点问题，解决单行法律解决不了的问题，并成为我国能源生产和消费行为规则的主要根据来源。

三、当前我国能源领域立法工作面临的挑战

能源立法的挑战很多，首先是传统观念、传统文化和长期人治的影响，

法治精神不彰，就是把法律作为人们生活基本行为准则的观念不强，加之我国经济领域的立法大多是原则性宣示性的条文，要靠法规、规章、规范性文件去落实，因此平时觉得法律没有多大用处。法治说起来重要，不打官司似乎显得没有多大必要。相当普遍的人认为有法当然好，但现在不少方面没有法不是也在运转吗，能源工业不是也在快速发展吗？2010 年世界 GDP 前十位的国家中除了中国外，差不多都有综合性能源法。

GDP 第一的美国，自 1970 年代以来已经颁行了多部综合性能源法，2005 年颁布了新的《能源政策法》；第三的日本，2002 年颁行《能源政策基本法》；第四的德国，2009 年颁行《能源产业法》；第五的法国，2005 年颁布《能源政策法》；第六的英国有《2010 能源法》（之前是《2008 能源法》）；第七是意大利，2011 年颁布《能源法案》；第八是巴西，2002 年颁行《巴西能源法》；第九是加拿大，1985 年颁行《能源供应应急法》；第十是俄罗斯，2008 年颁布《能源法》。

我国 GDP 总量虽然是世界第二，但是能源消费和生产总量都是第一，启动研究制定综合性《能源法》的时间也不算太晚，可以说与上述中多数国家相当，但我国的《能源法》就是出不来。举出这些例子，只是表明有这样的参照物，并不意味着其他能源大国有什么能源法律，我国就一定要制定那样的法律。

按照全国人大通过的“十二五”规划纲要和党的十八届三中全会《决定》关于建设法治中国的要求，对照我国能源法治建设的现状，在不少方面，缺乏法律规范的支撑和保障。“十二五”规划中提出的有关能源的一些重要方面，特别是“调整能源结构，实现多元清洁发展”，推进能源生产和消费方式变革，水电、核电、天然气的开发以及高碳能源低碳利用等方面法律缺失较多；对于一些潜在的清洁能源领域，比如煤层气以及页岩气等非常规天然气的开发利用，还有诸如分布式能源系统、国家综合能源基地建设、石油储备、农村能源、智能电网、碳排放交易，以及能源领域市场化改革与监管等不少方面，基本上靠政策性“红头”文件而没有法律和行政法规可依。近年来，我国能源领域腐败案件频出，我认为也与能源法治不彰、“公权力无法律明文规定不可为”的法治原则不能很好贯彻不无关系。

四、当前能源领域法律体系存在问题与突破路径

目前，能源改革进入深水期和攻坚阶段，其复杂程度、各种阻力我们需要充分的估计，按照市场在资源配置中起决定作用的要求来看，如果打破不了过去十年那样的胶着状态，能源法治建设也很难有突破性进展。就能源立法来讲，现有法律法规制度的“立、改、废”任务还很艰巨；除了能源立法，能源执法、司法的整体状态来看，都存在着相当多问题，如《可再生能源法》就存在着大量有法不依、执法不严现象。法治精神不彰在能源领域还较为突出，法大还是权大定位不清，如在能源工业的实际运行中还存在着红头文件和领导批示的作用大的情况。

建议国家立法机构和国务院将能源立法作为国家立法重点领域。首先要提出解决综合性《能源法》立法困境的办法，要在各方面意见中找到共同点和突破口，求同存异，加快制定综合性、基础性《能源法》。如果难度确实太大，也可以考虑改变《能源法》目前稿子的框架，先制定一部类似日本《能源政策基本法》那样的能源法或能源政策法，以解决诸如能源规划的法律定位与效力、能源结构调整战略指引、能源监管、能源价格形成机制和能源管网公平无歧视开放等改革方向、能源储备与应急以及与新型城镇化战略相适应的农村能源等原则性法律规范。与之同时，要加快制定《石油天然气法》、《原子能法》，加快《电力法》和《煤炭法》等单行法的修订，抓紧配套法规的立、改、废。

我认为亟待建立的能源法律制度有如下几条。一是立足国内自己为主的法律制度；二是效率为先的法律制度；三是结构低碳的法律制度；四是深化改革、让市场供需决定能源价格、价格引导投资和消费的法律制度；五是管网无歧视、公平开放的法律制度；六是能源公平的法律制度；七是需求侧与供应侧互供互动的法律制度；八是降低单位 GDP 能耗、降低碳排放强度的法律制度等。

能源行业的环境保护和法治

张利宾[88]

一、概述

中国能源行业的未来方向是市场化改革。财产权利是市场经济中最为基础的一种权利。对财产权利的保护是市场经济的基石。对能源行业的财产权利的界定和保护是任何企业（包括三大石油公司之外的其他国有企业，以及民营企业和外资企业）进入能源行业进行投资的前提条件，也是能源行业进行市场化改革和发展的必要条件。随着中国的能源行业逐步从国家垄断和所有的传统模式，向有限的能源市场化转换，对于中国能源行业的财产权利的界定和保护自然成为中国能源法律关系的重要内容。在中国目前的转型经济过程中，逐步建立一个从宪法到法律、行政法规和部门规章及地方立法，同时在司法领域给与有效救济的法治环境是中国市场经济改革成功的关键。这一点也适用于能源行业的市场化改革。

但我们也需要认识到，在当代任何一个国家（不论是法治国家还是正在向法治社会转型的国家），财产权利也受到各种法律规定的各种限制，其中一种限制就是基于环境保护法律的限制。这种限制主要是基于企业生产经营中发生的环境污染而出现外部性问题。对于任何一家企业来说，单靠自我的道德约束是不行的。因为当法律没有要求企业承担责任的时候，任何一家企

88　张利宾，美国德克萨斯大学奥斯汀法学院法博士 (J.D.)，中国和美国纽约州注册律师，北京大学能源法律与政策研究基地副主任。

业都可能会忽略或放弃采取任何防止污染的措施，减少环保成本投入，从而实现该企业的利润最大化。

大自然赋予人类各种自然资源，人类在借其创造财富的同时，对这些资源的开采也伴随着各种消极影响和破坏。这就好像是任何事物都有有利和不利的两面。对自然资源的开采和开发由于客观原因会产生各种危害。人类对财富没有节制的追求会导致混乱、纷争、战争以及资源的枯竭，而掠夺性的开采又会使得大自然赐予人类的福祉反倒成为对人类的一种诅咒。环境保护法律对财产权利的限制正是源于财产权利的滥用可能导致的对环境资源的破坏。众所周知，中国的环境状况在恶化。空气被污染，水被污染，土地被污染，生态环境被破坏，我们的生存条件和健康受到威胁，我们留给后代可利用的资源也在减少，我们的社会会因此产生社会危机，发生动荡。对于具有监管职能的各级政府而言，有责任通过立法将环境污染的外部性转换为一种需由导致污染的企业承担的监管体制。唯此一路，别无他途。

当然，在建立这种机制时，也要考虑到监管适度的问题，避免企业承担过度的环保责任成本，使得中国经济陷入停滞。如何平衡经济发展的需要和保护环境这两个同样重要的政策取向，中国政府不但需要勇气还需要智慧。从某种程度上说，放慢 GDP 的经济指标的高速度，承担一定程度的外部成本是改变我国目前经济粗放经营模式，改善我们的生存环境，保持我国的自然资源，是一条更为妥当的路径。这一结论同样适用于中国目前的能源行业对经济发展和环保的价值考量。

中国目前仍然处于从计划经济体制到市场经济体制的过渡阶段。中国的司法制度在治理环境污染的过程中仍不能有效地发挥作用，而行政部门在环境保护方面也存在许多问题，如有法不依，执法不严，权力寻租，导致市场出现不公平竞争等各种不正常现象。在缺乏有效救济的情况下，环境污染的受害者的合法权利得不到保护，形同虚设。

目前，在我国的能源行业，有些部门（例如石油、天然气的上游、中游和下游），计划体制在某种程度上依然存在，国有垄断依然存在。因此，在计划经济体制下几乎所有的成本都有国家和社会承担的情况下，环境的外部性的问题仍然极为严重。这就是为什么我国从总体上看，在中国的GDP中，生产每一单位产品所需要耗费的能源要远远高于西方市场经济国家，高能耗、低产出的现象仍然存在，资源滥用和浪费，环境的破坏仍然非常普遍。

二、环境保护的经济学分析

按照经济学理论，在市场经济或向市场经济过渡的经济体中，每个市场主体（不论是国有企业，民营企业还是外资企业）都理所当然地把追求利润最大化作为其首要目标。在价格机制和立法没有强制地把对公共环境资源的使用和破坏转化为内在成本之前，每个市场主体在大部分情况下都倾向于将环境破坏造成的成本转嫁给社会。这就是经济学中的外部性问题。外部性问题首先由剑桥学派的奠基人之一经济学家马歇尔提出，后来他的学生也是剑桥学派的杰出代表庇古在其名著《福利经济学》中进一步完善了外部性理论。

可以说，环境问题是生产领域外部不经济的典型例证。环境资源是典型的公共物品，无论是作为生产性的环境资源，还是作为服务性容量资源的大气环境（如良好的生态系统），都具有消费的非竞争性和非排他性。这使环境资源产权较其他资产产权更难明晰清晰。对于环境资源的使用，单个经济实体的边际私人成本和边际社会成本存在差异。在生产中，厂商直接承担的是边际私人成本，包括原材料费用和人工费用等，但却不承担气排放二氧化硫污染空气的边际损害成本。厂商在决策自己的产量水平时，只会考虑私人成本，而从社会角度上看，厂商的经营活动成本不仅包括生产成本，还包括污染产生的损害成本，即边际社会成本应等于边际私人成本与边际损害成本之和。[1]

在中国，最能够说明市场经济的外部性的是中国的煤矿开采行业。中国的煤矿行业较其他能源部门率先开始市场化改革，但煤矿行业的外部性问题仍比较严重，是导致我国土地资源、水资源、生态环境破坏和大气污染的主要原因。我国在1994年将煤价全部放开，目前煤价越来越高，并使得发电企业在电价低的情况下发生全局性亏损。即使如此，高煤价只是为煤矿企业的高利润做出贡献。在国家缺乏立法对环境的外部性成本做出有效限制的情况下，企业一般不会有任何经济上的动因在环境保护方面投入任何资金。即使想投入资金解决环境问题，面对因长期开发煤炭资源造成的累积性生态环境问题，单个的煤炭企业无法承担巨大的生态环境修复和建设费用。

目前，我国煤炭生产成本中并未包括用于生态治理的费用，而发达国家则普遍将煤矿区生态治理费用纳入生产成本，保证生态治理有稳定、可靠的资金来源。到目前为止，中国的中央政府和地方政府都未建立偿还煤炭开采造成生态环境破坏的资金投入机制。[2] 在这种情况下，如果价格机制和立法没有改变时，由于外部性问题越来越严重，中国的环境状况只会越来越糟糕。有研究者认为，建立健全的煤炭开发生态环境成本核算体系，将环境成本、生态成本纳入煤炭企业的运行成本中，真正使煤炭企业的环境外部经济性内部化。[3]

根据环境的外部性理论解释，我们可以基于法律经济分析学派的路径考虑如何建立环境保护的法治。根据经济学家的外部性理论，对环境污染问题的经济学解决路径有如下三种形式：首先是国家直接干预。早在 1920 年，庇古在谈到环境问题的外部性问题时就指出，如果没有政府的干预，市场是不可能自动填补这个缺陷的。这为政府采取“命令 - 控制”型环境政策工具提供了一个合理的理论依据。从可持续发展的角度来看，国家对环境问题的干预也是必要的。与宏观调控不同，国家的干预主要是通过对微观经济主体的行为进行规制 (regulations)，以纠正市场失灵。对于环境污染的规制主要是通过禁止、限制、许可证制度、标准认证制度等方式来控制环境质量。[4] 例如，中国目前的环境保护法律体系中已经建立起许可证制度。根据这种许可证制度，对环境有影响的各种规划、开发和建设项目、排污设计和经营活动，必须事先向主管部门申报，经批准获得许可证之后方能进行。许可证种类很多，包括：排污许可证、海洋倾废许可证、采矿许可证、建设用地许可证、核设施建设和经营许可证、化学危险物品经营和转移许可证、危险废物经营和转移许可证等。

对环境污染问题的第二个经济学解决路径是征税（即新古典主义的“庇古税”途径），其基本政策思路是用国家税收办法解决外部性问题，即通过对排污企业征税来抵消边际私人成本与边际社会成本之间的差异，使两者一致。庇古主张通过政府主导的经济机制使外部成本内部化来解决环境资源配置上的市场失灵问题。鲍莫而 (Baumol) 等人继承与发展了庇古的观点，他们认为，要使企业排污的外部成本内部化，需要对企业污染物排放征税，以实现帕累托最优，征税的税率取决于污染所造成的边际损失，不会因企业排污的边际收益或边际控制成本的差异而有所区别。[5]

目前，中国的环境保护法律体系已经建立起关于废气、废水和废渣的排污收费制度。这种制度就是按照排放污染物的品种、数量和浓度，向排放污染物者或者超过标准排放污染者征收一定数额的费用的制度。按照中国立法者的解释，这种制度的立法目的主要是使主管部门通过收费和罚款来调节经济发展与环境保护的相互关系，其次是促使排污行业或单位进行技术改造，开展节约和综合利用，增加其治理污染的能力。显然，中国的立法者还没有从法律经济分析角度对外部性问题进行深入的研究，也没有旗帜鲜明地通过外部成本内部化的方式来抑制污染行为。相比之下，我们的邻国日本等国家在这方面做得要比我们好许多。笔者最近去日本访问，深深地为日本对环境的保护的效果感到极为钦佩。据当地人介绍，日本的企业承担了较高的社会成本，这对日本达到今天所成就的环境保护目标是至关重要的。

对环境污染问题的第三个经济学解决路径是产权途径。1960 年，科斯（Coase）在《社会成本问题》一文中对外部性、税收和补贴的传统观点提出了挑战。科斯认为，与某一特定活动相关的外部性的存在并不必然要求政府以税收或补贴方式进行干预，只要产权被明确界定，且交易成本为零，那么，受到影响的有关各方就可以通过谈判实行帕累托最优结果，而且这一结果的性质是独立于最初的产权安排的。科斯所代表的新制度学派为解决外部性问题所提出的政策思路是用市场的方法来解决市场失灵的问题，政府没有必要对市场进行干预。排污许可证交易制度是产权理论在解决环境污染问题的运用。通过建立交易许可证制度，政府对某个地区定出排污或消耗自然资源的最大限量，然后将排污权以许可证的形式赋予企业或者个人，同时运行他们相互之间进行交易，让市场来决定其价格。[6]

基于产权途径来解决环境污染问题的模式实际上就是在总量控制的前提下，使监管机制具有一定的灵活性。企业可以在排污权市场购买到一种权利，即进行污染环境的权利。如果某个企业在其污染后获得的利益大于支付某种环保污染的成本（包活社会成本），那么可以通过这种方式获得资源配置的最大化。这就是，我们不用强调环境价值的绝对化，可以针对具体情形通过谈判和司法救济的方式使得污染者和其他相关方获得资源的最佳配置。中国的企业通过参与《京都议定书》项下的“清洁发展机制”，将减排凭证通过交易方式出售给外国企业，就是运用产权途径的一个例证。

目前，中国的改革过程还没有完成，市场经济体制还远没有建立，产权模糊的现象还非常普遍，经济改革难以向纵深发展。因此，中国迫切需要通过立法和有效的执法建立产权清晰的财产制度。另外，中国的近期经济中出现的“国进民退“，国有企业在政府的鼓励政策和优质资源的扶持下，被做得“更大更强”，而民营企业的经营环境越来越恶劣，在中国的能源行业中，仍然有些单位政企不分。在污染环境的企业主体中即有中小企业（如小煤窑）也有大型的国有企业，且后者由于企业规模大（如中国的大型能源企业），如果发生环境事故，则无论从对环境影响的范围和程度更具有危险性。

更为严重的是，本该履行公共职责保护环境的政府在环境监管方面出现缺位。有些国有企业和地方国有企业背后都有各级政府的支持，有些对环境资源的破坏和滥用就是由于各级政府决策导致的，各级政府本身就是环境资源的直接责任者。而在其他情况下，虽然政府没有参与企业的经营决策，对企业的环境污染并不知情，但在实际解决和追究国有企业滥用环境资源的问题时往往偏袒国有企业。另外，由于中国法律中对“公共利益”的界定不十分清楚，许多政府官员误以为发展当地经济就是最大的公共利益，而忽视环境的保护，不管人民的生存环境是否会受到破坏和污染，以冠冕堂皇的理由进行环境的破坏。

当然，上述三种经济学解决路径作为监管工具可以混合使用。例如，对于环境问题，有人提出了标准、排污税、排污许可证交易制度等多种政策工具。这是因为单一工具都存在缺陷和使用特性的局限。为了摆脱政策工具“鼓掌难鸣”的困境，需要政策工具组合，以完善环境政策内在品质和外部条件。因此，混合性的政策工具应运而生。一般来说，每个国家都在环境保护方面的立法上，大都采用混合式。中国在环境保护方面的立法基本上采用的是混合型立法方式，以第一种和第二种经济学解决路径为主。

三、环境保护的法治

为了通过上述三种路径实现环境保护的目标，市场经济体制一般通过法律手段来实现。自 1979 年改革开放以来，中国就开始进行环境保护的立法。根据中国研究环境法的权威学者王灿发教授介绍，1979 年中国制定了一个《环保法（试行）》。从那以后，中国的环保立法开始发展起来。与其他部门法相比，中国的环保法在这三十年当中发展是最快的。实际上，中国的环保法已经基本形成了它完整的体系。尤其是，《物权法》把资源保护也作为物权保护的重要内容，而且规定了对于大气污染、固态废物污染、噪声污染，都作为侵犯物权的内容加以规定。[7] 新颁布的《侵权责任法》也做出了关于污染环境的民事责任的规定。

王灿发教授认为，中国的环保法律还难以有效地遏制环境质量的恶化，法律没有起到它应有的作用。[8] 对于中国环境保护法律从执行效果看确实不尽如人意。我们需要检讨的问题是，为什么中国在建立了较为全面的环保法律体系后，我们的环境没有得到根本的转变，没有根本的好转，甚至一些地区的环境质量还在恶化？对此，笔者想从下面几个方面进行讨论和分析导致这种状况的原因，并且提出一些建议。

1. 立法：部分缺失、过于笼统、处罚过轻

目前，大家对于中国环境保护法律的批评之一就是在中国环保法律体系内有些法律缺失，而现有的法律得不到有效执行，“有法不依”现象十分严重。以海洋环境污染为例，这次出现的康菲石油公司漏油事件就凸显了中国环境立法上的法律缺失。目前，我国海洋生态损失赔偿的立法工作存在明显滞后，国家有关部门迄今为止只能依据一部《海洋环境保护法》对漏油事件责任方进行处罚。可是除去对海洋水质的破坏以外，漏油事件本身还会对周边物种生态、渔业水产养殖乃至于沿海居民健康构成持续性的影响。可见，单靠一部《海洋环境保护法》的生态损害赔偿存在明显问题。相比之下，美国关于漏油事件则有比较健全的法律进行适用。在墨西哥湾漏油事件发生后，美国司法部针对 BP 的调查则指其可能违犯《清洁水法》《石油污染法》以及《濒危物种法》等数部法律，从而为全面彻底地依法处理涉事方提供了完备的法律支撑。[9]

众所周知，中国的煤炭是我国主要的能源供应，但是煤矿行业的环境保护却是非常不令人满意的。在某种程度上，煤矿行业的环境保护的现状是导致我们许多地方环境破坏和恶化的主要原因。有研究者在分析其原因时指出，我国煤矿矿区生态环境的法律保护存在体系不完善和现存制度不能满足现实需要等制度缺失现象。长期以来，我国一直缺乏系统性的矿区环境管理法律法规。在国家立法层面上，《矿产资源法》和《环境保护法》只对矿区环境保护提出了原则性的要求，缺少具体的管理制度和规章。《环境保护法》和《矿产资源法》对矿业产权人勘探开采矿产资源时的环境保护义务规定都十分简单，缺乏切实有效的环境保护法律制度。[10]

中国环境保护法律对于环境污染的征税和责任处罚过于轻，不足以有效地解决外部性问题，不能填补边际私人成本和边际社会成本之间的差异。中国的环保法律应该制定更为严格的征税和处罚责任规定，真正让环保法律嵌入牙齿，例如康菲石油公司漏油事件显示出，中国法律规定的环境污染的行政处罚责任太轻，不足以使得污染者承担必要的成本。众所周知，海洋环境

一旦遭受污染，其影响范围较大、后果比较严重、持续时间较长。但是，根据我国现行的《海洋环境保护法》，污染海洋环境的最高处罚责任仅为20万元。这样的处罚金额，对于康菲石油以及其他从事海上石油开发的企业来说，显然是微不足道，不足以产生遏制作用。中国应该考虑修改现有法律，将处罚金额提高，处罚的金额应考虑到外部性的问题，从而避免由社会和公众来承担单个污染企业导致的社会成本。

2. 法律实施：效果不理想、有权力寻租、法律不能平等适用

对于中国环保法律的另一个主要批评是执行问题。即使我们的立法者制定了健全的、有牙齿的环境保护法律法规，但是如果得不到有效执行，那么再好的法律也是一张白纸。目前，中国的环保法律执行中出现的问题主要是执法受到各种人为的干扰，例如腐败、贪赃枉法、司法腐败等，法律有时不能平等地适用。理性的执法状态是，不管污染者是谁，即使是国有企业，背后有多大的靠山也应该遵守法律。法律面前人人平等，法律的平等适用是法治最为基本的原则。否则，法律将沦为不平等竞争的工具。有些地方的环保部门把环保执法处罚当做是本部门创收的手段，这完全背离了法治的精神。结果是，也会让被监管者失去对法律的尊重和信任。

目前中国能源行业中出现的一些大的事故经常是不了了之，对受害者和公众没有一个合理的交代。这种情况往往是由于出现事故的企业是中国大型国有企业，因此没有人敢碰。据媒体报道，2010年中石油“7•16”爆炸案发生后，中石油始终没有承担责任，也没有给公众一个交代，有关部门也没有处罚相关责任人。此种做法令人忧心。而更让公众不满的是，“7•16”事件后，中石油大连石化分公司不仅没有问责相关责任人，还召开了抢险救援表彰大会。在表彰会上，有9个单位和197人分别被授予先进集体和先进个人称号。厦门大学中国能源经济研究中心主任林伯强教授指出，中石油一而再再而三地在同一个地方发生事故，需要问责，应该有个说法。[11]

3. 司法救济：诉讼成本大、程序性规定少、缺少专业法律人才

传统上，中国的环境污染事件的解决大都依靠政府通过行政手段解决。

但是这种行政手段的解决作用是非常有限的，会受到各种因素（包括人为因素、程序上的以及政治上的因素）的制约。在市场经济体制下，一个程序上更公平、更有效、更可靠的解决途径是司法程序。王灿发教授指出，过去我们比较强调行政手段，而不太强调司法手段，就是制定的法律不能由法院来实施，不能由法院来适用，大家就认为这个法没有什么用。这几年法院审理的环境案件，每年以 25% 的速度在递增，而且在一些地方已经建立了环境法庭，比如说像昆明、贵阳、无锡、沈阳。国家的人大代表也建议最高法院下一个通知，让各个地方设立环境法庭，这个环境法庭的设立将会有更多的环境案件到法院去，由法院适用这个法律，使我们这个环境法变得更加重要、更加具有权威性。[12]

目前，中国的环境诉讼案件普遍存在很多问题，有时法院根本不受理，受理的案件中胜诉率也只有大概 30%。据报道，2011 年 8 月 16 日，国家海洋局正式对外宣布计划对康菲发起公益诉讼。但目前国内生态公益诉讼一直存在着取证难、执行难等问题，诉讼结果可能遥遥无期。[13] 为了改善中国环保状况，中国可以考虑在全国范围内建立特别环境法庭，建立公平合理的关于环境诉讼的程序规则、证据规则和损害鉴定规则，允许环境污染的受害者通过诉讼对污染的企业提起民事诉讼，获得充分有效的救济（如赔偿或禁制令），允许受害者或关系环保的社会公益组织对政府部门的不作为或者不当行为或政府制定的规章或做法提起行政诉讼。与其他方式相比，再没有比环境污染的受害人更能全力地揭露污染企业并捍卫自己的权利的了！其效果会比环保监管部门（因受到人力、资源和主观意识的局限）的执法效果好上一千倍。只有这样才能伸张环保事业的正义，使污染行为受到谴责和惩罚。同时，如果环境污染的当事人能够有效地通过司法途径解决环境污染问题，那么他们就会放弃自救的暴力方式捍卫自己的合法权利，从而避免许多环境纠纷演变成不必要的暴力事件和群体事件。

中国还应该培养一批精通环境诉讼的法官和律师，以确保环境诉讼的司法程序能有效运作。再好的制度和法律也需要好的人才去运转。目前，中国还非常缺乏精通环境法实务的高级法律实务人才。随着环境诉讼数量的增加，社会对环保领域的高级法律人才的需求也开始增加。据报道，对于康菲石油公司的漏油事故，国家海洋局北海分局已公告，向全社会公开选聘法律服务团队，为提起海洋生态损害索赔诉讼做准备，并向全社会公开选聘法律服务团队代理此案。北海分局称，将邀请国内法学和海洋专家组成专家考评组，对报名应聘者进行初步审查，从中选取不少于 5 家应聘机构，进入正式选评范围。对进入正式选评范围的法律服务机构，采取现场集中考评、综合评分的方法，按考评得分结果，推荐由一家主体办理机构、3 家到 4 家辅助办理机构组成的法律服务团队。

对于环境保护的诉讼，衡量一种司法制度是否有效的标准就是看其是否对环境污染的受害者给予充分及时的救济。按照《民法通则》第 134 条的规定，民事责任的救济方式共有 10 种，其中能够适用于环境侵权救济的有 5 种，即停止侵权、排除妨碍、消除危险、恢复原状、赔偿损失。我们可以把停止侵权、排除妨碍和排除侵害看做类似于英美法系中的禁令（injunction）。环境侵权往往涉及数量众多的被侵权人，交易成本高昂，因此，中国的法院主要使用赔偿的救济方式。原因在于，禁令的广泛适用，将对现代工业造成毁灭性的打击。因而，法院一般只对那些对生产活动影响不大或者生产活动本身价值不大的污染企业采取排除侵害（禁令）的方式进行救济。[14] 在中国的环境纠纷中，大多数的救济方式是金钱赔偿。

从实际情况看，近年来，中国的环境纠纷呈上升趋势，虽然多数纠纷通过行政程序解决，但是地方法院受理的案件仍呈上升趋势。然而，当事人得到赔偿的金额却在下降。当法院判决给与的赔偿不足以弥补受害人的损失时，司法救济就达不到其本来的目的，在没用解决外部性问题的情况下，等于客观上鼓励了污染企业的行为。而这对于那些守法的承担更多外部成本的企业来说也是不公平的，在“劣币驱良币”的情况下，更多的企业会往往选择放弃承担污染造成的社会成本。

在中国的侵权民事诉讼中，一般适用谁起诉、谁举证的责任。由于信息不对称，造成环境污染的企业往往掌握着关于污染事件的信息，而作为污染事件的受害者除了污染造成的损害结果外，并不掌握关于污染事件的全部信息。因此，环保诉讼一般采取举证责任倒置。对于污染行为的产生和因果关系等侵权诉讼要件，一般来说不由原告承担举证责任。对于环境诉讼，根据中国的司法解释《最高法院〈关于民事诉讼证据的若干规定〉》第四条第1款规定，因环境污染引起的损害赔偿诉讼，由加害人就法律规定的免责事由及其行为与损害结果之间不存在因果关系承担举证责任。该司法解释没有明确说明在何种情况下适用举证责任倒置，在实际司法实践中执行有偏差，例如河池案（要求原告证明侵权行为和污染结果有因果关系）和黑木耳案，因此在客观上，不同法院的做法造成环境诉讼结果存在很大的不确定性。

在现实中，发生污染的企业往往是大企业、大公司。有时，这些公司有政府背景。相比之下，环境诉讼中的原告往往是弱者。对于这些“小人物”来说，他们往往难以承担高额的诉讼费用（包括立案的费用、聘请律师的费用、向有关部门请求对污染损害进行鉴定的费用、执行胜诉判决的费用）。但其诉讼如果胜诉，受益的有可能不只是其个人，其他个人和社区都可能获益。基于外部性理论，这些费用都是当事人基于个人利益和社会公共利益为环境保护而发生的社会成本。如果完全由这些小人物来承担保护环境的成本（哪怕只是其中一部分）都不是合理的。实际上，大部分原告也承担不起这些费用。因此，如果环境诉讼中，由原告和被告各自承担诉讼费用，那么会使得许多原告望而却步。对此，中国应该考虑成立国家或社会公益机构资助的法律援助中心，为环境污染的受害者提供无偿的法律服务。中国也可以考虑在法律上规定由被告在败诉的情况下承担这些诉讼费用。这样，势必可以鼓励环境污染的受害方拿起法律的武器，以合法的手段和程序向污染企业伸张自己的权利诉求。

四、建立环境信息公开制度：让污染者无处藏身

环境管理的信息手段被称为人类污染控制史上继命令控制手段和市场经

济手段后的第三次浪潮，是一项新的环境管理方法。环境信息手段主要是通过各种媒体将环境行为主体的有关信息进行公开，通过社区和公众的舆论，使环境行为主体产生改善其环境行为的压力，从而达到环境保护的目的。[15] 实际上，对于本文前面提到的解决环境污染的三种监管工具而言，每一种工具的使用和执行的效果都离不开环境信息的公开。如果政府没有充分及时掌握环境信息，政府的“命令 - 控制”模式的监管将失去决策的信息基础，缺乏信息会导致决策错误或在政策的程度上发生偏差。对于征“环境税”模式，如果缺乏信息，将无法将外部性问题量化，以确定私人成本和社会成本之间的差异，从而无法确定“环境税”的金额，最终无法有效控制外部性问题。对于产权途径的监管工具，环境信息是排污权交易制度的运作基础。

从环境信息的来源看，任何环境污染事件都存在严重的信息不对称。一般而言，环境信息的来源（包括环境的污染信息）大多来自污染者。污染者对污染物的产生、处理和排放很了解，但是他们也有理由隐瞒他们的污染情况。要求环境信息公开，不仅使公众了解污染者的污染情况，而且公众对污染者也有监督作用，因为公众对污染者的信息了解得越多，污染者就会感到压力，这样他们就要尽量克服不良的外表性，减少环境污染，采用无污染的工艺等。这种政策可以在很大程度上提高信息不对称下的控污效率（Tietenberg and Wheeler， 2001）。[16]

当然在环境信息公开上，政府也应该承担起职责。首先，政府应通过立法的方式要求所有企业披露涉及环境的信息，尤其是会产生各种污染的那些企业，披露应该充分、及时，不应疏于形式。其次，政府作为国有企业的所有者应该责成那些潜在造成环境污染的国有企业严格履行法定的环境信息披露义务，不能因为是国有企业就可以有例外。对于重大环境事故，政府和导致污染的企业应从对人民和社会负责的角度出发，充分及时地披露关于这些重大环境事故的信息，以免酿成社会和政治危机。在此，已经发生的案例是值得我们深刻反思的，例如 2003 年 12 月 23 日发生的中石油重庆开县川东北气矿的特大井喷事故。井喷后有剧毒的硫化氢在 40 兆帕的压力下喷射整整 18

个小时，让这些气体在空气中散逸，最终导致 234 人死亡。[17] 据当时在场者解释，井喷后，井队的工人曾在高桥镇政府所在地大声呼喊，让居民赶紧离开危险之地，但井队没有及时致电确实给当地政府造成了很大被动，政府没有更多时间告知每一户居民及时离开。[18]

《瞭望东方》从多方了解到，在事故发生后，钻井队先是通知了自己所属的单位，然后致电重庆市政府和安全生产监督管理部门，之后重庆市将这一消息再告知开县县政府，开县县政府再通知了事故所在地——高桥镇镇政府。如此一来，距离灾难现场最近的镇政府反而最晚获知灾情。[19] 显然，如果井喷后，井队能向当地政府快速通报，使群众尽早离，便可以最大限度减少事故伤亡人数。据记者介绍，中国石油天然气总公司自已拟定的《环境保护工作管理办法》第 15 条规定，因发生事故或者其他突发性事件，造成或可能造成重大污染事故的单位，必须立即采取有效措施处理，及时通报可能受到污染危害的单位和居民，并向当地和上级环保部门报告，接受调查处理。事实证明，这条规定在此次事故中显然没有得到有效执行。[20]

需要指出的是，政府在环境信息方面的职责应为下几种职责：首先，政府应通过立法责成污染企业履行法定的信息公开义务。其次，对于不属于企业负责的环境信息（例如大气、水和土壤的污染指标的检测得到的环境信息以及各种潜在的环境危险信息）的披露应该是政府的职责，政府有义务通过公共开支获取这些环境信息，并及时向社会公开。第三，政府应该基于其掌握的环境信息制定相应的措施，采取行动将各种环境事故隐患在发生之前予以消除。为了检查政府官员在环境信息方面的工作，中国应该在中国官员政绩评价标准中包括环境信息的披露和环境安全的工作的好坏，以此作为评价官员政绩的衡量指标之一。

五、政府部门应担当起环保的职责，做公共利益的守卫者

基于外部性理论而提出的针对环境污染的三种监管工具均需政府来实施。对于环境资源这种公共物品，政府是公共利益的守卫者。显然，政府基于公

共利益忠实地履行其职责是上述三种监管工具得到有效实施的必要前提条件。一个国家的环境保护工作做得如何首先取决于政府。在环境保护问题上，政府应担当起其不可推卸的责任，因为从环境保护的立法、执法和司法来看都需要由政府扮演主要的角色。作为被监管的企业和个人，在环境保护工作中的角色主要是配合，服从政府的监管，遵守法律，履行法定的义务。我们不能期待在政府不作为的情况下要求那些想改变中国环境状况的企业或个人能在环境保护上有多大的作用。

对于政府的“命令一控制”监管模式（如许可证制度等）、征税（如征收排污费）以及排污权交易制度都可能成为权力寻租、权钱交易的手段。如果负责环境监管的政府官员以权谋私、贪赃枉法或基于某种政治或经济因素的干扰不能行使其对环境的监管职责，那么，上述监管工具以及立法者所设计的环保法律法规及环保政策的执行都会失效或降低其实施效果，甚至会导致环境进一步恶化。

目前，中国环境执法的现状存在许多问题，首先是环境部门的“环境行政不作为”或执法力度不够，造成环境监管缺位，主要表现在为污染企业开绿灯，对由此引发的环境污染熟视无睹，对领导不点头的不敢查、是挂牌保护的不敢查、招商引资的不敢查；其次是执法不规范，不注重程序，着重处罚，而轻视保护相对人合法权益；第三是“滥作为”，以权谋私，主要表现为“友情执法”、“协商执法”、“简单执法”、“钓鱼执法”、收受企业财物，包庇袒护违法企业，使违法者逃避法律制裁，存在“执法犯法”现象。[21] 上述现象大都发生在地方的环保部门。究其原因，这种状况与我国的环境监管部门的制度设计有关。在现有体制下，地方环保部门受制于地方政府，所以对于有些地方支持的项目没等环保部门批准就干起来了，对于此类项目环保部门难以进行管理。[22]

中国应该建立对环境执法部门的监督机制。例如通过地方人大向负责环境工作的官员问责，允许对“不作为”或“滥作为”的官员提起行政诉讼，同时允许公众和媒体对环境执法进行舆论监督。对政府官员监督的必要性源于这样一个简单的道理，即需要对监管者进行监管。有研究者指出，政府官员作为执行公共事务的政治代理人会因其机会主义倾向和寻租行为使得我们在对政府在直接解决环境问题的过程中应该充分加强社会对其的监督。这是确保政府在解决环境问题中发挥积极作用的基础。[23]

在很大程度上，中国环境执法的力度不够是因为中国的环保部门在体制设计上没有被赋予足够的权力。有研究者指出，虽然中国法律上规定了环保部门具有统一监督管理的权限，但在哪些方面监管、如何监管以及监管的方式和手段方面都没有明确界定。由于环保部门和其他部门行政级别相同，又未明确被赋予统一监管的法律或行政手段，很难起到监督作用，其他部门根本不买账，互相推诿，管理脱节的现象时有发生，对污染控制十分不利。[24]

另外，中国环境监管职能分散于不同的政府部门，没有将环境监管职责集中于一个强有力的监管部门。这种状况在最近康菲石油公司渤海湾漏油事故中已经凸显出来。中国关于海洋环境污染的监管职能过于分散，缺乏强有力的综合监管部门。我国的海洋管理机制从横向看，目前海洋管理呈现“九龙治水”局面，涉及海洋、渔业、环境保护、交通海事、海关、边防等多个部门。从纵向看，各省对海洋管理“条块分割”，各自管理本省的邻近海域。这一体制的存在弱化了海洋综合管理职能，统一、高效、科学的协调管理机制难以形成。[25]

中国的煤炭行业也同样缺乏一个强有力的生态环境监管机制。目前，煤炭企业以及矿山生态环境的管理涉及环保、国土、水利和林业等部门，但各部门环境管理的侧重不同，只重视本部门的职能，没有从煤炭矿区生态环境整体出发加以管理，部门间难以形成合力。一些部门收取的经费分散使用，也没有完全用于煤炭开采的生态环境保护。[26] 笔者认为，中国应该对中国环保监管部门进行改组，使其摆脱其他部委和各级地方政府的干预和控制，增加其权力，增加各级环保部门的人力和经费开支，增加监管力度。

六、政府和企业需要更新观念，使经济发展具有可持续性

中国各级政府官员应更新观念，不能只是追求经济发展的指标而忽略对环境资源的保护。环境监管部门作为公共利益的守卫者应该坚持环境优先原则。环境监管部门的首要任务是保护环境。基于外部性理论，每个企业都会首先关心其经济利益，在法律没有强制规定的情况下，都会忽略社会成本，一般来说不会主动增加环保的投入。可以说，环境监管部门是防止或减少外部性的一道防线，也可能是唯一的一道防线。

我们同时应该避免将环保的优先性绝对化。环境优先原则并不意味着环境保护在任何情况下都是决定性的、第一位的。要看具体事实场景来对这两个抽象的价值理念进行分析，针对具体问题做出有意义的平衡方案。例如，煤炭资源是我国的第一能源，作为一种不可再生资源，煤炭资源长期的开发利用活动引发了与可持续发展不相和谐的诸多环境问题，影响和制约着社会、经济和区域环境发展。因此，在煤矿开发建设过程中，要充分研究煤炭开采对环境可能引起的破坏方式与程度，提出保护措施，控制其不利因素，维护生态平衡，把人类活动造成的环境影响减低到最低程度。[27]

今后，如何平衡经济发展和环保这两种价值理念，将是摆在中央和地方各级领导面前的一道难题。完全忽视环保，而一味地给污染企业开绿灯，这种经济发展模式肯定是做不通的，迟早要翻车。这是因为，这种模式是不可持续的。但是如果环保执法过度，制定过于严格、在经济上不可行的环境保护标准和要求，则会使当地经济的发展出现停滞。政府在平衡能源行业的经济发展和环保价值理念时，需要确保环保的成本是可支付的、经济上可行的（economically viable）。环保的适度性要求我们不要因环境执法而使经济完全停止发展，除非某个内陆地区基于某些政策的需要，对该地区暂缓或停止开发。因此，我们需要防止环保法律适用的过度，注意财产权利和环保限制之间的平衡。

总而言之，对于监管者来说，重要的是要找到一个平衡点，在这个点上既能保护环境同时也能使经济可持续地增长。当然，找到这个平衡点不是一

件容易的事，发达国家的政府其实也在这个问题上纠结着。微观经济学的外部性理论会是一个可以帮我们找到答案的工具。基于外部性理论，有关环境保护的监管规定所导致的履行成本应该能够抵消污染企业的边际私人成本和边际社会成本之间的差异。这样，通过经济学的量化工具，找到这个平衡点就会更加容易一些。

当前，在经济发展和环保之间的关系这个问题上，有些人持有一种“先发展后治理”的观点。其真实的意义就是，在我国社会主义市场建设初期阶段，政府可以完全不重视或忽略环保，而一味地发展经济，等到有一定经济发展和物质积累以后才对环境进行治理。对这种观点，笔者不敢苟同。首先，这样做往往会把外部性的问题这个历史包袱越搞越大，极易导致资源的掠夺性开采，最后导致资源枯竭，同时还会导致重大环境事故，从而引发经济和社会危机。其次，把治理在时间上推后，会导致环境治理的成本费用加大。将环境治理推后进行所要发生的成本费用要远远高于在污染出现时进行治理的成本费用。同时，使得污染环境的企业在当下逃脱法律责任的承担，而让我们的后代买单，也显失公平。我们这代人会在历史上留下骂名的，同时也没有权利这样做。

目前这种“先发展后治理”的观点似乎仍在大行其道。中国的土地、空气和水将会继续受到污染，我们这一代人以及后人的生存环境将会越来越恶劣。更有甚者，我们如果按照这条道走下去的话，势必会引发社会政治危机。例如，山西的某些煤炭资源丰富、煤炭工业发达的城市“一煤独大”，但随着煤炭资源枯竭，山西将面临艰巨的转型任务。对于山西省的长远发展来说，如果环境外部性问题得不到解决，丰富的煤炭资源很有可能不会成为当地人民的福祉，而会成为悲剧性的资源诅咒。

改革三十年走过的路，基本上是过分强调 GDP 的增长，而忽略经济发展对环境的破坏和影响。如果说中国的经济发展创造了某种令世界瞩目的成绩，那么这种发展是付出了很大的环境代价的。在中国的企业具有很大的成本竞争优势时，我们不要忘记，这些企业的许多外部性成本已经强加给我们的社会和公众，这就是我们看到的令我们痛心的被污染的和正在被污染的环境，为此买单的会是我们当代的每个国民乃至我们的后代。

令我们感到欣慰的是，中国政府领导人已经意识到这个问题，已经改变中国的经济政策，开始倡导绿色的 GDP、可持续经济和循环经济概念。但是，如何将这种政策上的改变落实到具体的法律法规和项目中，中国还有许多艰巨而困难的工作要去做。我们这代人注定要为环境的恶化付出一定的代价，而未来我们的孩子们是否能够生活在一个清洁优美的环境里，仍然是一个未知数。未来的结果取决于我们今天的决定和行动，包括政府、企业和我们每一个人。

参考文献

[1] 曹文慧 . 环境问题产生的原因及解决途径的经济学分析 . 经济论坛，2008(14).

[2] 黎炜、陈龙乾、赵建林 . 我国煤炭开采对生态环境的破坏及对策 . 煤，(140).

[3] 宋世杰 . 环境开采对煤矿区生态环境损害分析与防治对策 . 煤炭加工与综合利用，2007(3).

[4] 曹文慧 . 环境问题产生的原因及解决途径的经济学分析 . 经济论坛，2008(14).

[5] 同上。

[6] 同上。

[7] 王灿发演讲：环境保护领域法律法规及制度建设，2008 年 12 月 14 日，发表于由人民网发起并主办的“回顾与展望：改革开放 30 年中国环保事业”论坛。

[8] 同上。

[9] 康菲石油漏油事件始末 海上漏油事件 中国法律太轻 . 久罗机电网 http://www.jiuluo.com/jtbc/article/?type=detail&id=332，于 2011 年 9 月 20 日访问 .

[10] 黎炜、陈龙乾、赵建林 . 我国煤炭开采对生态环境的破坏及对策 . 煤，(140).

[11] 中石油大连 13 个月 4 场大火专家建议问责 . 证券日报 . 中国证券网 http://www.cnstock.com/index/cj/201108/1513611.htm，于 2011 年 9 月 20 日访问 .

[12] 王灿发演讲：《环境保护领域法律法规及制度建设》，2008 年 12 月 14 日，发表于由人民网发起并主办的“回顾与展望：改革开放30年中国环保事业”论坛。

[13] 康菲石油漏油事件始末 海上漏油事件 中国法律太轻 . 久罗机电网 http://www.jiuluo.com/jtbc/article/?type=detail&id=332，于 2011 年 9 月 20 日访问 .

[14] 浙江万里学院毕业论文：环境保护法的法经济学分析 . http://wenku.baidu.com/view/e7cf4910a2161479171128f6.html，于 2011 年 9 月 20 日访问。

[15] 曹文慧 . 环境问题产生的原因及解决途径的经济学分析 . 经济论坛，2008(14).

[16] 同上。

[17] 朴抱一、朱玉、张旭东 . 专家解析重庆开县井喷事故真相，八问中石油公司 . 瞭望东方周刊，2004.

[18] 同上。

[19] 同上。

[20] 同上。

[21] 赵丽君、程仑 . 当前环境执法中存在的问题及对策研究 . 环境科学与管理》，2005，30(3).

[22] 春秀 . 环境立法和执法工作中的问题与建议 . 中国环境报，2003 年 9 月 20 日，http://www.ep.net.cn/CGI-BIN/UT/topic_show.cgi?id=14556&b-pg=19，于 2011 年 9 月 20 日访问 .

[23] 孙惠丽、江华锋 . 对环境问题的制度经济学分析 . 生态经济，2007(7).

[24] 春秀 . 环境立法和执法工作中的问题与建议 . 中国环境报，2003 年 9 月 20 日，http://www.ep.net.cn/CGI-BIN/UT/topic_show.cgi?id=14556&bpg=19，于 2011 年 9 月 20 日访问 .

[25] 康菲石油漏油事件始末 海上漏油事件 中国法律太轻 . 久罗机电网 http://

www.jiuluo.com/jtbc/article/?type=detail&id=332，于 2011 年 9 月 20 日访问 .

[26] 王玖明、谭杰 . 煤炭工业环境保护工作三十年 . 煤炭加工与综合利用，2009(2).

[27] 任奋华；伍永平 . 试论煤炭区生态环境保护的措施与对策 . 煤矿环境保护，2000，14(6)：21.

能源发展中的水资源之困与法治路径探索

周章贵[89]

摘要： 能源与水有着相互制约关系，解决我国能源发展中面临的水资源约束需要厘清能源资源开发与水资源保护的共生关系，推动能源发展要以满足最严格的环保要求为前提，要运用法治思维改变我国水资源与水防治二元立法弊端、流域管理与行政区域管理职责不协调、污染者违法成本相对较低、人工回灌补充含水层制度不完备、水资源水权转让和水市场制度不健全等突出问题，通过提高水资源保护立法位阶、理顺水资源管理体制、健全能源开发与水资源保护法规体系、协调能源规划与水资源规划、发挥政府、企业和公民在能源开发利用和水资源保护中的不同作用，引导公众参与缓解能源发展中的水约束。

能源的有序健康发展是事关国家经济社会发展的重大战略问题，长期以来大力开发和利用能源资源是确保我国经济发展的前提，然而高速的经济发展与粗放的发展模式也带来生态环境的持续恶化，尤其是水资源的制约。纵观世界，目前全球 90% 的电力生产都是水密集型生产方式。据国际能源机构（IEA）统计，2010 年全球用于能源生产的取水量为 $583\times10^9m^3$（约占世界取水总量的 15%），其中 $66\times10^9m^3$ 消耗掉。预计到 2035 年，由于带有高效先进冷却系统发电厂的发展和生物质能的推广全球取水量将增加 20%，而消

89　周章贵，阳光时代律师事务所能源、资源与环境研究中心执行主任、研究员，浙江大学非传统安全研究中心国际水资源安全研究所所长。

耗量则增加 85%。作为水密集型的生产方式，生物燃料的发展将对各地区的水资源影响加大。[90] 而作为以煤炭等化石能源为主的中国，水资源早已成为能源发展的紧箍咒。解决能源开发中的水资源约束需要治理创新，是当前能源行业和水资源保护领域的重要议题。法律是创新型社会治理过程中不可缺少的保障措施，确保能源资源的开发又维持水资源的平衡需要统筹协调两种资源部门，运用法律思维将资源生产、加工、运输和消费众多环节纳入法治轨道。

一、能源开发利用与水资源的关系

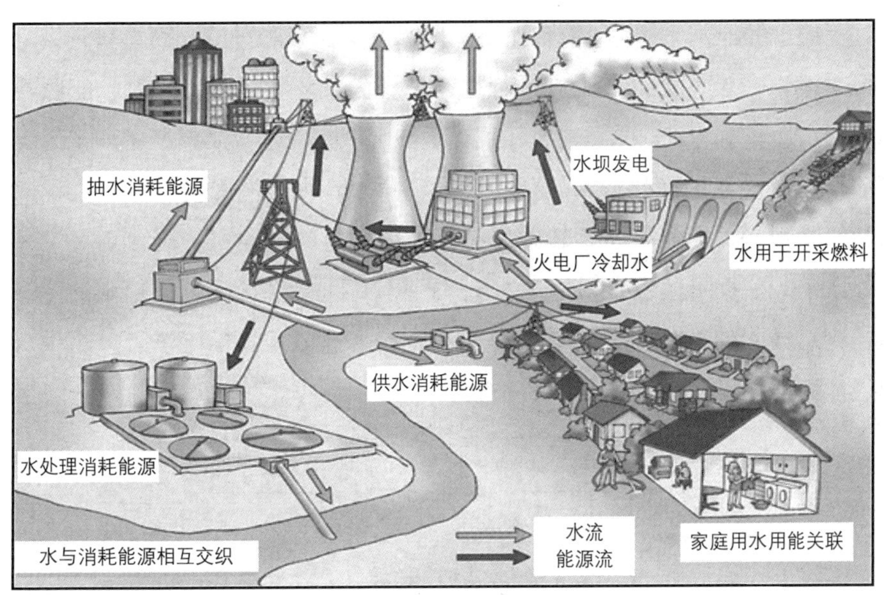

图 1　能源与水相互交织关系示意图

能源与水结合的最直观形式是水电，但事实上能源与水的关系远要复杂（如图 1 所示）。水资源在使用该过程中的计量可简单分为取水量和耗水量两部分，水力发电实质是引水发电，其引取的大部分水量将返回江河，所消

90　The United Nations. World Water Development Report (WWDR 2014) P3. http://unes-doc.unesco.org/images/0022/002257/225741E.pdf.

耗的水资源主要是建坝蓄水后水面扩大而造成的蒸发损耗。相对于水电站的耗水量，火电厂耗水量更为庞大，火电厂运行过程中的蒸汽需要经过冷却、冷凝、回收等程序，水是廉价方便的冷却液；除冷却水外，火电厂所需燃料的开采、运输、加工以及输送过程均需要消耗大量水资源。如美国炼油厂提炼每加仑油约需消耗 1 加仑的水，其能源生产工业耗水量已经占到全国淡水消耗总量的 25%。

新能源开发进一步推动了水资源需求的增加。生产生物燃料在很大程度上恶化了干旱地区的水资源紧缺状况，由于燃料植物灌溉种植过程耗水是提炼过程的 1 000 倍，对其他粮食作物的用水产生竞争和排挤。而光伏、风电等可再生能源在设备全寿命生产过程中也消耗大量的水资源。同时，能源开发利用对水质影响较大。页岩气的开采对所在区域的地下水质将产生严重污染，目前尚没有成熟的净化技术。从相反的视角看，水资源开发与供水过程同样消耗大量能源，包括取水、输送、处理、分配给终端用户和废水后处理（如图 2 所示）。据美国水工程协会 2011 年统计，处理和配送城市用水的能源成本占到总成本的 75% 左右。随着地表水污染和含水层不断下沉，整个供水链中德能源消耗将继续攀升。

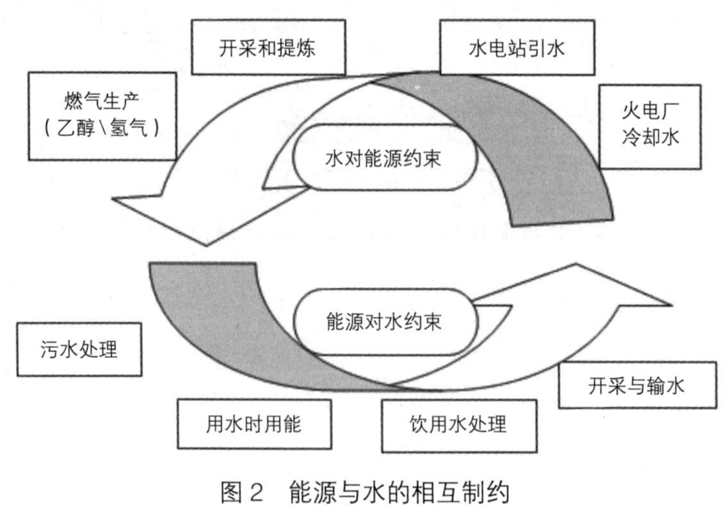

图 2　能源与水的相互制约

二、我国现有能源发展模式与水资源的制约困局

在我国经济转型和产业结构调整未完成前，能源发展仍将维持着粗放型发展模式，能源开发利用的高耗水问题迫切需要解决。到“十二五”末，我国大型煤电基地上下游产业链需水量保守估算将达到 110.21 亿立方米，相当于黄河正常年份可供分配水量的 1/3；其中，耗水量最大的内蒙古、山西、陕西以及宁夏等省区，规划煤电基地整个产业链的需水量为 91.35 亿立方米，大大超过其现有工业总用水量（约 53.22 亿立方米）[91]，四省份各大型煤电基地的规划规模与区域内供水能力存在很大矛盾。

地理上的错位则进一步加剧了能源开发与利用的水资源压力。数据显示，我国 85% 的煤矿位于北方，但这里的水资源只占全国总量的 23%。在内蒙古的重要煤炭产地锡林浩特，其煤炭产量从 2007 年至 2012 年增长了 7 倍，火电厂、煤化企业等也如雨后春笋般出现，当地政府为解决能源开发与利用的水约束，提出修建从渤海向锡林浩特输送的 600 公里海水管道，即使该计划获批，疏干排水导致矿区地下水位急剧下降的问题依然无法解决，在半干旱的西部矿区，井泉干涸还可能诱发矿区荒漠化，进一步加剧水资源短缺。

自 2013 年起，为有效治理大气污染，各地政府大力推动煤化工、煤制气产业的发展，但煤化工单位耗水率高、污染高、能耗高，这使得水资源安全又受到新的威胁。在我国部分实施煤化工项目的缺水区域，由于持续抽取地下水导致草原地下水位严重下降，地表水体明显缩小，草场大面积衰退、沙丘活化，农牧民生产生活受到严重影响。面对水资源破坏以及环境保护的压力，国家出台了一系列政策要求煤化工项目需以满足最严格的环保要求为前提，但在以经济发展作为地方官员政绩主要考核指标的国情下，环境保护的社会责任往往被选择性地忽视。

91　煤电基地开发加剧水危机 水利部出手严控 . http://www.hsbsimu.com/e/action/ShowInfo.php?classid=12&id=2089.

三、国外能源生产过程水资源保护法律制度

自二十世纪七十年代以来受环境恶化倒逼，工业化国家逐步重视能源资源开发过程中的环境保护，各国政府部门根据本国的实际情况，开展了一系列与水资源和水环境有关的立法活动，特别是美国、欧洲各国和澳大利亚等十分重视水资源保护，制定了一系列卓有成效的法律制度，值得分析借鉴。

（一）含水层保护法律制度

随着水平钻井和水力压裂技术的进步，美国已一跃成为世界头号天然气生产国，不仅实现了非常规天然气的商业运作甚至为美国的能源独立起到关键作用。但 2012 年，美国超过三分之一的地方都遭受了严重的干旱影响，水资源制约发电厂的运行，也影响了其他能源生产活动；飓风桑迪摧毁了重要的水利基础设施导致电力供应的中断；非常规天然气的开发对水资源的消耗和环境影响已经广受诟病。美国能源部最近的报告《水资源—能源关系：机遇与挑战》系统分析了目前在水与能源关联领域所面临的机遇与挑战，开始为能源变革新时期水资源利用和保护做出努力。[92] 为解决地下水衰竭问题，美国普遍的做法是，识别出地下水衰竭的地区，加以控制。例如，在占有权制的各州，一旦管理机构确定出现地下水衰竭问题的地方，就不允许在该地区打新井；在适宜使用权制的内布拉斯加和亚利桑那州，都建立了有关地下水衰竭的法令，控制地下水的开采。而在绝对所有权的得克萨斯州，也对灌溉径流加以控制，并开展节水普及教育计划，加强地下水的保护。同样是能源生产大国的澳大利亚在地下水利用和管理方面蓄积了长期经验。通过法律明确含水层的可持续开采量，并确定水资源的可持续使用限度；协调地表水与地下水资源的统一管理；地下水与地表水的相互作用；地下水的环境价值；土地利用活动对地下水水质的影响及地下水资源保护等。

92　美国能源部．水资源—能源关系：机遇与挑战．http://www.tanpaifang.com/tanguwen/2014/0619/33887.html.

（二）水资源监测制度

系统的水资源监测对保护水资源很重要。美国主要利用各种现有石油天然气钻井和井场活动法规，并结合水资源和空气管理环保法规对能源生产尤其是页岩气产业进行监管。但随着州政府和联邦政府的日益关注，这种宽松的监管情况已开始发生改变。2010年，美国环境保护署（EPA）就页岩气水力压裂所产生的影响展开了为期四年的实地研究；2011年，美国能源部收到能源部长顾问委员会（SEAB）的一份页岩气报告，该报告就如何减少环境影响、提高页岩气生产安全性等方面内容提出了若干建议。除这些项目外，还在不断进行大量较小规模的研究，旨在持续提供信息，为完善监管并实施领先实践提供支持。2010年，纽约州颁布临时禁令，限制进一步页岩气开发，以便等待该州环境保护部（DEC）完善其有关天然气钻探问题的《环境影响补充说明》（SGEIS）。2011年9月28日，纽约州发布了《环境影响补充说明修订草案》，并于2012年1月之前公开征寻公众意见，而州环境保护部从颁布临时禁令后再无其他举措。2011年6月，美国马里兰州州长马丁•奥马利（Martin O’Malley）发布命令，要求首先对马塞勒斯页岩钻探的经济效益和环境影响进行为期三年的研究，评估合格之后方可颁发钻探许可。2011年8月，新泽西州州长克里斯•克里斯蒂（Chris Christie）颁布了为期一年的暂停水力压裂法禁令，从而使该州环境保护部能够“进一步评估新泽西州页岩气开发对环境的潜在影响，同时也对当前联邦持续开展的研究结果进行评估分析。”不过，包括怀俄明州、宾夕法尼亚州、阿肯色州、科罗拉多州、路易斯安那州和得克萨斯州等在内的其他几个州都已通过了新的立法或法规，以应对不断增加的天然气开发相关活动。德国建立了较完善的地下水监测体系，法律规定联邦州政府拥有以下职责：①及时消除地下水质量的危险变化；②补救和降低污染造成的危害；③评估保护措施的效用。荷兰的地下水水位监测网建立于20世纪80年代。监测的主要目标有：①研究地下水开发利用潜力；②确定地下水的用途；③提出地下水的管理措施建议；④对地下水资源的管理做出评估。荷兰完善的地下水监测网络系统，为全面掌握地下水水情，预测地下水的动态变化，从而优化地下水监测站网，为生产生活服务发挥了关键作用。澳大利亚的环境管理制度设立监测目标和调控机制，以评价政策手段的应用是否达到了管理目标，对地下水的监测也起到重要作用。[93]

（三）水资源水权转让与水交易制度

建立水市场和可交易的水权，可以大大促进水资源的合理分配与利用。发挥水市场的重要作用，积极促进水资源的高效利用，是目前国际上水资源管理的重要发展趋势。美国加利福尼亚州建立了一个比较集中的水储备和转让系统，利用加州广布的运河系统和具有广大储存空间的含水层之优势，通过水市场，使水的利用从低价值的使用转向高价值的使用。尽管这种水交易是有限的，但加州政府却在过去的极其干旱时期，保证了水的充足供给。20世纪80年代末及90年代，澳大利亚各州开始允许暂时性和永久性地转让水权，但这种转让活动要在当地州水管理机构监督和许可下才能进行，以保证提高水的使用效率。1997年11月在澳大利亚东南部的默里谷地的马里地区开展了跨州的季节性水交易试点。澳大利亚参议院正在要求联邦和州政府通过建立一个国家水权登记制度来更好地处理澳大利亚的水问题。

四、我国能源开发中水资源保护的法律缺位

法律层面，我国相继出台了《环境保护法》、《水法》、《水污染防治法》、《水土保持法》等；行政法规层面，我国制定了《水土保持法实施条例》、《水污染防治法实施细则》、《排污费征收适用管理条例》、《取水许可管理办法》、《取水许可和水资源费征收管理条例》、《城镇排水与污水处理条例》等；各地也专门制定了水资源保护和特定水域保护的地方性立法。但由于水资源保护的复杂性、综合性、科学技术性，还有立法时的社会背景及社会关系的发展变化等因素的影响，我国立法路径还有明显的部门立法特征，对于能源开发利用的法律规制和水资源利用保护的法律规制往往交叉不多，协调不够。

93　蓝楠．国外地下水资源保护法律制度对我国的启示[J]．中国国土资源经济，2011(8).

因此，我国现行水资源保护法律制度存在着一些不容忽视的问题，在能源发展面临水资源严重制约的当下需要尤为重视。

（一）水资源与水防治二元立法体例存在弊端

目前我国采用资源立法和污染防治立法的二元立法体例，水资源立法侧重于水资源的开发利用为核心，污染防治立法的宗旨以水污染防治为主要内容，从而造成水量管理与水质管理的相互割裂，由此导致在水资源管理中缺乏水质水量的统筹管理、缺乏水资源开发利用与水环境保护协调发展的综合考虑。就水资源管理角度而言，水利部门主要负责水资源的开发利用，环保部门负责水体污染防治，部门职能的交叉重叠带来职责不清、各自为政的弊端。最为典型如水利部门提出的“纳污总量红线”对环保部门没有约束力，双方各自有其监测系统及信息系统，缺乏信息共享机制，规划建设的统筹协调性相对较差。

（二）流域管理与行政区域管理职责不相协调

《水法》第十二条确立了我国对水资源的流域管理和行政区域管理的管理体制，目前我国设立了长江、淮河、珠江、海河、松辽、太湖和黄河七大流域水资源保护局，流域管理机构除对水污染进行防治管理外，还对包括水土保持、节水、水生态修复等方面进行管理，相关机构对本行政区划内的水资源进行管理。但是，《水法》对行政区划管理与流域管理之间职责如何划分则缺乏明确的规定，某些条款的规定体现出的立法理念是行政区域管理权限高于流域管理权限，从而导致流域管理缺乏应有的权威性。比如《水法》第十七条，重要江河、湖泊的流域综合规划由行政部门编制，跨省、自治区、直辖市的江河、湖泊的规划由流域管理部门会同行政部门编制。行政区域管理权限凌驾于流域管理的制度设计往往导致流域所在地方政府出于地方利益考虑，往往产生对同一水域水资源的开发利用和保护执法尺度不一，这与流域水资源的系统性和水污染的波及性和广泛性不相适应。

（三）污染者违法成本相对较低

2013 年中央纪委监察部通报了 10 起破坏生态环境责任追究典型案例，

其中涉及水体污染事件占到一定比例，个别案例涉案主体其排污违法行为甚至能持续相当长的期间，这其中有执法不力的原因，但是从立法层面也涉及违法成本的问题。比如目前的《水污染防治法》第七十六条，“向水体中排放重金属处五万以上五十万以下的罚款”，将五十万确定为向水体排放重金属的罚则上限，然而后续对水体的治理投入却是无数倍。由此，从立法的角度，违法成本相对较低不利于实施严格的水资源管理，对于排污者而言，可以考虑将违法成本与其违法收益及修复成本相关联，加大惩罚力度，从严治污。

（四）人工回灌补充含水层制度不完备

能源开发过程中进行地下水人工回灌，可起到增加地下水资源量、防止海水入侵，防止地面沉降等多重功效。因此人工回灌技术在一些发达国家的供水系统中占有重要地位。美国国会 1974 年制定的《安全饮用水法》（SDWA）中就明文规定了地下水回灌控制（VIC）计划。[94] 相对而言，虽然我国自 20 世纪 70 年代就进行了人工回灌的实验研究并取得了一定的成果，但相关立法却明显滞后，仅在《水法》、《水污染防治法》中有少量零散的相关规定。如在《水法》中对地下水超采行为只是笼统地规定了“采取措施”。《水污染防治法》第 39 条中规定“人工回灌补给地下水，不得恶化地下水质”。这显然难以满足推行地下水人工回灌方式，从而有效地恢复和保护地下水资源的要求。

（五）水资源监测制度不系统

我国尚未建立起全国性的水资源保护自动监测网络，尤其是地下水监测方面缺陷明显，主要表现在环境监管力量普遍薄弱，不仅缺乏地下水资源巡查队伍，而且监测仪器设备不足，大多数环境监测站人员、经费、设备不足，不具备开展《地表水环境质量标准》全部项目监测的能力，特别是在污染事故发生时难以实时跟踪水质变化。以能源大省陕西为例，除西安市外，都没有专业地下水资源巡查队伍。在大强度能源开发的过程中水资源无法得到全面监测，更谈不上采取有效保护措施。另外，我国政府环保部门与水利部门

94 蓝楠．国外地下水资源保护法律制度对我国的启示 [J]. 中国国土资源经济， 2011(8).

存在两套监测体系，以黄河流域为例，发布的水质报告不尽相同，既浪费资源，也不利于流域水污染防治的统一监督管理。按照《水污染防治法》的规定，各江河流域的水资源保护工作机构都设立了监测机构，并可以提供省界水体的水环境质量状况。但法律却没有进一步规定，如果省界水质不达标怎么办，上游是否负有某种义务，下游是否享有某种权利。没有这方面的规定，就使得省界水质监测失去了实质意义，不能真正发挥这一制度应有的或人们期望的作用。

（六）水资源水权转让和水市场制度不健全

现行《宪法》、《民法通则》明确规定，水流属于国家所有，即全民所有。现行《水法》也规定，水资源属于国家所有，即全民所有。我国水资源所有权从法律上被整体安排为国家所有权，包括国家对水资源的支配和开发利用的管理。《水法》只规定农业集体经济组织所有的水塘、水库中的水属于集体所有。范围限定极小，不利于水资源开发利用。取水权制度和通行的用水权制度是两种不同的制度。从法律关系上看，取水权是根据国家规定和政府许可授权取水的行为，无论哪种取水都是无偿、无期、不得转让的行为；而用水权则是有偿、有期、可转让的。因而，应实现取水权向用水权的转变，促进水权转让制度的建立健全。目前新疆等地区已经在不同产业间探索水权交易实践，以提高用水效率。2010 年 6 月，新疆托克逊县政府与新疆圣雄能源开发有限公司签订了水权转让协议。根据协议规定，新疆圣雄能源开发有限公司将帮助当地农民建设 2 000 座标准温室大棚，每年节约农业用水约 400 万立方米，以此换取每年 400 万立方米水的使用权。[95] 换取 400 万立方米水的使用权意味着新疆圣雄能源开发有限公司以市场化的手段，购买水的使用权，不与农牧业争水。2014 年，新疆首个水权交易中心将建立，该水权交易中心位于玛纳斯县塔西河流域管理处包家店水管所，鼓励农民将二轮土地定额内

95 地区签订首个水权转让协议 . http://nyj.tlf.gov.cn/ny.jsp?urltype=news.NewsContentUrl&wbnewsid=46958&wbtreeid=960.

节约的水量，通过水权交易大厅和水银行（水库）调蓄，以农业基准水价5倍的价格转让，再由塔西河工业供水工程输送给园区企业，从而实现农业高效节水向高效用水转变。

五、运用法治思维解决我国能源发展中的水资源困局

美国、澳大利亚等能源大国在法律制度方面的努力为调控和保护水资源起到了重要的作用，在经济全球化和气候变化严峻的背景下，面对我国能源发展和水资源的制约困局，需要运用法治思维完善制度设计、推广创新治理方式，形成能源与水协同发展的系统整合方法，借鉴国外成熟的立法经验，建立健全适合我国国情的水资源保护法律制度，切实缓解能源开发中的水约束。

一是要提高水资源保护立法位阶，注重制度之间的协调性和可操作性。水资源保护涉及水源保障、供水、节水、污水、水环境、防洪排水等多个方面，目前就前述事项的立法主要表现为水利部、环保部、住建部等部门制定的部门规章以及更低位阶的规范性文件，鉴于水资源的重要战略意义，建议提高水资源开发利用和保护相关法律文件的效力位阶，并保持相互之间的协调性。当前水资源立法原则性条款规定较多，缺少便于立法理念落地的可操作性条款，导致权力没有执行主体，受侵害的权利得不到有效救济和保护，水资源保护法规众多但水资源保护态势却越发恶化的现象。建议充实具有可操作性的规定，保障立法理念原则的有效充分实现。如以节水为例，可借鉴1998年美国环保署颁布的《节水规划指南》，对不同规模公共供水系统提供了不同的最低限度的节水措施和规划，并对供水企业规定了一系列的节水措施要求。理顺水资源管理体制，厘清权责。

二是要理顺水资源的管理体制并非一定要建立统一的水资源保护主管部门，事实上，从国外经验来看，多部门管理水资源的模式亦可以做到有效管理，比如法国就存在环境部、全国水资源委员会、流域管理委员会和流域水资源管理局等多个水资源管理机构。改革的方向和重点应当是厘清水资源管理所

涉部门的职责界限，明确界定每个部门的权力边界与责任边界，以改善目前部门管理重叠，由此导致的部门和地方相互间的利益冲突、管理成本过高而水资源管理绩效反差的格局。强化流域管理机构的权威和独立性。重要流域水资源在国民经济发展中承担重要使命。我国目前流域水资源保护实行流域管理和行政区域管理的并行体制，现实中存在重行政管理而轻流域管理且两者权责边界不清，导致我国重要河流及湖泊的污染日趋严重。建议借鉴美国流域水资源管理模式，加强流域水资源保护与立法，明确流域管理机构的权力与责任，确定流域治理开发的方向、目标和各种措施，从制度上解决当前流域管理中涉及的多主体利益难以协调的现状，实现流域水资源的统一和集中管理。

三是要建立健全能源开发利用与水资源保护的法规体系。在法律政策制定时，需要改变现有以发展经济为主要目的的立法理念，建立健全以环境保护和发展经济为共同目的的能源与水资源开发、治理、保护法律政策体系，提高水资源保护机构的法律地位，明晰权责划分并加强水资源保护的执法监督；应当通过水价改革、实行科学的阶梯水价制度，提高能源开发利用企业超标用水的成本，促进节水工作，积极利用经济杠杆例如提高排放费用等方式实现污水有效治理，通过法律和强制手段促使能源开发利用企业向外排放废水需要缴纳的费用远高于废水处理的费用，从源头上最大限度地实现能源发展中的水资源保护；建立和健全地下水资源监测制度，在掌握确切资料的基础上合理利用与保护我国的地下水资源。尽快建成现代化的国家级地下水环境监测网络，实现对地下水的实时监控。充分发挥我国地质环境监测院和各省、地级的地下水监测体系，建立统一的地下水水位、水量和水质以及地面变形的监测网站，及时掌握和预报地下水的动态变化，为保护水资源和水环境提供科学的依据。通过监测实现从整体上更准确地掌握地下水资源水质和水量等状况，更好地评价地下水资源开发利用和保护情况。

四是要在调整我国现有能源结构的基础上实现能源规划与水资源规划的协调。相对于煤炭等传统化石能源，可再生能源在节水和节约其他资源方面更具有优势。因此，可从经济学平衡供需矛盾的角度出发，在处理能源与水资源矛盾中提升风能、太阳能等可再生能源在我国能源结构中的比例，以减少能源开发利用对水资源的需求和环境影响。在能源规划制定过程中，应当充分考虑区域内的水资源禀赋和规划，充分认识到能源与水资源管理部门之间的密切联系，最大限度地发挥管理部门的协同作用，实现能源规划与水资源规划的融合，保证规划之间的科学性和协调性。在能源规划执行过程中，需要严格能源规划变更的条件和流程，尽快出台有关能源规划违法违纪行为处分的行政法规或部门规章，强化能源规划的法律地位，实现规划的稳定性。目前，国家正在对能源开发中的水资源约束从规划阶段作出调整。2013 年年底，水利部发布《关于做好大型煤电基地开发规划水资源论证的意见》，要求大型煤电基地建设需贯彻执行最严格水资源管理制度，“量水而行”确定项目布局与规模。[96] 强调根据区域水资源条件，合理确定建设布局和建设规模，实现经济社会发展与水资源可持续利用与保护的双赢；落实取用水总量控制、用水效率控制和水功能区纳污纳污总量管理政策要求，不得突破区域水资源管理三条红线控制指标，通过提高水资源利用效率、水权转换等措施内部挖潜，解决煤电基地建设所需水源；煤电基地燃煤电厂建设与煤矿开采等项目用水应统筹安排、综合利用，北方燃煤电厂建设生产用水水源应优先取用矿坑排水和再生水，严格控制使用地表水，严禁使用除矿坑排水以外的地下水。矿坑排水处理达标后，没有全部回用的，不得申请地表水；煤电基地建设利用水权转让方式获得取水指标的，应提出水权转让相关方案，并对其可行性和可靠性进行分析，流域机构或省级水行政主管部门应按管理权限对相关方案提出的意见；规划电厂项目应坚持“先节水、后用水”，缺水地区应采用空冷机组和干除灰技术，百万机组年耗水总量不超过 252 万立方米，项目建设要切实加强水资源保护，污废水经处理达标后应全部回用。

96　水利部办公厅关于做好大型煤电基地开发规划水资源论证的意见 . http://www.mwr.gov.cn/zwzc/tzgg/tzgs/201312/t20131217_520799.html.

五是要发挥政府、企业和公民在能源开发利用和水资源保护中的不同作用，引导公众参与缓解能源发展中的水资源制约困局。首先，能源结构的快速调整并非易事，而提高能源开发利用效率、减少能源资源浪费则是实现能源发展与水资源保护相协调的必经之路，特别是在整个供能和供水产业链中，终端用户的节约与效率提高将大大减少整个链条的资源浪费。因此，可以从转变消费文化入手，通过对能源与水资源关系以及相关法规政策的宣传，提高企业改善能源开发效率的意识并提倡用户节约用能，以缓解能源与水资源的紧张关系。其次，应当建立各类企业在水资源提取和使用、污水排放与处理方面的信息公开制度，邀请社会机构参与对上述信息的监督，提高全社会对能源企业用水、节水及水处理工作的认知和理解。我国水权转让也应实行公示登记制度，无论是获得水权还是丧失水权，都应向水行政主管部门办理登记手续。地下水资源使用权转让主体要对自己拥有的多余水权进行公告，公告制度要规定公告的时间、水质水量、期限、公告方式和转让条件等内容，这样有利于地下水资源使用权转让的公开、公平和效率的提高，既保护了水权拥有者的用水权利，也保证了水权的交易安全，同时保护交易相对人的利益。最后，由于水环境污染行为的常发性和随机性，仅凭监管部门的力量难以监督到每一次污染，合法推动公众参与对水环境污染行为的监控将最为有效、最具经济性；随着《环境保护法》的修改，环境公益诉讼相关法规将日益完善，公众对环境污染者或怠于执法的环境监管部门提起公益诉讼的权力应当得到更大支持，使其能够成为环境保护的强有力执行者，以敦促并推进能源发展过程中的水资源保护。

论中国环境法基本原则的立法发展与再发展[97]

竺效[98]

摘要： 作为我国最主要环境立法的《环境保护法》应当明文规定环境法的基本原则，2014 年修订该法时，新增了有关环境保护原则的专条，这是我国近 35 年环境立法史上首次以立法明文宣示环境法的基本原则。对于环境法学者而言，此过程虽漫长、艰难，但其进步意义明显、巨大。新法所确立的“保护优先”、“预防为主、综合治理”、“公众参与”、“损害担责”4 项环境法基本原则，依次应是学理上的“（环境）风险防范”、“预防（环境）损害”、“公众参与（环境保护）”、发展了的“污染者付费”原则之立法表述。就法律解释、法律执行、立法技术而言，环境法基本原则在未来中国仍有寻求新发展的必要和空间。

关键词： 环境法基本原则;《环境保护法》风险防范; 损害预防; 公众参与; 污染者付费

2011 年《环境保护法》修改被列入第十一届全国人大的立法计划，之后历经 4 次审议、2 次公开征求意见，3 年后终于尘埃落定。2014 年 4 月 24 日举行的第十二届全国人大常委会第八次会议审议通过了《环境保护法修订草案》（以下简称“新《环境保护法》”），该法第 5 条明文宣示了“环境保

97 文章原载于《华东政法大学学报》2014 年第 3 期。

98 竺效，浙江宁波人，中国人民大学法学院副教授、中国人民大学民商事法律科学研究中心研究员，博士生导师，法学博士。本文原载《华东政法大学学报》2014 年第 3 期。

护坚持保护优先、预防为主、综合治理、公众参与、损害担责的原则”，在我国环境立法史上，这是环境基本法对环境法基本原则的首次直接规定，无疑具有非凡的历史进步意义。若要科学解读该条，则需结合分析该条的立法过程和新法总则的相关条款，本文拟尝试之。

一、《环境保护法》应明文宣誓中国环境法的基本原则

《环境保护法》修改究竟应该以环境保护领域的基本法、[99]综合法、[100]政策法，[101]还是污染防治领域的基本法为目标，[102]我国环境法学学界一直存有争议。笔者一直主张将《环境保护法》定位为我国的环境保护基本法，并逐步发展达到。正如汪劲教授所总结：“无论是从借鉴西方国家（地区）的环境立法实践出发，还是从环境与资源保护在国家社会、经济发展中的重要程度出发，我国都有必要制定一部高位阶的环境保护基本法来指导和统领单项环

99　参见程正康:《环境法》,高等教育出版社1990年版,第102-105页;吕忠梅:《环境法》,法律出版社1997年版，第66页。也有学者将之称为“综合基本法”，参见钱水苗主编：《环境法》，杭州大学出版社1994年版，第53页；陈泉生等：《环境法学基本理论》，中国环境科学出版社2004年版，第122页；汪劲：《环境法学》，北京大学出版社2006年版，第119-120页；周珂：《环境法》，中国人民大学2008年版，第25页。据曾较长时间担任全国人大环境与资源保护委员会法案室主任的孙佑海教授介绍，全国人大曾设想将1989年《环境保护法》制定为由全国人大通过的基本法，参见杨朝飞主编：《通向环境法制的道路：〈环境保护法〉修改思路研究报告》，中国环境出版社2013年版，第75页。

100　参见张梓太：《环境保护法》，河海大学出版社1995年版，第46页；王灿发：《环境法学教程》，中国政法大学出版社1997年版，第40页。但陈泉生教授则称之为“综合性环境基本法”，参见陈泉生等：《环境法学基本理论》，中国环境科学出版社2004年版，第122页。

101　典型代表即1969年的《美国国家环境政策法》（National Environment Policy Act），Pub. L. 91-190，codified at 42 U.S.C. §§ 4321-4370(a).

102　如有学者认为，“由于历史的原因，《环境保护法》在规定综合性目标的同时忽视了生态保护、自然资源保护、区域开发与整合、区域规划、防震减灾方面的原则性规定，却突显了污染防治法的原则和具体规定。”参见黄霞、常纪文主编：《环境法学》，机械工业出版社2003年版，第59-60页。

境与资源保护法律”。[103] 当然，新《环境保护法》修订通过后，也有一些所谓的环保专家对该法地位作出令人瞠目结舌的判断，外行言论，不足为谈，一笑了之。[104]

汪劲教授认为，环境法基本原则“是指环境法在创制和施行中必须遵循的具有约束力的基础性和根本性准则”，“环境法基本原则既是环境法基本理念在环境法上的具体体现，又是环境法的本质、技术原理与国家环境政策在环境法上的具体反映”。[105] 环境法基本原则应是经由环境立法“所确认并反映环境法本质和特征的原则，是贯穿整个环境法体系、具有普遍意义的指导性原则”。[106]

根据法理学家的揭示，“法的基本原则体现着法的本质和根本价值，是整个法律活动的指导思想和出发点，构成法律体系中的灵魂，决定着法的统一性和稳定性。”[107]“正所谓贯彻于法律运行的始终者方为基本法律原则，而部门法的基本法律原则能确保法律规则在法律的制定、解释、执行和司法各环节始终保持其统一性，并能有助于解决上述各法治运行环节可能出现的冲突。”[108]

103　汪劲：《环境基本法的立法特征论我国〈环境保护法〉的修改定位》，载《中外法学》2004 年第 4 期，第 480 页。此外，据武汉大学法学院柯坚教授介绍，我国台湾地区的叶俊荣教授提出一个观点：“全世界范围包括东亚地区都处在环境时刻或环境时代，国家政策应该顺势而为，制定环境保护基本法或综合法是时代的需要”，参见杨朝飞主编：《通向环境法制的道路：〈环境保护法〉修改思路研究报告》，中国环境出版社 2013 年版，第 99 页。

104　如有官方媒体报道称：“此间环保专家认为，修订后的环保法有可能成为现行法律里面最严格的一部专业领域行政法。”顾瑞珍、罗沙：《我国通过史上最严新环保法 新法于明年 1 月 1 日施行》，中国人大网，2014 年 4 月 25 日，来源：http://www.npc.gov.cn/huiyi/lfzt/hjbhfxzaca/2014-04/25/content_1861232.htm，2014 年 4 月 25 日访问。

105　汪劲：《环境法学》，第二版，北京大学出版社 2011 年版，第 93 页。

106　杨群芳 . 论环境法的基本原则之环境优先原则 . 中国海洋大学学报（社会科学版），2009(2)：62.

107　[美]M.D. 贝勒斯 . 法律的原则——一个规范的分析 . 张文显，等译 . 北京：中国大百科全书出版社，1996：469.

108　竺效 . 论公众参与基本原则入环境基本法 . 法学，2012(12)：129.

从最优理论模型角度出发，一国的环境保护最主要立法（无论环境基本法、环境综合法、环境法典，或者环境政策法）应对环境法基本原则予以明文规定。在阐释环境基本法与环境法基本原则之间关系时，汪劲教授也指出，“环境基本法在一国环境与资源保护法律体系中处于最高位阶”，环境基本法“需要规定国家环境与发展关系的基本准则”，“并确立与单项环境与资源保护法律相互关系以及在实施中正确使用法律的关键”，上述内容“不可能全部在以保护环境要素为目的的单项环境与资源保护法律作出规定，只可能在环境基本法中作出明示”。[109]2012 年 12 月 20 日，在北京参加汉德研究所主办的“《环境保护法》修改思路专家研讨会”发言时，王灿发教授也表达了对《环境保护法》规定环境法基本原则必要性的坚信，他的发言原话为：“在今天会议八个主题外，我觉得应该增加一个主题：环境法原则。现在修这个法，如果我们环境法基本原则不转变的话，在理念上就没有转变”。[110]

其实，以一国最主要环境立法文明宣示一国环境法的基本原则是一种比较先进的环境立法模式，其立法资源的配置效率相对最高，这一趋势已为部分国家的环境立法实践所证明。例如，作为大陆法系环境综合立法之代表的 2002 年俄罗斯《联邦环境保护法》于该法第一章“总则”的第 3 条“环境保护基本原则”专条分 23 个自然段列举了该国环境法基本原则。[111] 又如，作为当代仅存的 2 个环境法典立法模式之一的法国《环境法典》，[112] 其卷一为“一般条款”（BOOK I Common Provisions），在正式编入各编条文之前，该卷特意编入了 2002 年第 276 号法令 [113] 的 2 个法条，其中，第 L110-1 条第 II 款明

109 汪劲．环境法学 .2. 北京：北京大学出版社，2011：93.

110 杨朝飞．通向环境法制的道路：〈环境保护法〉修改思路研究报告．北京：中国环境出版社，2013：85.

111 马骧聪译．俄罗斯联邦环境法和土地法典．北京：中国法制出版社，2003：6-7.

112 另一个国家为瑞典，曾于 1998 年制定了《环境法典》，参见瑞典环保部：《瑞典环境法典》英译版本，资料：http://www.sweden.gov.se/content/1/c6/02/05/49/6736cf92.pdf，2012-10-05.

113 Act no. 2002-276 of 27 February 2002.

文列举了 4 项环境法基本原则。[114] 基于比较法的考察，汪劲教授也得出结论："比较各国的环境立法，对环境法基本原则规定得比较明确的一般是环境基本法或者环境法典之总则部分"。[115]

将《环境保护法》修改为我国环境保护领域的基本法并在其中写入环境保护的基本原则，不仅是多数环境法学者的梦想，也是环境保护行政执法部门[116]和广大环保工作者[117]的心愿，也在 2012 年以来的这轮修法中得到了许多

114 但该法典并未使用"基本原则"的表述，仅称为"原则"，笔者认为，从其环境法典的地位分析，应视为环境法基本原则。参见《环境法典》2006 年的法国政府官方英译本，Environmental Code，2006 年 4 月 10 日，第 1 页，来源：http://www.legifrance.gouv.fr/content/download/1963/13739/version/3/file/Code_40.pdf，2012 年 10 月 6 日访问。

115 汪劲 . 环境法学 .2. 北京：北京大学出版社，2011：93.

116 2012 年 10 月，环境保护部曾向全国人大常委会法制工作委员会提交了对《环境保护法修正案（草案）》一审稿完善建议，并极其罕见地将这份意见公开于该部网站，其中的急切之情流露无遗。"《环境保护法》在环境保护法律框架体系中处于基础性、综合性地位。《环境保护法》与各专项法律在调整对象上，应当有合理的区分"，"《环境保护法》的主要内容应当包括环保理念、基本原则、基本体制、政府责任、公众权益保障、社会参与机制、企业的基本义务、环境经济政策、通用的处罚规则等"，"目前草案的定位不够清晰，法律之间的衔接问题没有合理解决"。参见《关于报送对〈环境保护法修正案（草案）〉意见和建议的函》，环函 [2012]284 号，2012 年 10 月 29 日，来源：http://www.mep.gov.cn/gkml/hbb/bh/201210/t20121031_240778.htm，2012 年 11 月 10 日访问。

117 如汉德研究所于 2012 年 12 月 20 日主办了"《环境保护法》修改思路专家研讨会"，与会的环境保护部政策法规司副司长别涛博士曾发言，"如李司长（环境保护部政策法规司司长李庆瑞——笔者注）所说，处理环境法律领域现状中《环境保护法》与各专项法、单项法的关系上，基本定位不清楚，我们建议科学合理解决定位的问题，我觉得它应该处于基础性、综合性的地位，基本法的提法有争议，但是基础性的地位我想应该是可以说的"，"《环境保护法》主要解决国家在环保领域的基本原则，规定基本体制，在对象上确定政府的责任、公众权益保障、企业基本法律义务，还有通用的环境经济政策市场手段和通用的处罚的法律规则，这是关于基本定位的设想"。参见杨朝飞主编：《通向环境法制的道路：〈环境保护法〉修改思路研究报告》，中国环境出版社 2013 年版，第 72–73 页。

全国人大代表、常委们的支持，[118] 社会各界也广为支持，[119] 并最终成为这一轮修法的目标定位。可以佐证的重要材料还包括，第十二届全国人大常委会第三次会议举行第一次全体会议第二次审议《环境保护法》修正草案时（以下简称“常委会二审时”），全国人大法律委员会副主任委员张鸣起所作的关于环境保护法修正案草案修改情况的汇报明确指出：“有些常委会组成人员、部门提出，目前环境保护方面的法律有 30 多部，行政法规有 90 多部，应当将环境保护法定位为环境领域的基础性、综合性法律，主要规定环境保护的

118　如第一次审议中，全国人大常委王佐书建议将《环境保护法》定位为环保领域的基本法，参见：《王佐书：建议将环境保护法定位为环保领域的基本法律》，中国人大网，2012 年 9 月 4 日， 来 源：http://www.npc.gov.cn/huiyi/lfzt/hjbhfxzaca/2012-09/04/content_1748459.htm，2012 年 10 月 1 日访问。第二次审议中，部分全国人大常委会委员、全国人大代表等认为，“将环境保护法定位于环境领域的基础性、综合性法律，着重规定环境保护的基本理念、基本原则和主要制度，是恰当的。”参见全国人大常委会法制工作委员会办公室提供：《十二届全国人大常委会第三次会议审议环境保护法修正案草案第二次审议稿的意见》，载全国人大常委会办公厅秘书局编排：《第十二届全国人大常委会第五次会议参阅资料（二）》，2013 年 10 月 17 日，第 2 页。

119　例如，2013 年 8 月 9 日上午，中国环境科学学会针对公开征求意见的《环境保护法》二审稿举行“环保法修正案讨论会”，笔者应邀参加，会上来自中国政法大学、中国人民大学、上海交通大学、武汉大学、浙江大学的专家，以及自然之友、自然大学等民间环保组织的代表，除了自由发言外，与会专家还集中讨论了由王灿发教授执笔起草的致全国人大常委会法制工作委员会的《中国环境科学学会关于〈中华人民共和国环境保护法修正草案〉（二审稿）的意见和修改建议》，其中第一条建议，“《环境保护法》作为环境保护方面牵头的法律，有的称其为环境保护基本法，应当规定环境保护方面的基本原则、方针和政策”。该建议后正式提交立法起草机构。参见忠军：《环境科学学会邀请专家讨论环保法修正案草案二审稿》，中国人大网，2013 年 10 月 18 日，来源：http://www.npc.gov.cn/huiyi/lfzt/hjbhfxzaca/2013-10/18/content_1810221.htm，2013 年 11 月 11 日访问。又如，立法起草部门汇总的二次审议稿公开征求意见的情况显示，有意见认为，“草案二次审议稿明确把本法定位为环境领域的基础性、综合性法律，主要规定了环境保护的基本原则和基本制度，在总体框架和主要内容方面，较原法和一审稿有了很大改进”，参见全国人大常委会法制工作委员会行政法室提供：《环境保护法修正草案二次审议稿向社会公众征求意见的情况》，载全国人大常委会办公厅秘书局编排：《第十二届全国人大常委会第五次会议参阅资料（二）》，2013 年 10 月 17 日，第 14-15 页。

基本原则和基本制度，解决共性问题。征求意见中，[120] 各方面都赞成这个意见。”[121]

因此，无论经过2014年修订后的《环境保护法》是否已然真正成为我国的环境基本法，作为我国环境领域最主要立法的该法应明文宣示我国环境保护的基本法律原则。

二、新《环境保护法》落定基本原则明文宣示35年跋涉的最后一步

在《环境保护法》明确写入我国环境保护的基本原则，以成为我国环境法的基本原则，这一具体修法目标的实现并非从一开始就没有任何思想障碍。虽然很多学者通过各类论著明确论述我国的应然的环境法基本原则，或从已有立法中抽象概括环境法基本原则，但事实情况是，这些教科书所阐释的环境基本原则没有实然法上的明文确认，例如，公众参与原则。[122] 比较表一所列可知，环境保护法修正一审稿根本没有设计环境法的基本原则条款，事情的转机始于二审稿。

120　《环境保护法》修正草案一审稿于2012年8月31日至9月30日第一次公开征求意见，共有9582人通过全国人大网站参与其中，总共提出11748条意见，见中国人大网，来源：http://www.npc.gov.cn/npc/flcazqyj/node_8195.htm，2013年12月31日访问。

121　《全国人民代表大会法律委员会关于〈中华人民共和国环境保护法修正草案（草案）〉修改情况的汇报》，2013年6月26日，第2页。

122　竺效．论公众参与基本原则入环境基本法．法学，2012(12)：127-128.

表1 《环境保护法》修改各阶段文稿有关基本原则条款对照表[123]

审、决时间	文本名称	条款位置	条文
2012年8月	一审稿	未规定	
2013年6月	二审稿	第5条	环境保护坚持保护优先、预防为主、综合治理、公众参与、污染者担责的原则
2013年10月	三审稿	第5条	环境保护坚持保护优先、预防为主、综合治理、公众参与、污染者担责的原则
2014年4月	四审稿	第5条	环境保护坚持保护优先、预防为主、综合治理、公众参与、损害担责的原则
2014年4月	修订通过稿	第5条	环境保护坚持保护优先、预防为主、综合治理、公众参与、损害担责的原则

对于一审稿未能涉及环境法基本原则的遗憾，很多环境法学者提出了建议。例如，2012年12月20日，在"《环境保护法》修改思路专家研讨会"上，王灿发教授建议《环境保护法》总则须明确突出"环境优先"、"风险防范"和"不得恶化"三个原则。[124]笔者也曾撰文论证将环境法基本原则写入《环境保护法》的必要性，并就可能在观念上最难突破的公众参与原则进行了专门论证，提出了"明确概况罗列+描述性界定"的立法技术方案。[125]

123 《环境保护法》修改一审稿见全国人大网，2012年8月31日，资料：http://www.npc.gov.cn/huiyi/lfzt/hjbhfxzaca/2012-08/31/content_1735796.htm，2014年4月22日访问；二审稿见全国人大网，2013年7月19日，来源：http://www.npc.gov.cn/npc/xinwen/lfgz/flca/2013-07/17/content_1801189.htm，2014年4月22日访问；三审稿和四审稿均来源于本文作者参与全国人大常委会法工委或环境保护部的相关起草论证会工作所获文本信息；2014年4月24日修订通过的《环境保护法》见全国人大网，2014年4月25日，来源：http://www.npc.gov.cn/npc/xinwen/2014-04/25/content_1861279.htm，2014年4月25日访问。

124 杨朝飞.通向环境法制的道路：〈环境保护法〉修改思路研究报告.北京：中国环境出版社，2013：86.

125 竺效.论公众参与基本原则入环境基本法.法学，2012(12)：127-133.除公开发表论文外，笔者还将该意见提交给了从二审稿起负责经办起草工作的全国人大常委会法制工作二审稿提请审议前夕，2013年6月21日下午，全国人大常委会法制工作委员会行政法室组织在全国人大机关办公楼召开了一次“《环境保护法》二审稿有关问题的座谈会”，其中一个重要议题是讨论拟议新增的环境保护原则专条，见到行政法室初拟的第5条文稿后，[126]与会专家如获意外之喜，踊跃发言，纷纷表示支持，但也提出了一些有待进一步考虑和完善的问题，主要集中在：“保护优先”原则与原法第4条“环境保护工作同经济建设和社会发展相协调”修改为“经济社会发展与环境保护相协调”及拟新增的“保护环境是国家基本国策”之间的关系，及其他国家立法原则或环境法著述中鲜有“保护优先”原则的表述，其内涵和外延如何界定；虽为区别于“污染者付费”的字面最初含义，但“污染者担责”这一表述的确指是否能被一般公众所准确理解，是否就等同于“污染者负担”，是否还有更好的以四个汉字组成的表述；“预防为主、综合治理”是1项原则的两个组成部分，还是2项并列的原则，是否就是国际上和学理上所通行的“预防原则”，若确是这样，如何以四个汉字的排列组合表述之；是否应当增加“风险防范”原则。笔者当天在会上的发言，首先强烈支持了这一伟大进步，并建议能使用“基本原则”的表述，以在文字比较上优于《法国环境法典》的立法技术；[127]在简要论证了公众参与原则入法的必要性、可行性和对环保事业发展的重点意义后；还重点提议并分析了应以“风险防范”取代“保护优先”，因为统筹整部立法，须对原则条款与目的条款、国策条款的功能进行分工，“保护优先”在准确定位保护与发展之间关系上的宏观性功能已由目的条款和国策条款实现，居于原则条款同条并列的“保护优先”与“预防为主、综合治理”实际上只能是环境风险防范原则（precautionary principle）与环境损害预防原则（prevention

---

委员会行政法室的有关同志。

126 当时的设计即为：环境保护坚持保护优先、预防为主、综合治理、公众参与、污染者担责的原则。

127 毕竟法国人没有明文冠之以“基本原则”，仅是“原则”而已，参见竺效：《论公众参与基本原则入环境基本法》，载《法学》2012年第12期，第127-133页。

principle）并列所特有的内涵外延区分，为欧盟地区及法国、瑞典等国家的立法和里约宣言等越来越多的国际环境法实践经验所揭示的环境法立法之国际趋势也要求内国法应明文宣示风险防范原则。对于笔者所提的确立风险防范原则的建议，汪劲教授还从该条所设计的“环境保护坚持保护优先”存在文字的同语反复问题角度，给予了补充，并明确表示支持笔者所提建议。[128]

后来《环境保护法》二审稿最终加入了环境法基本原则条款，该专条公之于众以来，就其如何完善，仁者见仁，智者见智。例如，常委会二审中，有委员或代表提出，“‘保护优先’易产生歧义”；“‘污染者担责’原则不能涵盖生态破坏者担责和政府违法担责的内容”；或建议“将‘公众参与’修改为‘全社会参与’”。[129]还如，2013 年 7 月 19 日至 8 月 18 日，二审稿第二次公开征求意见，共有 822 人通过全国人大网站提出建议，建议达 2 434 条，[130]立法起草部门另外还收到了 48 封来信，“从职业上看，提出意见最多的是环保工作者（占总数的 36%）”，从内容上看，反映比较集中的 4 方面问题包括基本原则条款，具体而言：有的提出“‘保护优先’和‘预防为主’的关系不清楚，有逻辑问题，建议二者取其一”；有的建议“将‘污染者担责’修改为‘污染者付费’、‘污染者负担’、‘环境影响主体担责’或者‘污染环境或破坏生态者担责’”；有的建议“增加合作与协调、可持续性、受益者补偿、信息公开、政府主导等原则”；还有的建议“增加规定‘环境

128 当天应邀参会的专家包括马骧聪研究员、周珂教授、汪劲教授和环境保护部原政法司司长杨朝飞、环保部环境经济政策研究中心夏光研究员，笔者也有幸应邀参会。另外，除法工委行政法室有关干部外，环境保护部政策法规司司长李庆瑞、法规处处长王炜、干部闻闽也列席了会议。

129 参见全国人大常委会法制工作委员会办公室提供：《十二届全国人大常委会第三次会议审议环境保护法修正案草案第二次审议稿的意见》，载全国人大常委会办公厅秘书局编排：《第十二届全国人大常委会第五次会议参阅资料（二）》，2013 年 10 月 17 日，第 4-5 页。

130 见中国人大网，来源：http://www.npc.gov.cn/npc/flcazqyj/node_8195.htm，2013 年 12 月 31 日访问。

保护应当尊重自然规律，以环境承载能力为基础’”。[131]

此后的三审稿延续了二审稿就环境法基本原则条款的设计，未作任何改动。直到2014年4月11日，全国人大常委会法制工作委员会召开会议，邀请部分全国人大代表、环境执法人员、专家、律师、法官、企业代表、环保组织代表、环保志愿者等参加，就法律的出台时机、可行性、实施效果和社会风险进行评估。会后得知，将以“损害担责”取代该条中“污染者担责”的表述，虽然笔者后来曾于2014年4月15日上午赴全国人大常委会法制工作委员会行政法室参加四审稿起草的有关专题讨论，但未曾见到该条修改的最新文稿，这会也未涉及该条的讨论。但笔者推测，这一文字改动主要是为了追求该条文字上统一之“美观”。

2014年4月25日，在其表决通过后的次日中午，新《环境保护法》全文终于通过中国人大网正式面世，其第5条明文宣示了“环境保护坚持保护优先、预防为主、综合治理、公众参与、损害担责的原则”。可以说，自1979年9月13日第五届全国人民代表大会常务委员会第十一次会议原则通过《环境保护法（试行）》以来，在历经34年6个月又24日的等待后，我们终于所盼来了环境法基本原则在《环境保护法》中的明确宣示。较之1979年《环境保护法（试行）》第4条“环境保护工作的方针是：全面规划，合理布局，综合利用，化害为利，依靠群众，大家动手，保护环境，造福人民”，新法该条的立法技术、理念之进步具有跨时代意义。

三、新《环境保护法》宣示之环境法基本原则须学理诠释

从立法技术而言，环境基本法的立法目的、基本国策和基本原则三个条款应是紧密联系，相辅相成的。新《环境保护法》的基本原则条款不能孤立解读，必须与该法第1条有关立法目的条款、第4条有关环境保护基本国策的条款

---

131 参见全国人大常委会法制工作委员会行政法室提供：《环境保护法修正草案二次审议稿向社会公众征求意见的情况》，载全国人大常委会办公厅秘书局编排：《第十二届全国人大常委会第五次会议参阅资料（二）》，2013年10月17日，第14-15页。

之新修改、增加结合起来，方能做到科学、全面解读。事实上，2013年二审稿的起草早就贯穿了这一理念，应用了这一立法技术，常委会二审时法律委员会所作汇报足以明证——法律委员会经研究认为，草案修改中应注意把握好“环境领域的基础性、综合性法律”这个定位，对相关内容进行分析取舍，在“充分体现党的十八大关于生态文明建设的精神”的基础上，建议作如下修改：一是在环境保护法第一条中增加“推进生态文明建设，促进经济社会可持续发展”的规定；二是增加规定“保护环境是国家的基本国”，并明确“环境保护坚持保护优先、预防为主、综合治理、公众参与、污染者担责的原则”。[132]

（一）保护优先

无论世界各国的环境立法，还是环境法专家的学术论著，很少规定或论及“保护优先原则”，笔者推测这一表述应该是中国立法起草者所自创的。鲜见的近似境外立法例如2002年的《俄罗斯联邦环境保护法》第3条，该条规定了环境保护的基本原则，其中第12段的列举为“自然生态系统、自然景观和自然综合体的保全优先”。[133]但对“保护优先”原则在该国的定义，受语言、资料和能力所限，笔者尚无法直接知晓。不过，在介绍俄罗斯环境管理的基本原则时，王树义教授曾提到：“环境管理的基本原则，按照一般通行的解释，是指执行国家环境管理职能的环境管理机关在环境管理活动中应当遵循的基本准则或基本要求”，包括环境管理的合法性原则、环境保护优先原则、社会生态利益与经济利益相结合原则和工作公开及秘密联系社会团体和居民原则，其中，“所谓环境保护优先，顾名思义，就是指在环境管理活动中，应当把保护环境放在优先的位置加以考虑，在社会的生态利益和其他利益发生冲突的情况下，应当优先考虑社会的生态利益。”[134]从内容分析推知，此处的原则并非着眼于环境法全局的基本原则。

---

132 参见《全国人民代表大会法律委员会关于〈中华人民共和国环境保护法修正草案（草案）〉修改情况的汇报》，2013年6月26日，第2页。

133 马骧聪译．俄罗斯联邦环境法和土地法典．中国法制出版社，2003：6-7.

134 王树义．俄罗斯生态法．武汉：武汉大学出版社，2001年：208、211、213-214.

国内学者有关“保护优先”原则的学理定义几乎无法查得，但近似表述的界定还是可以于大海里捞针的。例如，曹明德教授曾主张将“生态优先原则”作为生态法的基本原则之一，并将之定义为：“指在处理经济增长与生态保护关系问题上，确立生态保护优先的法律地位，作为指导调整生态社会关系的法律准则。”[135] 学者杨群芳认为，“环境优先原则要求人们避免那些可能对大自然造成不可挽回的损害的活动”，“环境优先原则应包括两个方面的内容，即环境保护优先与环境恢复优先，以环境保护优先为基础，以环境恢复优先为补充。环境保护优先，包括自然资源的利用、保护和环境保护的优先，是指在经济和社会生活中，当经济利益与环境利益相冲突时，应优先考虑环境利益。从经济发展与环境保护的关系上来说，是指应将环境保护作为各项工作的基本衡量标准，在经济工作与环境保护相冲突时，应服从环境保护的需要。环境恢复优先，是指在环境损害救济中，应把恢复受损环境放在一个优先的位置。”[136]

从国内相关环境保护政策的考察发现，2005 年《国务院落实科学发展观加强环境保护的决定》第三部分提到：“……在生态环境脆弱的地区和重要生态功能保护区实行限制开发，在坚持保护优先的前提下，合理选择发展方向，发展特色优势产业，确保生态功能的恢复与保育，逐步恢复生态平衡。……”（第（八）自然段）[137]2006 年《国民经济和社会发展第十一个五年规划纲要》第二十章“推进形成主体功能区”的第三节“限制开发区域的发展方向”提到：“……要坚持保护优先、适度开发、点状发展，因地制宜发展资源环境可承载的特色产业，加强生态修复和环境保护，引导超载人口逐步有序转移，逐步成为全国或区域性的重要生态功能区。”[138]2011 年《国民经济和社会发

135　曹明德．生态法原理．北京：人民出版社，2002：211.

136　杨群芳．论环境法的基本原则之环境优先原则．中国海洋大学学报（社会科学版），2009(2)：65、63.

137　国务院落实科学发展观加强环境保护的决定．国发 [2005]39 号，2005 年 12 月 3 日。

138　《中华人民共和国国民经济和社会发展第十一个五年规划纲要》，2006 年 3 月 14 日

展第十二个五年规划纲要》第十九章"实施主体功能区战略"的第三节"实行各有侧重的绩效评价"提到："……对限制开发的农产品主产区和重点生态功能区，分别实行农业发展优先和生态保护优先的绩效评价，不考核地区生产总值、工业等指标。……。"[139]

就已有的立法而言，2009年的《海岛保护法》第3条第一款首次在我国以法律规定"保护优先原则"，该款规定，"国家对海岛实行科学规划、保护优先、合理开发、永续利用的原则"。[140]2010年修订《水土保持法》后，该法第3条规定："水土保持工作实行预防为主、保护优先、全面规划、综合治理、因地制宜、突出重点、科学管理、注重效益的方针"，其实，2010年《水体保持法》（修订草案）最初并没有规定保护优先原则，[141]就此"有些常委委员、人大代表和社会公众提出，水土流失的预防、治理还应遵循'保护优先'、'突出重点'的方针。法律委员会经同环境与资源保护委员会和国务院法制办公室、水利部研究，建议在水土保持工作的方针中增加这些内容"，[142]后来该立法才加入这一原则。但是这一单行专项法上的法律原则，假定其内涵、外延已经明确，而环境基本法上保护优先原则究竟为何，尚期

第十届全国人民代表大会第四次会议批准。

139 《中华人民共和国国民经济和社会发展第十二个五年规划纲要》，2011年3月14日第十一届全国人民代表大会第四次会议批准。

140 关于该原则与该法有关法律制度的关系，参见徐详民等：《生态保护优先：制定海岛法应贯彻的基本原则》，载《海洋开发与管理》2006年第2期，第66–70页。但该文作者尚未较明确的定义"保护优先原则"。

141 该草案第3条设计为："水土保持工作实行预防为主，全面规划，综合治理，因地制宜，科学管理，注重效益的方针。"参见《水土保持法（修订草案）全文及说明》，中国人大网，2010年8月28日，来源：http://www.npc.gov.cn/huiyi/cwh/1116/2010-08/28/content_1593164.htm，2014年4月28日访问。

142 《全国人民代表大会法律委员会关于〈中华人民共和国水土保持法（修订草案）〉审议结果的报告》，2010年12月20日在第十一届全国人民代表大会常务委员会第十八次会议上，来源：http://www.pkulaw.cn/fulltext_form.aspx?Db=protocol&Gid=1090522588&keyword=%e4%bf%9d%e6%8a%a4%e4%bc%98%e5%85%88&EncodingName=&Search_Mode=sen，2014年4月28日访问。

待立法者于未来出版的“准立法释义书”中揭示。

综合分析可知，俄罗斯的相关立法、国内学者对近似概念的描述、国内已有环保政策文件和法律的表述，其主要仍是从处理环境保护与经济社会（或其某个特定的领域）发展之间的关系角度进行的使用，并未形成非常特定、独立、内涵外延确定的法律或法学术语。如前所述，基于环境法基本原的解读须结合环境立法目的和基本国策条款展开的观点，笔者认为，在新《环境保护法》已经专条分别确立“保护和改善环境，防治污染和其他公害，保障公众健康，推进生态文明建设，促进经济社会可持续发展”为立法目的，[143]确立“保护环境”为国家基本国策[144]，并纠正后规定了“经济社会发展与环境保护相协调”的情况下，作为排列于后的该法第5条中的“保护优先”应无须重复承担厘清经济社会发展与环境保护之间谁优先的问题，这样才能符合体系揭示的一般惯例。另外，考虑到立法资源不能因某些内容于同一部立法的同一部分（总则）集中重复规定，以提高立法资源使用效率为解释法律的出发点，则第5条中的“保护优先”原则所承载的功能只能是——遇到环境（生态）风险科学性不确定的情形，应以保护环境（生态）为优先原则。也只有这样解释，才能与该条同条中“预防为主”这一实质学理上的预防原则处于同一技术层面，且能形成功能互补，即以“预防为主”原则针对可在科学上确定的环境损害、以“保护优先”原则针对暂时无法在科学上确定的环境风险。因此，该条的“保护优先”原则的学理表述应为风险防范原则。

风险防范原则最早出现于原西德。[145]该原则早期的国际实践主要集中在

143 论生态文明建设与〈环境保护法〉之立法目的完善.法学论坛，2013(2)：29-36.

144 关于环境保护作为基本国策入法的问题，引起了社会各界的广泛关注。参见顾瑞珍、周婷玉、袁汝婷：《环保国策拟入法 污染阴霾能否吹散？——聚焦环境保护法修正案草案》，中国人大网，2013年6月27日，来源：7http://www.npc.gov.cn/huiyi/lfzt/hjbhfx-zaca/2013-06/27/content_1799008.htm，2013年7月1日访问。

145 K. von Moltke，The Vorsorgeprizip in West German Environmental Policy，in Royal Commission on Environmental Pollution The Twelfth Report: Best Practicable Environmental Option，UK，HMSO，CM 310，1988，p.57.

国家海洋环境保护领域，1992 年 6 月 3 日至 14 日，联合国环境与发展大会在巴西在里约热内卢举行，会议通过了《联合国里约环境与发展宣言》（Rio Declaration on Environment and Development，简称《里约宣言》），该宣言的原则 15 规定：“为了保护环境，各国应按照本国的能力，广泛适用风险防范方法（precautionary approach）。遇有严重或不可逆转损害的威胁时，不得以缺乏科学充分确定证据为理由，延迟采取符合成本效益的措施防止环境恶化。”[146] 此后，该原则应用于一般环境保护领域，该宣言原则 15 是目前国际上较为认可的关于风险防范原则的经典表述。

唐双娥博士认为，“可以这样定义风险防范原则：在有关环境危害存在科学不确定性的情况下预防环境损害发生的义务的指导思想。风险防范原则的核心在于，不确定性不能成为不行动或迟延行到的理由之一，法律上的不行动会导致不可忽视的环境危害的发生。”[147] 高家伟教授则将欧洲环境法上的该项原则译为中文的“谨慎原则”，并将之定义为“是指应当采取措施，避免任何可能造成环境破坏的因素，即使这种因素与环境破坏的因果关系尚未得到明确的科学证明”。[148]

（二）预防为主、综合治理

我国环境法学界有以“预防为主、防治结合、综合治理原则”作为“预防原则”的表述的，也有称为“以防为主，防治结合原则”或“预防为主、防治结合、综合防治原则”。[149] 吕忠梅教授认为，“预防为主原则是预防为主、

146 该宣言的官方中文文本将“预防措施”作为英文文本“precautionary approach”之对称的译法值得商榷，笔者认为应译为“风险防范方法”。该宣言的英文文本参见 Rio Declaration on Environment and Development， 31 I.L.M. 874， p.879 ，中文文本参见《联合国里约环境与发展宣言》，北大法宝引证码 CLI.T.6415， http://www.pkulaw.cn/fulltext_form.aspx?Db=eagn&Gid=100669711&keyword=%e9%87%8c%e7%ba%a6&EncodingName=&Search_Mode=accurate，最后访问时间：2014 年 2 月 7 日。

147 唐双娥 . 环境法风险防范原则研究：法律与科学的对话 . 北京：高等教育出版社，2004：140.

148 高家伟 . 欧洲环境法 . 北京：工商出版社，2000：61.

149 王灿发 . 环境法学教程 . 北京：中国政法大学出版社，1997：57. 2003 年第 2 次印刷 .

防治结合、综合整治原则的简称，其涵义是指国家在环境保护工作中采取各种预防措施，防止开发和建设活动中产生新的环境污染和破坏，而对已经造成的环境污染和破坏要积极治理。”[150]

蔡守秋教授则主张将预防为主、防治结合、综合治理原则统称为“污染综合防治原则”，并将之定义为：“是指对污染的整体的、系统的、全过程的、多种环境介质的防治”，并认为该原则与欧共体的“综合污染控制”原则（integrated pollution control）非常相似。[151]

笔者认为，新《环境保护法》第 5 条所规定的“预防为主、综合治理”应理解为一项统一的环境法基本原则，其在学理上的表述就是预防原则，即指对开发和利用环境行为所产生的环境质量下降或者环境破坏等应当事前采取预测、分析和防范措施，以避免、消除由此可能的带来的环境损害。我国环境法上，环境影响评价制度、三同时制度、排污许可证制度、限期治理制度、排污收费制度等体现了这一原则的要求。

（三）公众参与

公众参与是当今世界各国较为普遍遵循的环境法基本原则。根据汪劲教授的界定，环境法上的公众参与原则，“是指公众有权通过一定的程序或途径参与一切与公众环境权益相关的开发决策等活动，并有权得到相应的法律保护和救济，以防止决策的盲目性、使得该项决策符合广大公众的切身利益和需要”。[152] 吕忠梅教授则将之定义为：“指在环境保护中，任何公民都享有保护环境的权利，同时也负有保护环境的义务，全民族都应积极自觉参与

150　吕忠梅．环境法．北京：法律出版社，1997：61.

151　参见蔡守秋主编：《环境资源法教程》，高等教育出版社 2004 年版，第 113、115 页。蔡守秋教授还认为，欧盟环境政策和法律中的综合污染防治原则，又称为一体化的污染控制原则，主要包括防备原则（precautionary principle）、预防原则（preventive principle）、源头原则（environmental damage should as a priority be rectified at source）等内容，参见蔡守秋主编：《欧盟环境政策法律研究》，武汉大学出版社 2002 年版，第 143-144 页。

152　汪劲．环境法学．北京：北京大学出版社，2011：106-107.

环境保护事业。”[153] 在中国，公众参与原则通常也被学者表述为“依靠群众保护环境的原则”[154] 或“环境民主原则”[155]。

1973 年中国第一次全国环境保护会议上提出了环境保护的 32 字方针——“全面规划，合理布局，综合利用，化害为利，依靠群众，大家动手，保护环境，造福人民”，其中依靠群众、大家动手的内容，就具有公众参与的含义。1979 年《环境保护法（试行）》第 4 条还以立法方式确认了上述内容。1989 年《环境保护法》专门规定一切单位和个人有权对污染和破坏环境的单位和个人进行检举和控告的权利，并规定了行政机关应当定期发布环境状况公报，学者们一般以此实然法为基础抽象出公众参与原则。[156]1996 年修改的《水污染防治法》第 13 条规定，“环境影响报告书中，应当有建设项目所在地单位和居民的意见。”2002 年制定了《环境影响评价法》，首次在环境立法中规定了较为细化地规定公众参与规划环境影响评价和建设项目环境影响评价的法律制度。在 2003 年颁布的《行政许可法》中也专门就涉及公众重大影响的行政许可规定了听证制度，原国家环保总局就此配套制定的《环境保护行政许可听证暂行办法》专门立法予以细化。2006 年原国家环保总局还专门制定了《环境影响评价公众参与暂行办法》对环评中的公众参与做了具体规定。此外，原国家环保总局制定的《环境信息公开办法 (试行)》是当今世界少数有关环境信息公开的专门立法之一，已于 2008 年 5 月 1 日起施行。总体上而言，我国的公众参与环境保护已经形成先有制度实践，呼唤和等待基本原则的确认。

笔者曾撰文总结认为，无论从环保政策理念的传统、国际的发展趋势、国内的实践基础和需求而言，还是法律基本原则较之零散的具体制度的优点

---

153 吕忠梅 . 环境法 . 法律出版社，1997：63.

154 韩德培 . 环境保护法教程 . 北京：法律出版社，2003：93. 周珂 . 环境法 . 北京：中国人民大学出版社，2000：37.

155 蔡守秋 . 环境资源法学教程 . 武汉：武汉大学出版社，2000：417.

156 蔡守秋 . 环境资源法教程 . 高等教育出版社 2004 年版，第 124 页 . 周珂主编：《环境与资源保护法》（第二版），中国人民大学出版社 2010 年版，第 43 页；汪劲：《环境法学》（第二版），北京大学出版社 2011 年版，第 107 页等。

而言，将公众参与上升为一项由我国环境立法所明文确立的基本法律原则都是大势所趋。[157] 必须高度肯定，新《环境保护法》新增第 5 条让公众参与环境保护这项环境法律上的基本原则从教科书真正上升为我国的实然立法，可以预见，其对于我国未来长期坚定、充分、有效的动员公众依法参与到环境保护的事业中，将有助于逐步形成和完善“政府——企业——公众（社会）”互动的新型环保格局。

（四）损害担责

从二审稿、三审稿到四审稿的变化来历史分析，新《环境保护法》第 5 条中的“损害担责”这一表述是“污染者担责”的“缩略语”而已。从学理上解读，该原则是发展了的污染者付费原则，解读该原则，须从考察污染者付费原则的产生、发展历史出发。

环境保护各类书籍一般记载，随着环境污染和环境破坏的加剧，国家对环境保护的投资也越来越大。于是，有人开始对这种作法提出质疑和反对，认为国家投资实际上是全体纳税人的投资，凭什么由个别人造成的环境污染或破坏要由全体社会成员来为其负担呢。针对这一问题，由 24 个国家组成的经济合作与发展组织（OECD）环境委员会于 1972 年首次提出了“污染者负担原则”（polluter pays’ principle）。但是，OECD 也认为该原则不仅针对污染，也包括“鼓励合理利用稀缺环境资源的管理措施”，但它绝对“不是污染损害的赔偿原则”。[158] 而在日本，环境法却将该原则广泛适用于污染防治、环境复原和被害者救济这三个方面。[159] 为此，世界银行归纳总结认为，对该原则可以以两种不同的方法来解释，一种是“标准的污染者付费的原则”，即要求排污者只对控制污染和消除污染的费用；另一种是“扩展的污染者负

157 竺效．论公众参与基本原则入环境基本法．法学，2012(12)：127-129.

158 See Per kageson, The Polluter Pays Principle, On the General Principles of Environment Protection, A report from the Swedish Environmental Advisory Council, 1994: 69, pps.71-79. 转引自汪劲：《环境法学》，北京大学出版社 2006 年版，第 171 页。

159 汪劲．日本环境法概论．武汉：武汉大学出版社，1994：236.

担原则”，它要求除前述费用以外，还得给予遭受环境污染的居民以一定的补偿。[160] 汪劲教授研究提出：“随着环境保护的概念从污染防治扩大到自然保护和物质消费领域，污染者负担原则的适用范围也在逐步扩大。从实际支付费用的主体看，因从原材料的加工、生产到流通、消费、废弃以及再生等各个环节都存在着分担费用的现象，污染者的概念范围也由企业扩大到所有的受益者。为此，日本在 1993 年制定《环境基本法》的过程中，提出了一个更为科学的概念，就是‘受益者付费原则’，即只要从环境或资源的开发、利用中过程中获得实际利益者，都应当就环境与自然资源价值的减少付出应有的补偿费用，而不局限于开发者和污染者。因此，在学理上认为，将‘污染者负担原则’修正为‘受益者负担原则’来表述更为恰当。”[161]

在国内其他环境法学者中，蔡守秋教授等学者将之概称为“环境责任原则”，并认为该原则是“谁污染谁承担责任”、“谁开发谁保护”、“谁破坏谁恢复”、“谁利用谁补偿”、“谁主管谁负责”、“谁承包谁负责”、“环境保护油党政一把手亲自抓、负总责”等原则的概括，是使导致环境问题的主体承担责任并建立相应的环境责任制度的一项环境法基本原则。[162] 周珂教授也主张使用“环境责任原则”的表述，认为 1996 年国务院发布的《关于环境保护若干问题的决定》所提污染者付费、利用者补偿、开发者保护、破坏者恢复的提法是对该原则完整的表述，[163] 周教授还分别界定了该四项要素的学理定义。[164] 也有学者使用“污

160　世界银行 .1992 年世界发展报告——发展与环境 . 北京：中国财政经济出版社，1992：77.

161　汪劲 . 环境法学 . 北京：北京大学出版社，2006：172.

162　蔡守秋 . 环境资源法教程 . 北京：高等教育出版社，2004：120.

163　该文件第七部分规定：“国务院有关部门要按照“污染者付费、利用者补偿、开发者保护、破坏者恢复”的原则，在基本建设、技术改造、综合利用、财政税收、金融信贷及引进外资等方面，抓紧制订、完善促进环境保护、防止环境污染和生态破坏的经济政策和措施。”《国务院关于环境保护若干问题的决定》，国发 [1996]31 号，1996 年 8 月 3 日。

164　环境责任原则是指对环境和资源的利用，或对环境造成污染破坏、对自然资源造成减损者，应承担法律义务和法律责任。污染者付费，亦称污染者负担，指污染环境造成的损失及治理的费用应当由排污者承担，而不应转嫁给国家和社会。利用者补偿，亦称谁利

染者付费、开发者保护、利用者补偿原则”这一表述。[165]

笔者认为，新《环境保护法》中的“损害担责原则”其中“担责”是指要承担责任，承担恢复环境、修复生态或支付上述费用的责任；而“损害”描述的是对环境造成任何不利影响的行为，包括利用环境造成环境超出自身自然恢复能力退化的行为。因此，“损害担责原则”指对环境造成任何不利影响的行为人，包括因利用环境造成环境超出其自身自然恢复能力之退化的行为人，应承担恢复环境、修复生态或支付上述费用的法定义务或法律责任的原则。

四、代结语：期盼中国环境法基本原则之再发展

2014 年修订的《环境保护法》新增环境法基本原则专条，首次以立法明文宣示了我国环境保护所须遵循的根本原则，这是我国于 1979 年制定首部形式意义上的环境立法，开始环境法制的艰难探索之旅后近 35 年以来，终于将教科书所描绘的中国环境法基本原则的美丽梦想实现于我国“基础性、综合性”的最重要的环境立法之中，环境立法者当为之自豪、环境法学者当为之自豪、国人当为之自豪。

于作为我国最主要环境立法的《环境保护法》中首设环境法基本原则专条，仅就此项环境立法技术而言，足令我国于 12 年后超越俄罗斯，接近法兰西。当然，在我国环境法基本原则立法发展的喜悦中，我们还须客观、冷静地分析新《环境保护法》第 5 条在未来的实践中的科学解读、有效贯彻和继续发展问题。例如，就法律解释学而言，“保护优先”、“损害担责”等原则的内涵与外延的科学界定，以期能积极吸取人类有关环境保护已有的实践

用谁补偿，指开发利用环境资源者，应当按照国家有关规定承担经济补偿的责任。开发者保护，亦称谁利用谁补偿，指有权开发利用环境资源者，即同时承担保护环境资源的义务。破坏者恢复，亦称谁破坏谁恢复，指造成环境资源破坏的单位和个人，须承担将受到破坏的环境资源予以恢复和整治的法律责任。参见周珂等主编：《环境法》，中国人民大学出版社 2013 年版，第 33 页。

165　张梓太，等．环境与资源法学．北京：科学出版社，2002：67-70.

经验；“预防为主、综合治理”的确指，及将之作为一项原则还是两项原则，对环境法治实践未来的影响。就法律执行学而言，如何在完善中国环境法律体系之中，发挥环境法基本原则对下位法原则的约束和引导作用，以及对环境法律制度的制定、解释、执行、司法的约束和引导作用；如何通过立法和解释活动，梳理清楚内生于环境法律渊源体系之中的环境法原则体系。就环境法基本原则的内容及其立法技术的完善而言，如何更好地确定我国环境法的基本原则，究竟未来需要补充、调整哪些原则入法，如何更好地吸收法国环境法典所采取的基本原则的“明确概况罗列 + 描述性界定”的立法技术，[166]以赶超法兰西并成为此项环境立法技术国际领先之伟大国家。[167]笔者期待，环境法基本原则的立法技术未来能有更大的再发展。

---

166 例如，《法国环境法典》明确列举风险预防（precautionary principle）、预防和行动矫正（principle of preventive and corrective action）、污染者负担（polluter pays principle）和公众参与（principle of participation）为该法典之原则，每项列举后还紧每项原则的明文解释，例如，公众参与的原则名称之后明文解释为：根据公众参与原则，任何人都有权获得与环境有关的信息，包括有关危险物质和活动的信息，以及有关公众参与到对环境或者城乡规划有重大影响的建设项目的制定过程的信息。参见竺效：《论公众参与基本原则入环境基本法》，载《法学》2012 年第 12 期，第 131–132 页。

167 例如，以公众参与原则为例，我们未来可否进一步发展该条规定为：国家以及任何国家机关、企事业单位、社会组织、自然人，因保护和改善生活环境或生态环境，而从事的任何环境利用行为及其法律调整，均应遵循如下基本原则：……公众参与，根据该原则，任何公民、法人和社会组织都有权通过一定的程序或途径参与一切与公众环境权益相关的开发决策等活动，有权依法获得准确的环境信息，并有权得到相应的法律保护和救济；……。参见竺效：《论公众参与基本原则入环境基本法》，载《法学》2012 年第 12 期，第 133 页。

后 记

能源消费与能源安全是关系到国家经济社会发展的全局性、战略性问题，对国家繁荣发展、人民生活改善、社会长治久安至关重要。我国总量上已经是一个能源消费大国，但能源开采和利用所带来的环境问题，特别是大气污染问题相当严重。

作为一家能源与环境领域的专业律师事务所，阳光时代律师事务所始终关注能源与环境的最前沿问题，并力求从法律角度，探寻能源与环境协调发展的可持续之路，《能源与环境法律政策新观察（2014—2015）》是我们奉献给读者诸君的研究思考。

《能源与环境法律政策新观察（2014—2015）》分为上下两篇，上篇是阳光律师事务所 ERE 研究中心的律师和研究人员撰写的 2014 年能源行业法律政策观察报告，依次按照环境保护、煤炭、电力、石油、天然气、可再生能源和节能等领域梳理了本年度新出台的重大法律和政策，并对其影响和可能的发展趋势进行了评论和展望，陈臻、周章贵、杨卫东、周安杰、王碧波、葛志坚、陈刚、董储幸参与了研究和编撰工作。

下篇精选收录了近年能源与环境法律领域专家的研究文集，作者均为长期在能源主管部门、研究机构和高校专门从事能源、环境法律研究的官员和学者，以及央企法律事务部门负责人和专业律师，分别对当前我国能源、环境领域改革和法制化建设面临的重大问题进行了深入探讨。

我们计划每年定期出版《能源与环境法律政策观察》，以期持续性地跟踪我国在能源环境领域的重大立法和政策，既作为我国能源环境法制建设的历程和成就的见证，也记录我们的思考。

《能源与环境法律政策新观察（2014—2015）》引用、参考和借鉴了国内外学者和国内网站的大量数据和文章，在此一并致谢！同时，也感谢同意将论文汇编的各位作者！在本书统稿和编辑出版期间，还得到中关村汉德环境观察研究所唐大为所长以及相关研究人员的修改建议和协助，特别表示感谢。当然，由于时间仓促、学识和视野有限，本书存在的不当之处还敬请读者诸君批评指正。